丹思求火种 深情寄木铎
黄祖洽传

陈 雁◎著

老科学家学术成长资料采集工程
中国科学院院士传记丛书

1939年	1944年	1948年	1950年	1956年	1980年	1982年	1991年	2014年
入读九江中学	考入西南联大	入读清华大学研究生院	进入中科院近代物理所工作	从事核反应堆理论研究	被评为学部委员，同时转入北京师范大学	获得国家自然科学奖一等奖	获得国家教科技进步奖一等奖	逝世于北京

殚思求火种
深情寄木铎

黄祖洽 传

陈雁 著

老科学家学术成长资料采集工程
中国科学院院士传记 丛书

中国科学技术出版社
上海交通大学出版社

图书在版编目（CIP）数据

殚思求火种　深情寄木铎：黄祖洽传／陈雁著.
—北京：中国科学技术出版社，2017.4
（老科学家学术成长资料采集工程丛书．中国科学院院士传记丛书）
ISBN 978-7-5046-7454-8

Ⅰ.①殚… Ⅱ.①陈… Ⅲ.①黄祖洽（1924—2014）-传记 Ⅳ.① K826.11

中国版本图书馆 CIP 数据核字 (2017) 第 091171 号

责任编辑	高立波
责任印制	张建农
责任校对	杨京华
版式设计	中文天地

出　　版	中国科学技术出版社　上海交通大学出版社
发　　行	中国科学技术出版社发行部
地　　址	北京市海淀区中关村南大街 16 号
邮　　编	100081
发行电话	010-62173865
传　　真	010-62173081
网　　址	http://www.cspbooks.com.cn
开　　本	787mm×1092mm　1/16
字　　数	230 千字
印　　张	16.75
彩　　插	2
版　　次	2017 年 5 月第 1 版
印　　次	2017 年 5 月第 1 次印刷
印　　刷	北京华联印刷有限公司
书　　号	ISBN 978-7-5046-7454-8 / K·220
定　　价	70.00 元

（凡购买本社图书，如有缺页、倒页、脱页者，本社发行部负责调换）

老科学家学术成长资料采集工程
领导小组专家委员会

主　任：杜祥琬

委　员：（以姓氏拼音为序）

　　　　巴德年　　陈佳洱　　胡启恒　　李振声
　　　　齐　让　　王礼恒　　王春法

老科学家学术成长资料采集工程
丛书组织机构

特邀顾问（以姓氏拼音为序）

　　　　樊洪业　　方　新　　谢克昌

编委会

主　编：王春法　　张　藜

编　委：（以姓氏拼音为序）

　　　　艾素珍　　崔宇红　　定宜庄　　董庆九　　郭　哲
　　　　韩建民　　何素兴　　胡化凯　　胡宗刚　　刘晓勘
　　　　罗　晖　　吕瑞花　　秦德继　　王　挺　　王扬宗
　　　　熊卫民　　姚　力　　张大庆　　张　剑　　周德进

编委会办公室

主　任：孟令耘　　张利洁

副主任：许　慧　　刘佩英

成　员：（以姓氏拼音为序）

　　　　董亚峥　　冯　勤　　高文静　　韩　颖　　李　梅
　　　　刘如溪　　罗兴波　　沈林苣　　田　田　　王传超
　　　　余　君　　张海新　　张佳静

老科学家学术成长资料采集工程简介

老科学家学术成长资料采集工程（以下简称"采集工程"）是根据国务院领导同志的指示精神，由国家科教领导小组于2010年正式启动，中国科协牵头，联合中组部、教育部、科技部、工信部、财政部、文化部、国资委、解放军总政治部、中国科学院、中国工程院、国家自然科学基金委员会等11部委共同实施的一项抢救性工程，旨在通过实物采集、口述访谈、录音录像等方法，把反映老科学家学术成长历程的关键事件、重要节点、师承关系等各方面的资料保存下来，为深入研究科技人才成长规律，宣传优秀科技人物提供第一手资料和原始素材。

采集工程是一项开创性工作。为确保采集工作规范科学，启动之初即成立了由中国科协主要领导任组长、12个部委分管领导任成员的领导小组，负责采集工程的宏观指导和重要政策措施制定，同时成立领导小组专家委员会负责采集原则确定、采集名单审定和学术咨询，委托科学史学者承担学术指导与组织工作，建立专门的馆藏基地确保采集资料的永久性收藏和提供使用，并研究制定了《采集工作流程》《采集工作规范》等一系列基础文件，作为采集人员的工作指南。截至2016年6月，已启动400多位老科学家的学术成长资料采集工作，获得手稿、书信等实物原件资料73968件，数字化资料178326件，视频资料4037小时，音频资料4963小时，具有重要的史料价值。

　　采集工程的成果目前主要有三种体现形式，一是建设"中国科学家博物馆网络版"，提供学术研究和弘扬科学精神、宣传科学家之用；二是编辑制作科学家专题资料片系列，以视频形式播出；三是研究撰写客观反映老科学家学术成长经历的研究报告，以学术传记的形式，与中国科学院、中国工程院联合出版。随着采集工程的不断拓展和深入，将有更多形式的采集成果问世，为社会公众了解老科学家的感人事迹，探索科技人才成长规律，研究中国科技事业的发展历程提供客观翔实的史料支撑。

总序一

中国科学技术协会主席 韩启德

老科学家是共和国建设的重要参与者，也是新中国科技发展历史的亲历者和见证者，他们的学术成长历程生动反映了近现代中国科技事业与科技教育的进展，本身就是新中国科技发展历史的重要组成部分。针对近年来老科学家相继辞世、学术成长资料大量散失的突出问题，中国科协于2009年向国务院提出抢救老科学家学术成长资料的建议，受到国务院领导同志的高度重视和充分肯定，并明确责成中国科协牵头，联合相关部门共同组织实施。根据国务院批复的《老科学家学术成长资料采集工程实施方案》，中国科协联合中组部、教育部、科技部、工业和信息化部、财政部、文化部、国资委、解放军总政治部、中国科学院、中国工程院、国家自然科学基金委员会等11部委共同组成领导小组，从2010年开始组织实施老科学家学术成长资料采集工程。

老科学家学术成长资料采集是一项系统工程，通过文献与口述资料的搜集和整理、录音录像、实物采集等形式，把反映老科学家求学历程、师承关系、科研活动、学术成就等学术成长中关键节点和重要事件的口述资料、实物资料和音像资料完整系统地保存下来，对于充实新中国科技发展的历史文献，理清我国科技界学术传承脉络，探索我国科技发展规律和科技人才成长规律，弘扬我国科技工作者求真务实、无私奉献的精神，在全社会营造爱科学、学科学、用科学的良好氛围，是一件很有意义的事情。采集工程把重点放在年龄在 80 岁以上、学术成长经历丰富的两院院士，以及虽然不是两院院士、但在我国科技事业发展中作出突出贡献的老科技工作者，充分体现了党和国家对老科学家的关心和爱护。

自 2010 年启动实施以来，采集工程以对历史负责、对国家负责、对科技事业负责的精神，开展了一系列工作，获得大量反映老科学家学术成长历程的文字资料、实物资料和音视频资料，其中有一些资料具有很高的史料价值和学术价值，弥足珍贵。

以传记丛书的形式把采集工程的成果展现给社会公众，是采集工程的目标之一，也是社会各界的共同期待。在我看来，这些传记丛书大都是在充分挖掘档案和书信等各种文献资料、与口述访谈相互印证校核、严密考证的基础之上形成的，内中还有许多很有价值的照片、手稿影印件等珍贵图片，基本做到了图文并茂，语言生动，既体现了历史的鲜活，又立体化地刻画了人物，较好地实现了真实性、专业性、可读性的有机统一。通过这套传记丛书，学者能够获得更加丰富扎实的文献依据，公众能够更加系统深入地了解老一辈科学家的成就、贡献、经历和品格，青少年可以更真实地了解科学家、了解科技活动，进而充分激发对科学家职业的浓厚兴趣。

借此机会，向所有接受采集的老科学家及其亲属朋友，向参与采集工程的工作人员和单位，表示衷心感谢。真诚希望这套丛书能够得到学术界的认可和读者的喜爱，希望采集工程能够得到更广泛的关注和支持。我期待并相信，随着时间的流逝，采集工程的成果将以更加丰富多样的形式呈现给社会公众，采集工程的意义也将越来越彰显于天下。

是为序。

总序二

中国科学院院长　白春礼

由国家科教领导小组直接启动，中国科学技术协会和中国科学院等12个部门和单位共同组织实施的老科学家学术成长资料采集工程，是国务院交办的一项重要任务，也是中国科技界的一件大事。值此采集工程传记丛书出版之际，我向采集工程的顺利实施表示热烈祝贺，向参与采集工程的老科学家和工作人员表示衷心感谢！

按照国务院批准实施的《老科学家学术成长资料采集工程实施方案》，开展这一工作的主要目的就是要通过录音录像、实物采集等多种方式，把反映老科学家学术成长历史的重要资料保存下来，丰富新中国科技发展的历史资料，推动形成新中国的学术传统，激发科技工作者的创新热情和创造活力，在全社会营造爱科学、学科学、用科学的良好氛围。通过实施采集工程，系统搜集、整理反映这些老科学家学术成长历程的关键事件、重要节点、学术传承关系等的各类文献、实物和音视频资料，并结合不同时期的社会发展和国际相关学科领域的发展背景加以梳理和研究，不仅有利于深入了解新中国科学发展的进程特别是老科学家所在学科的发展脉络，而且有利于发现老科学家成长成才中的关键人物、关键事件、关键因素，探索和把握高层次人才培养规律和创新人才成长规律，更有利于理清我国科技界学术传承脉络，深入了解我国科学传统的形成过程，在全社会范围内宣传弘扬老科学家的科学思想、卓越贡献和高尚品质，推动社会主义科学文化和创新文化建设。从这个意义上说，采集工程不仅是一项文化工程，更是一项严肃认真的学术建设工作。

中国科学院是科技事业的国家队，也是凝聚和团结广大院士的大家庭。早在1955年，中国科学院选举产生了第一批学部委员，1993年国务院决定中国科学院学部委员改称中国科学院院士。半个多世纪以来，从学部委员到院士，经历了一个艰难的制度化进程，在我国科学事业发展史上书写了浓墨重彩的一笔。在目前已接受采集的老科学家中，有很大一部分即是上个世纪80、90年代当选的中国科学院学部委员、院士，其中既有学科领域的奠基人和开拓者，也有作出过重大科学成就的著名科学家，更有毕生在专门学科领域默默耕耘的一流学者。作为声誉卓著的学术带头人，他们以发展科技、服务国家、造福人民为己任，求真务实、开拓创新，为我国经济建设、社会发展、科技进步和国家安全作出了重要贡献；作为杰出的科学教育家，他们着力培养、大力提携青年人才，在弘扬科学精神、倡树科学理念方面书写了可歌可泣的光辉篇章。他们的学术成就和成长经历既是新中国科技发展的一个缩影，也是国家和社会的宝贵财富。通过采集工程为老科学家树碑立传，不仅对老科学家们的成就和贡献是一份肯定和安慰，也使我们多年的夙愿得偿！

鲁迅说过，"跨过那站着的前人"。过去的辉煌历史是老一辈科学家铸就的，新的历史篇章需要我们来谱写。衷心希望广大科技工作者能够通过"采集工程"的这套老科学家传记丛书和院士丛书等类似著作，深入具体地了解和学习老一辈科学家学术成长历程中的感人事迹和优秀品质；继承和弘扬老一辈科学家求真务实、勇于创新的科学精神，不畏艰险、勇攀高峰的探索精神，团结协作、淡泊名利的团队精神，报效祖国、服务社会的奉献精神，在推动科技发展和创新型国家建设的广阔道路上取得更辉煌的成绩。

总序三

中国工程院院长 周 济

由中国科协联合相关部门共同组织实施的老科学家学术成长资料采集工程，是一项经国务院批准开展的弘扬老一辈科技专家崇高精神、加强科学道德建设的重要工作，也是我国科技界的共同责任。中国工程院作为采集工程领导小组的成员单位，能够直接参与此项工作，深感责任重大、意义非凡。

在新的历史时期，科学技术作为第一生产力，已经日益成为经济社会发展的主要驱动力。科技工作者作为先进生产力的开拓者和先进文化的传播者，在推动科学技术进步和科技事业发展方面发挥着关键的决定的作用。

新中国成立以来，特别是改革开放30多年来，我们国家的工程科技取得了伟大的历史性成就，为祖国的现代化事业作出了巨大的历史性贡献。两弹一星、三峡工程、高速铁路、载人航天、杂交水稻、载人深潜、超级计算机……一项项重大工程为社会主义事业的蓬勃发展和祖国富强书写了浓墨重彩的篇章。

这些伟大的重大工程成就，凝聚和倾注了以钱学森、朱光亚、周光召、侯祥麟、袁隆平等为代表的一代又一代科技专家们的心血和智慧。他们克服重重困难，攻克无数技术难关，潜心开展科技研究，致力推动创新发展，为实现我国工程科技水平大幅提升和国家综合实力显著增强作出了杰出贡献。他们热爱祖国，忠于人民，自觉把个人事业融入到国家建设大局之中，为实现国家富强而不断奋斗；他们求真务实，勇于创新，用科技为中华民族的伟大复兴铸就了辉煌；他们治学严谨，鞠躬尽瘁，具有崇高的科学精神和科学道德，是我们后代学习的楷模。科学家们的一生是一本珍贵的教科书，他们坚定的理想信念和淡泊名利的崇高品格是中华民族自强不息精神的宝贵财富，永远值得后人铭记和敬仰。

通过实施采集工程，把反映老科学家学术成长经历的重要文字资料、实物资料和音像资料保存下来，把他们卓越的技术成就和可贵的精神品质记录下来，并编辑出版他们的学术传记，对于进一步宣传他们为我国科技发展和民族进步作出的不朽功勋，引导青年科技工作者学习继承他们的可贵精神和优秀品质，不断攀登世界科技高峰，推动在全社会弘扬科学精神，营造爱科学、讲科学、学科学、用科学的良好氛围，无疑有着十分重要的意义。

中国工程院是我国工程科技界的最高荣誉性、咨询性学术机构，集中了一大批成就卓著、德高望重的老科技专家。以各种形式把他们的学术成长经历留存下来，为后人提供启迪，为社会提供借鉴，为共和国的科技发展留下一份珍贵资料。这是我们的愿望和责任，也是科技界和全社会的共同期待。

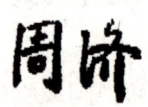

周济

黄祖洽

2013年7月，黄祖洽在北京郊区接受访谈（采集小组拍摄）

2013年7月，黄祖洽在养老中心接受访谈（采集小组拍摄）

序

黄祖洽先生是为国家立下大功的科学家。他于2014年9月7日逝世后，中国物理学会的会刊《物理》曾在当年10月特别刊出一个缅怀专题，缅怀专题的编者按中曾这样评价他：

> 黄祖洽先生是我国理论物理学界的一面旗帜。他是我国最早深入钻研中子输运理论并在核反应堆理论上卓有建树的理论物理学家，他和彭桓武先生同为我国核反应堆理论与设计的奠基者，为我国和平利用核能打下坚实的理论基础。在20世纪50~60年代，为了打破超级大国的核垄断，他与我国最有才能的一批理论物理学家一起，日夜攻关，为我国战略核武器的研制成功立下不朽功勋。从1960年开始，黄祖洽先生即带领一个小组预先为氢弹理论设计探路，为我国氢弹在原子弹爆炸后两年零八个月即成功爆炸作出了特殊贡献，一时传为佳话。黄祖洽先生在完成的国防任务后，毅然转入教育战线，从20世纪80年代到逝世前不久，坚持指导研究生和为本科生授课，并勤于笔耕，著书立说。他不仅在理论物理的多个方向上，培养了一大批青年有为人才，而且为后人留下了《核反应堆动力学基础》和《输运理论》等高水平学术著作。黄祖洽先生"殚思觅火"和"杏坛育人"的

功绩将永载史册。

黄祖洽先生是我国物理学家的楷模，德高望重的彭桓武先生生前曾评价他"为人正直、治学严谨，工作中虚心求实，主动认真，细致可靠，判断审慎，不盲从、有创见，并善于启迪后学，发挥众人所长"。黄先生一身正气，疾恶如仇，淡泊名利，奖掖后进的高尚品德，老来"桑榆虽云晚，心旷不蹉跎"的奋斗精神，"本来无常住，终究归大统"之豁达胸怀，是他留给我国物理学界的宝贵精神财富，值得我们永久学习和继承。

为使黄祖洽先生"殚思觅火"和"杏坛育人"的功绩为更多人特别是青年人知道，使他"一身正气，疾恶如仇，淡泊名利，奖掖后进"的高尚品德得以传承，迫切需要有一本翔实、系统介绍他的成长经历、学术成就和治学理念的传记。陈雁女士所写的这本《殚思求火种，深情寄木铎——黄祖洽传》，部分地满足了这一要求。作者在对传主本人以及对传主亲友学生的直接访谈和大量已发表文字资料的基础上，通过十一章文字，系统地讲述了黄祖洽先生曲折的成长经历，突出了他锲而不舍觅天火以壮国威，不计名利掌杏坛为国育才的奉献精神。这本书的结语中，作者还对黄先生科学素养的养成做了初步分析，可以引发读者思考。此外，本书还刊出了作者收集到的大量黄先生的历史照片，弥足珍贵。书中附有两个附录，一为黄祖洽年表，一为黄祖洽主要论著目录，颇有参考价值。

为理论物理学家立传在我国还是近十几年来的事。我认真读过的，有王正行写的《严谨与简洁之美——王竹溪一生的追求》（北京大学出版社，2004）、关洪写的《胡宁传》（北京大学出版社，2004）和王霞写的《自然之子——彭桓武传》（解放军出版社，1998）三本。我认为这三本传记写得很好，各有特色。前两本的作者分别为传主的研究生，与传主有长期学术交往，具有专业上的优势，故对传主科学成就的评价和学术思想的分析准确充分。但因专业性过强，一些内容非一般读者可理解，读者群会受到一定限制。第三本的作者是位专业作家，我曾协助安排她对彭先生的多次采访并对原稿提过若干修改意见。该传记以写作技巧娴熟、文字感染力强见长，但叙述传主的科学成就不够充分，以至于彭先生读到这本书时曾问我"这是小说还是传记"。与这三本传记相比，陈雁的这本《黄祖洽传》的读者群可能会比前两本广，对传主科学成就的介绍也许比第三本更充分，这是本书的优点。但无论是题材的选择还是文字锤炼，以及叙事的深度，在我看来，这本传记均有向前三本书学习和继续提升的余地。科学家传记的写作是一件十分严肃的事情，努力把作品写得叙事实事求是，评价准确有度，文字精炼优美，是广大读者寄予科学家传记作者的期望，也是我对本书有机会再版时改进的期望。

我是黄祖洽先生最早的研究生之一，多年来受先生教诲，得益良多。对先生的道德学问、为人准则，极为敬仰。记得2004年为先生祝贺80寿辰时，我曾以成长、立功、授徒、立言树德、赞莲、效莲为题写过几首诗，记述先生的成长、历数先生的功绩、赞扬先生的品德并表达自己向先生学习的愿望。黄先生逝世后，又以"送别"为题写过一首，借以寄托哀思。现在我把这几首诗重新抄出来，放在这个序言的末尾，作为本书的一个引子，献给读者。

（一）成长

有志少年出湘中，国患家贫锻真金。
铅山耕读评天下，昆明奋学入经门。
悉心钻研洞数理，明师引路王钱彭。
变分一法完学业，裂聚两弹献青春。

（二）立功

预研轻核觅天火，索经苏京敢改经。
反应辐射细心析，高低能谱大胆缝。
纵是中子神通大，查踪黄氏有方程。
心血凝入震天爆，中华国威举世惊。

（三）授徒

功成不羡麒麟阁，情寄杏坛木振钟。
才俊四方门下集，妙理万般从容寻。

先驱扰动消久期，又探相变到浸润。
材料改性射线束，超导有无金属氢。

（四）立言树德
育才师大真堪赞，执掌学报先师承。
七卷立言后辈惠，一身树德正气存。
老来不觉桑榆晚，笑谈物理诲学童。
最喜我师心广阔，天地人生说大统。

（五）赞莲
莲心高洁莲藕鲜，自古无人不夸莲。
独立泥污不染尘，人中君子花中仙。
世人常夸莲花美，我师独赞莲实甘。
耐得寂寞储精华，舍却自身惠人间。

（六）效莲
荷花莲实能长成，赖有阔叶作后勤。
补充养料经日晒，遮风护株受雨淋。
幼叶可食成叶布，叶到枯时清香浓。
我愿此生效荷叶，聚露为珠不沾尘。

（七）送别
先生最爱莲，为民身心献。
此去天堂路，会师彭、何、钱。
共忆取天火，锻盾卫国安。
人间众弟子，日日思君颜。
先生心胸宽，荣誉视等闲。
此去天堂路，拜会众先贤。
为国已尽忠，笑看天地转。
人间众弟子，自当效师言。

刘寄星谨识
2017年5月2日于北京西三旗

目 录

老科学家学术成长资料采集工程简介

总序一 ······ 韩启德

总序二 ······ 白春礼

总序三 ······ 周 济

序 ······ 刘寄星

导 言 ······ 1

| 第一章 | 生在书香家庭 ······ 5

    长沙黄家 ······ 5
    竹林里的童年 ······ 7
    爱看书的小学生 ······ 11
    私塾教育 ······ 15

| 第二章 | 辗转的中学 ································· 16

　　乱中求学 ································· 16
　　锋芒初露 ································· 18
　　群而不党 ································· 22
　　文采斐然 ································· 27

| 第三章 | 梦圆昆明 ································· 33

　　5元钱的长途跋涉 ························· 33
　　大学新起点 ······························· 36
　　遨游在知识的海洋 ························· 39
　　学堂外的热血青年 ························· 43

| 第四章 | 继续深造 ································· 46

　　北上清华 ································· 46
　　师从名师 ································· 51
　　廿月师徒情 ······························· 53

| 第五章 | 步入物理学研究殿堂 ······················· 59

　　理论室的工作 ····························· 59
　　因祸得福的姻缘 ··························· 62
　　两去苏联 ································· 65

| 第六章 | 反应堆理论研究 ··························· 70

　　反应堆理论 ······························· 70
　　对苏联设计的修正 ························· 73
　　原子能研究所 ····························· 77

| 第七章 | 原子弹氢弹研究 ·················· 82

"轻核理论小组" ························· 82
"半导体" ····························· 89
两弹爆炸 ····························· 95
临界安全规程 ·························· 99

| 第八章 | 从"五七"干校到核数据中心 ············ 101

被干扰的工作与生活 ······················ 101
在干校劳动 ···························· 103
核数据中心 ···························· 107

| 第九章 | 北师大低能核物理研究所 ··············· 112

转身执教 ····························· 112
低能核物理研究所 ························ 116
不辍的科研工作 ························· 120

| 第十章 | 亦学生亦子女 ····················· 126

培养学生 ····························· 126
"洽洽爷爷" ···························· 137
教育理念 ····························· 141
教学之外的新角色 ······················· 148

| 第十一章 | 皓首穷经，高山景行 ················ 151

永不退休 ····························· 151
文理兼修 ····························· 157
大家云集 ····························· 163

目 录　III

顺其自然 …………………………………… 172
　　天伦之乐 …………………………………… 175
结　语　科学家素养成因考 ………………………… 187
附录一　黄祖洽年表 ………………………………… 203
附录二　黄祖洽主要论著目录 ……………………… 224
附录三　怀念父亲 …………………………………… 230
参考文献 ……………………………………………… 234
后　记 ………………………………………………… 239

图片目录

图 1-1　黄祖洽与父母和两个哥哥合影 …………………………………… 6
图 1-2　黄祖洽与母亲 …………………………………………………… 12
图 2-1　抗战时期九江一中河口校址 …………………………………… 18
图 2-2　九江中学初中部 ………………………………………………… 22
图 2-3　1940 年黄祖洽初中毕业照 ……………………………………… 24
图 2-4　九江中学高中部 ………………………………………………… 25
图 2-5　1941 年黄祖洽的初中作文 ……………………………………… 30
图 2-6　1941—1943 年黄祖洽的初中高中作文 ………………………… 30
图 2-7　1941 年 3 月—6 月黄祖洽的高中日记 ………………………… 31
图 2-8　1942 年黄祖洽的学习日记 ……………………………………… 32
图 3-1　1943 年黄祖洽高中毕业照 ……………………………………… 33
图 3-2　1944 年黄祖洽在西南联大的学生注册卡 ……………………… 36
图 3-3　王竹溪先生 ……………………………………………………… 40
图 3-4　黄祖洽 1944—1946 年的成绩表 ………………………………… 41
图 4-1　1948 黄祖洽大学毕业照 ………………………………………… 50
图 4-2　1948 年钱三强全家照 …………………………………………… 52
图 4-3　1950 年黄祖洽与沈苇生等团员在清华劳动 …………………… 57
图 4-4　1950 年 6 月黄祖洽在清华研究生院 …………………………… 58
图 5-1　1950 年冬黄祖洽在北京图书馆 ………………………………… 59
图 5-2　1952 年黄祖洽与张蕴珍结婚照 ………………………………… 63
图 5-3　1952 年黄祖洽于莫斯科 ………………………………………… 65
图 6-1　1955 年 8 月 23 日，黄祖洽与父母和妻女合影 ………………… 73
图 6-2　1956 年 4 月，黄祖洽在莫斯科 ………………………………… 74
图 6-3　1958 年，黄祖洽与彭桓武、何泽慧讨论问题 ………………… 77

图 7-1	1993 年，黄祖洽和于敏在原子能研究所	88
图 7-2	1962 年，黄祖洽一家	90
图 7-3	1964 年 10 月 16 日，中国第一颗原子弹成功爆炸	96
图 7-4	1967 年 6 月 17 日，中国第一颗氢弹成功爆炸	99
图 7-5	1966 年，黄祖洽在四川报国寺	100
图 8-1	1969 年，初冬去"五七"干校前黄祖洽与儿子黄硕	103
图 8-2	黄祖洽与三个孩子	104
图 8-3	20 世纪 70 年代黄祖洽的工作笔记	105
图 8-4	1986 年 12 月，核数据委员会成立大会	108
图 8-5	黄祖洽与核数据中心同仁参观白洋淀	111
图 9-1	1976 年 10 月，母亲张孝恂	113
图 9-2	1977 年 3 月黄祖洽在哈尔滨	113
图 9-3	1980 年，黄祖洽在家中	115
图 9-4	1983 年 4 月，黄祖洽在长沙国防科技大学讲学	116
图 9-5	1983 年 9 月 5 日，黄祖洽在德国慕尼黑访问 Sizmann 教授夫妇	117
图 9-6	20 世纪 80 年代初，黄祖洽与同事周瑞英等在会议室研讨	117
图 9-7	1985 年 7 月 10 日黄祖洽在中国驻巴西大使馆内	119
图 9-8	1986 年，黄祖洽与学生和青年教师们在一起	119
图 9-9	1987 年，黄祖洽在北师大低能物理所合影	121
图 9-10	1983 年，黄祖洽与学生丁鄂江讨论学术问题	122
图 9-11	1995 年 8 月 1 日，黄祖洽参加第一届国际华人物理学大会	124
图 10-1	1981 年 11 月黄祖洽参加全国原子核少体与核力会议	127
图 10-2	黄祖洽在家中给学生讲解问题	129
图 10-3	黄祖洽与学生冯世平、吕燕南等在香山	129
图 10-4	黄祖洽与北京师范大学低能核物理所部分教师、全体博士和硕士毕业生合影	131
图 10-5	1985 年黄祖洽与物理学家周培源夫妇合影	133
图 10-6	1999 年，彭桓武与黄祖洽	137
图 10-7	2000 年 4 月 20 日，黄祖洽和彭桓武、何泽慧回到位于北京东皇城根北街 16 号的近代物理研究所旧址	138
图 10-8	2002 年，黄祖洽出席研究生学位论文答辩会	139

图 10-9	2013 年，年近九十的黄祖洽依然站在讲台上	140
图 10-10	2012 年 9 月 16 日，黄祖洽与周毓麟和于敏合影	148
图 10-11	1996 年 10 月 28 日，黄祖洽参加何梁何利基金奖授奖典礼	150
图 11-1	黄祖洽参加国际核物理会议期间，与胡济民、丁大钊于意大利比萨斜塔上合影	151
图 11-2	1985 年黄祖洽在巴西参加 Pugwash 会议时与著名物理学家周培源夫妇及翻译合影	152
图 11-3	黄祖洽出席原子分子物理发展战略评审会	153
图 11-4	1990 年 5 月 10 日，黄祖洽参加冷核裂变学术交流与对策研讨会	153
图 11-5	1993 年，在清华大学于训楼前物理学会理事会合影	154
图 11-6	黄祖洽与夫人张蕴珍在何梁何利基金颁奖大会上	154
图 11-7	1999 年，黄祖洽在何梁何利第二届学术报告会上做报告	155
图 11-8	黄祖洽参加首都高校物理文化节开幕式	156
图 11-9	黄祖洽参加长沙六中百年校庆	157
图 11-10	2004 年的黄祖洽	158
图 11-11	黄祖洽的著作	158
图 11-12	2004 年，黄祖洽与杨振宁讨论作品《三杂集》	160
图 11-13	1996 年 8 月，黄祖洽与夫人四川之行——杜甫草堂	163
图 11-14	2005 年，黄祖洽为安徽省寿县安丰高级中学题字	163
图 11-15	八十岁生日会上黄祖洽夫妇	164
图 11-16	2004 年，黄祖洽八十大寿暨物理学学术前沿研讨会	164
图 11-17	2004 年，朱光亚在黄祖洽八十岁生日庆典上讲话	166
图 11-18	2004 年，彭恒武在黄祖洽八十岁生日庆典上讲话	167
图 11-19	2004 年，李政道在黄祖洽八十岁生日庆典上讲话	168
图 11-20	2004 年，杨振宁在黄祖洽八十岁生日庆典上讲话	169
图 11-21	2004 年，黄祖洽八十岁生日庆典与子女合影	172
图 11-22	2013 年 1 月 29 日，黄祖洽、叶铭汉、张焕乔合影	174
图 11-23	1995 年，黄祖洽和外孙下棋	180
图 11-24	黄祖洽与儿子黄硕	181

导　言

　　近代以来随着科学精神的传播与发展，人们越来越多地感受到科技在现代社会所起的惊人作用。人类对科学和真理的认识是一个渐进的过程，科学研究本身就是一个不断否定过去、不断加深对客观事物发展规律的认识、不断追求完美的过程。科学家正是这种规律和认识的发现者和传播者。

　　黄祖洽于1924年出生在长沙市一个知识分子家庭，自幼勤俭好学，既接受过传统儒学教育，又热爱近现代科学知识，1948年以优异成绩考入西南联大，后转入清华大学，并获取物理学硕士学位，1950年被分配到中科院近代物理所，从事理论物理和核物理研究整三十年。1980年，56岁的黄祖洽当选中国科学院院士，同年转到北京师范大学低能核物理研究所，从事教育工作三十余年，直至2014年因病在北京逝世。

　　作为物理学家，黄祖洽的杰出贡献主要可陈述为三点：第一，黄祖洽与导师彭桓武先生共同奠基和开拓了我国核反应堆理论的研究。20世纪50年代初，黄祖洽开始从事核反应堆理论研究，与彭桓武先生一道前往苏联考察重水反应堆，黄祖洽对当时苏联给出的反应堆临界值作了计算和纠正，并在国内成功指导了第一个重水堆的启动和运行，之后组织我国第一个反应堆理论培训班，在中国培养了第一批反应堆理论研究人员，为日后中国核潜艇及核武器中有关反应堆动力研究奠定了基础。第二，黄祖洽是中国唯一一位同时参加和指导原子弹研制和氢弹研制的物理学家，在中国核武器事业中立下不朽功勋。曾在原子弹爆炸的前一天，与周光召、秦元勋三人一同回答了周总理代表党中央对原子弹爆炸成功把握的询问。作为氢弹预研小组的组长，为我国氢弹在原子弹爆炸后两年零八个月即成功爆炸作出了特殊的贡献，是我国战略武器研制的理论设计的学术带头人之一。后又倡导成立中国核数据中心，开展"轻核反应与核少体问题"的理论研究，成果数据在核武器产品的设计中发挥了重要作用。第三，黄祖洽于1980年后从事教育事业，先后出版了《核反应堆动力学基础》《输运理论》等经典教材，并为中国现代教育培养了诸多物理学杰出人才。黄祖洽努力将19世纪上半叶自己所接触的一些名师的教育、教学方法、做人做事的精神和品质，融入自己的课堂和生活中，其认真求实的教育风格影响了一代人。年近90岁时，仍坚持在给本科生上课。作为知识分子，黄祖洽一生谦和低调，始终称自己还是个学生，职业生涯的前三十年致力于中国的国防事业，在核物理、统计物理、中子物理等领域取得了一系列科研成就。后三十余年，致力于教书育人事业，倡导"教学相长"，在非平衡态统计、输运理论以及凝聚态物理等领域取得了重要成果，培养了一批研究生和年轻的教学科研人员。黄祖洽的两段使命被人赞叹为"一生两辉煌"，而黄祖洽自己更愿意说是"殚思求火种，深情寄木铎"，用"火种"暗喻中国核事业，而"木铎"代指北京师范大学，生动概括了1980年前后黄先生的两段职业生涯。

北京师范大学出版社于1994年出版的《黄祖洽文集》与2002年出版的《黄祖洽文存》，收录了黄先生在理论物理学特别是统计物理学方面的论文，并收录了一些作者写的诗词。2001年《北京日报》发表了一篇题为"黄祖洽一生两辉煌"的文章，形象地描述了黄先生一方面是核反应堆工程奠基者和核武器设计者，另一方面又是手执教鞭、为我国理论物理事业培养继承人的人民教师。2004年黄先生80岁生日之际，中国物理学会与中国科学院物理研究所主办的《物理》杂志第9期第33卷，为黄祖洽先生开编了祝寿专栏，一些同行、好友及学生为黄先生写了贺词，也做了相关评述。如何祚庥的"与祖国'同呼吸、共命运'的理论物理学家——读《黄祖洽文集》"为《黄祖洽文集》的后记略做补充，作为寿礼送给黄祖洽院士。刘寄星的"祝贺黄祖洽先生80华诞"通过自己的亲身经历,讲述黄先生的为人标准、为人之道以及黄先生的科学贡献。郑绍唐的"殚思求火种——恭贺黄祖洽院士80寿辰"介绍了作者跟随黄祖洽老师学习、科研的亲身经历。杨先庶的"难忘的岁月——'黄祖洽兵团'杂忆"通过记述自己在"黄祖洽兵团"工作的片段回忆,讲述黄先生对自己的教育熏陶及其产生的影响。冯世平的"我国科学和教育事业的无私奉献者——祝贺黄祖洽院士80岁生日"表述了黄祖洽先生对我国教育事业做出的贡献以及其严谨治学、一丝不苟的教学风格。同年,黄先生的《三杂集》出版,收集了作者对往事的杂忆和历年来写过的一些杂文、杂诗(词、联),反映出一个出生在20世纪20年代的中国知识分子,随着时间的推移、世事的变迁、知识的长进和经验的积累,精神面貌和思想感情逐步转变的经历。2005年,郑邵唐在中国科学院院刊上发表了"核弹功勋科学家——黄祖洽院士",讲述黄祖洽先生对我国核物理理论研究的贡献及其求学历程。2014年第10期《物理》及2015年的第2期《大学物理》黄祖洽的学生、同事及朋友再次书写和评价了有关黄先生的记忆和贡献。其中,朱邦芬的《立功已绘麟阁　立德典范永存——深切悼念黄祖洽先生》更为客观地描述了黄先生在"两弹"中的贡献,及其教育精神的传承。

这些作品从各个方面部分地体现出黄先生求学及成长经历。"老科学家学术成长资料采集工程"小组(简称"采集小组")成员对黄祖洽院士的学术成长经历进行了系统的考察,内容包括黄祖洽院士的求学经历、教育背景以及科研工作的经历等。同时尽可能还原黄先生与他的研究生以及其他科学家之间的师承关系、协作关系,从中发掘出黄祖洽院士在学术成长历程中的点点滴滴,探究其对科学研究、培养人才等方面做出的贡献。通过对黄祖洽先生学术成长过程中的学术成就、科学思想和科学方法等方面的探讨,可以对现代中国的科学文化、教育思想与人才培养,以及中国科学家群体构成的历史和社会条件乃至科学素养形成因素,提供借鉴和启示。

从2011年11月起,采集小组在全面了解黄祖洽院士已有的文字资料的基础上,陆续拜访黄先生及其家人,并对与黄先生相熟或共事的周边人士包括秘书、学生、同事以及单位的领导等多位人士进行访谈,同时也前往黄先生中学母校九江一中收集相关资料。采集小组对黄祖洽院士的整个采访过程持续近两年时间。在档案的查阅与资料的采集方面，采集小组主要在黄先生的生活地和工作地开展考察和采集工作，尽可能完整地了解和搜集了黄祖洽院士的家庭生活、求学过程以及工作期间的相关资料。现场采集音视频包括其在北京师范大学家中、学校办公室、教学楼教授课程及后来在老年公寓的具体生活和工作情况。在黄先生及其家人的支持下，采集小组取得了大量的照片资料的扫描件，其中包括黄先生本人自幼年至今的照片，也包括黄先生与钱三强、何泽慧、彭桓武等多位老一辈科学家的合影。在 20 世纪五六十年代，中国还处在黑白照片的时代，黄先生从苏联带回一些彩色胶卷，与家人共同留下了那个年代的彩色影像。采集小组扫描了黄先生在清华大学读书时和在近代物理所工作时的学习笔记，这些手稿近千页，字迹工整，保存完好，成为本次人物资料采集的亮点。更重要的是，在与黄先生的接触过程中，采集小组所遇到的场景、事物及所得到的感触，无法在采集成果中量化和体现，我们努力试图在本传记中予以体现和表达。

研究方法上，我们以访谈法、调查法和文献比较研究法为主要研究方法，以科学性、系统性、客观性为原则，利用历史学、社会学、教育学等相关研究理论知识，针对那些已知的信息和资料进行分析和考证，详尽分析黄祖洽院士的成长、教育背景以及科研工作经历等各个方面，以求用客观理性的态度去分析和解读黄祖洽院士所取得的重大科研成果，以及他的科学思想与科学方法。

研究内容上，黄先生常说，他还是一个学生，要一直不断地学习。在此主题下，我们以黄祖洽院士的成长、教育背景、科研工作经历及其在不同时期取得的工作成果等为主线，以黄祖洽院士学术成长的重要时间段作为章节划分的主要标准。与此同时，我们进一步按照黄祖洽院士的科学思想和科学方法的不断形成和发展作为研究报告的脉络，对其为理论物理领域的人才培养、领导一个优秀的团队及获得重大科研成果等主要贡献进行了系统的叙述。研究分为求知成长路、步入物理学学术殿堂、核物理研究显辉煌、选择教书育人、科学家素养成因考等五个部分，具体又分为十一章及结语，分别与这五部分内容相对应。详见正文。

第一章
生在书香家庭

长沙黄家

在中国近现代的历史上，湖南是一个人才辈出的地方，无数的晚清大员在此出生并发迹，许多新中国的开国将帅也诞生于此。在这片土地上，既有古老国学的积淀，又有新近西学的冲击，这两种思潮交织在一起，培养了很多湖南籍的文化名人与科学巨匠。而在湖南的城市中，长沙占有更加重要的地位，她是很多中国科学院院士的故乡。1924年10月2日，正是秋高气爽的时节，在湖南长沙市区一条名叫稻谷仓的巷子里，黄祖洽出生了，他后来成为我国著名的核物理学家、理论物理学家，先后从事原子核理论以及输运理论的基础研究，对我国原子核反应堆和核武器的理论研究及设计制造做出了重要贡献。

黄家在六代之前是很大的地主和官僚，但是由于祖辈里有人吸上了鸦片，家道便衰落了下来。黄祖洽的家族从曾祖父时起，便已经完全脱离了地主和大官僚的生活方式，而以知识分子的身份居住在城市里，主要依靠教书、卖文章和做官为生。① 祖父是典型的旧知识分子，讲究道德教化，喜爱与他人钻研学问，淡泊科举和功名利禄，处事严谨、自信、客观、严肃，在家中也是典型的封建式家长形象。主要从事古文献的考据和训诂，这种学术类别在清朝中叶很受关注，但到了清末沦为学术末流之后便少有人问津，他的著作也没有什么市场，收入极其微薄。于是他常替人作序、作墓志铭，或收学生教书来维持一家的生活。祖父的老师是当时满旗里的二翎，家里房产众多，因祖父替他做过不少事情，便从他那里得一间小宅得以安家。

黄祖洽的父亲黄迪庆，出生在 19 世纪 90 年代末，自幼接受封建式的家庭和私塾教育，主要学习一些旧道德和旧伦理。辛亥革命之后，封建社会崩溃，也使得支撑其存在的封建伦理道德彻底坍塌，西洋的学术经一批先进的仁人志士介绍进入中国，使当时的知识分子有机会接触"新学"，从而促进了他们思想上的进步与解放，不再为封建的理念所束缚，这其中

图 1-1 黄祖洽与父母和两个哥哥合影（20 世纪 20 年代末，右一为黄祖洽）

---

① 自传（黄祖洽），1980 年。存于北京师范大学档案馆。

就有黄迪庆。黄迪庆非常爱好数学和自然，但又受到父亲的影响，总听父亲说自己做了一辈子学问，却没有固定收入，希望能找到有固定收入的职业。在父亲的坚持下，黄迪庆选习了法政，但在日后的长久岁月中，他心里仍不愿放弃数理科学的学习和研究。在法院中工作了二十几年，最后做到了江西鄱阳地方法院院长的职位。但事实上他的收入也很微薄，家庭经济状况经常陷入困乏之中，有时他也在中学兼职，增加一些家庭收入。黄迪庆也从这件事中吸取了教训，即将来对待儿女的教育应当注重他们自己的兴趣。黄祖洽的母亲叫张孝恂，是一位典型的家庭妇女，主要责任是操持家务，协助丈夫，抚育儿女。由于家里书很多，张孝恂也时常看书，能识很多字。

　　黄祖洽并不是家中的长子，在他之前还有两个哥哥。大哥黄祖干，比他年长六岁，二哥黄祖晟，比他年长两岁，他排行老三。时隔八年后，家中又添一妹妹黄祖安，之后又添两个小妹。家中兄妹不少，父母难以照顾周全，黄祖洽从小就很懂事，自己能解决的事尽量自己解决。只是两个最小的妹妹因先天不足，早年不幸因病夭折。与其他人不同的是，黄祖洽出生时口中居然有一白色物体，仔细查看才发现，是长了颗门牙。母亲觉得不吉利，生来带牙，很是奇怪，于是将其拔去，可没多久，那颗牙又重新长了出来。

竹林里的童年

　　四五岁时的一年春天，黄祖洽的大哥黄祖干被检查出得了肺病，医生建议去乡下疗养。于是母亲张孝恂就带他们三兄弟来到乡下，临时住在乡村的茅屋里。乡下的春天，格外富有生机，几只小鸟在屋顶嬉戏，又不时在树上肆意地飞来飞去。屋前有一片水塘，池塘上几只野鸭在安静地游着，时不时会有燕子滑过水面。在远端有一大片水田，辛劳的农民一大早就在这里忙着插秧，偶尔直起身子擦擦汗、捶捶腰。池塘和水田边满目都是绿色,在绿油油的草地上,生长着不知名的灌木以及几棵柳树。乡下清新的空气、静谧的环境使得黄祖洽十分享受。同样对这种幽静的乡下风光有所感触的还有他的母亲张孝恂,脱离了城市生活的压力和烦躁,让她也有一种如释重负的感觉。

  一家人在屋外的大柳树下乘凉,张孝恂在树荫下看着柳树随意说道:"有意栽花花不发,无心插柳柳成荫"。说者无意,听者有心。黄祖洽问道:"母亲,这句话是什么意思?"母亲回答他:"这句话的意思是花不好养,即使有心去种花,也不一定能活下来,而柳树比较好活,偶然不是有意地栽种也可能成长起来。"① 黄祖洽听后,儿时的求知心活跃了起来,他很想尝试柳树到底是不是真的很容易活,于是在柳树上摘下一枝光秃秃的绿柳条,插在池塘边的泥土里,希望它能够早日发芽,以此来验证母亲所说的话。之后的日子里,每天早上一起来,黄祖洽就跑去看它有没有发出芽来,心里还默默地祷告着:"求求你!一定要活起来呀!"一连几天过去,栽下柳条的地方看不出任何变化。母亲要回城里的家中去料理一些事,不放心孩子单独留在乡下,怕他生事闯祸,于是带上一起回家。黄祖洽无可奈何地跟母亲一起回城里,可是他的"实验"还没有完成,盼着能回来再继续。害怕有人或者牲畜破坏了柳条,临走前黄祖洽把柳条包括其周围的土挖出来,提着带有一团土的柳条,把它放到一个曾经插过粗木桩的、一尺多深的空洞里,小心地把柳条隐藏起来。回城一段时间之后,再次回到乡下,黄祖洽迫不及待地跑到树洞里去看柳条,惊喜地发现柳条上居然已经萌发出许多小小的叶芽!"它活了!",黄祖洽激动地叫着,轻轻地把柳条拿出来,连根带土移栽到池塘旁边一开始的"试验地"上,让它在那儿更好地生长。看着自己亲手插下的柳条能一天一天长大,直到长成一棵小树,黄祖洽高兴极了。他不禁佩服那柳条的坚强生命力,佩服大自然的神奇。小树条生命如此顽强,让他明白,以后不管遇到什么困难,都应该学会从挫折中振作起来。这大概是黄祖洽人生中的第一个实验,那时的他还不满5岁。

---

① 黄祖洽:童年趣事·乡橘春色。《北京师范大学校报》,2006年2月25日。

黄祖洽还常去住在河西的表舅家玩耍，那时的长沙市城区还仅仅在湘江东侧，西侧叫河西乡，黄祖洽的表舅就住在河西，还拥有一个中等大小的农庄，农庄中有橘园、茶园、菜地和一小片竹山。表舅时常会拿橘子来城里卖，顺便到黄祖洽家抽袋烟，聊聊家常，两家的关系十分密切。表舅家的田园风光深深吸引着在城市长大的黄祖洽，所以小时候的他经常缠着母亲去找表舅玩。湘江上没有大桥，去河西必须坐船，当地人称之为小划子。一只小划子通常由一个船夫驾驶，船夫站在船尾，面向前方，两脚夹着舵，双手抓住两只长长的桨划着。这种划桨方式不同于现在的小船，现在的划桨方式通常是游人坐在船中，面朝船尾向后划。而小划子的两只桨是在船尾向前划的。这两只桨一会儿掠出水面，带起泛着阳光的河水；一会儿切入水中，激起一个个小小的漩涡。随着划桨方式的不同，既能发出前进的动力，又能配合舵的摆动调节方向，必要时还能使船倒退。一只划子可以载七八个人，坐在船上，江风习习，水流阵阵，甚是爽快。远看天空的白云、飞鸟和江面的船只，近看船侧水中被桨激起、向后流去的一个个漩涡，从小到大、逐渐消失，留心木桨在水中的划动和转折，感受划子在水面驰行的快慢和摆动，黄祖洽觉得特别有趣。从船夫划桨用力的姿态和小划子运动方式的变化，他时常好奇桨击水和水推舟之间有着怎样的作用和反作用关系。[①]

　　表舅家后面的竹山是黄祖洽小时候最喜欢的地方，在竹山里生长着很多茂密的毛竹，山风吹过，众多的毛竹随风舞动，左右摇摆，发出瑟瑟之声，竹叶也会随之上下颤动，好似在欢迎自己来到竹山。竹林里的竹笋既可以趁新鲜做菜吃，还可以挑到菜市场上去卖，还能腌制成咸水笋保存，随时拿出来给孩子作零食。黄祖洽就吃过表舅妈亲手做的咸水笋，那美妙的滋味让他几十年过后仍然记忆犹新。

　　黄祖洽很喜欢竹子，在那里可以尽情地玩爬竹子的游戏。他觉得竹子好爬，粗细合适正好，手把着容易使劲。毛竹越往上越细，竹梢弹性很好，容易弯曲，爬到高处，可以摆来摆去，只要轻轻一晃，用手够住挨近

---

① 黄祖洽：童年趣事·乡橘春色。《北京师范大学校报》，2006年2月25日。

的另一棵竹子，再把脚和身子挪过去，用不着下地就可以在林中游来游去，那种感觉就好像后来看到的小说《人猿泰山》中，泰山在森林大树间飞行一样，很是惬意。玩累了便抓住一根竹梢，把脚和身子往下坠，使那竹梢慢慢弯下去，直到他的脚离地不远，才把手放松，轻轻地落到地上，离了手的竹梢会自己弹回去。

  时间久了，黄祖洽想着自己动手用竹子制作一些玩具和文具，他用竹子加工制造出各种水筒、笔筒、水枪、弹弓、弓箭，还有竹蜻蜓。各种物件中，制造竹蜻蜓是比较麻烦的事，① 先要通过锯、削、刮等工序，准备好一片长、宽、厚都合适的竹片，然后用小刀将它削成一个螺旋桨的形状，用木锉打磨光滑，再在桨的中心部位钻一个小孔。接着是从另外的竹片上削下一根竹竿，再加工成一根长短粗细都合适的竹签，紧紧地插进已经准备好的螺旋桨中间的小孔内。这样做出的只是竹蜻蜓的毛坯。进一步还要检查竹签和桨面是否垂直、桨片两端是否平衡，检查竹蜻蜓制作是否完善的方法，是让它试飞。如果用手将竹签一搓就可以让它平稳地飞出去，就算成功。为加快旋转的速度，黄祖洽想出了一个行之有效的"土办法"：从蚊帐竿上锯下一小截斑竹管，在管侧钻一个小孔，然后找一根一尺来长的线绳在竹蜻蜓的杆上按合适的方向绕许多圈，把绕好的竹蜻蜓插进斑竹管，让线绳头从管侧的小孔引出。玩时，左手握住斑竹管，右手握住线绳头使劲一拽，竹蜻蜓便会很快旋转着，高高飞出，这种玩法延续至今。

  黄祖洽还乐于观察花丛中飞来飞去的小蜜蜂，这些小蜜蜂十分勤劳，纷纷忙着采蜜。舅妈的儿子告诉他，可以用片纸卷成一个小纸筒，一头捻封闭，一头开着，然后看准蜜蜂用手一捞，就能够很容易捞得一只，接下来把蜜蜂对着开口放进纸筒，再把开口捻闭，拿在耳边就可以听它翅膀扇得嗡嗡响。如果纸是透明的，还可以清清楚楚地观察到小蜜蜂的形态和动作。玩够了，黄祖洽就捻开纸筒，把蜜蜂放出去，让它回家。

  竹林里的生活自由自在，在玩耍的同时，黄祖洽也不住地观察和思考，从竹子的摇摆，到竹制玩具的制作，其中有很多的物理现象，虽然当

---

① 黄祖洽：童年趣事·情系柳竹。转引自刘川生：《北京师范大学110周年校庆系列丛书：讲述·北京师范大学大师名家口述史》。北京：光明日报出版社，2012年，第32页。

时还不知如何能称其为物理原理，但是好思考的习惯能够使他有意识地注意到这些现象。可以说，游戏培养了他的观察力和动手能力，也培养了他对大自然的热爱。

爱看书的小学生

黄祖洽喜欢书，还不太认字，就喜欢把叔叔、哥哥们以前看过的《儿童画报》《儿童世界》《小朋友》之类的书籍翻出来看着玩。[①] 常常对照着图画，从图上勉强认出的几个文字，连蒙带猜，居然也能了解故事的大致情节，这让他觉得很开心。在这种看图猜故事玩的过程中，他不停地去问母亲、哥哥这是什么、那是什么，就这样边玩、边问、边学，他慢慢地认识了不少字。识的字多了，就能离开图，阅读一些文字更多、篇幅更长的有趣故事。不知不觉中，就养成了他找书看的爱好。有一天，黄祖洽无意中发现家中一个平常不让孩子们打开的木箱，里面竟满装着许多石印袖珍本的绣像绘图旧小说，有《薛仁贵征东》《薛丁山征西》《隋唐演义》《水浒传》《精忠岳传》《封神榜》和《镜花缘》等，甚至还有几种文言文的小说，像《聊斋志异》《子不语》《草木春秋》之类。[②] 发现了这一箱"宝贝"，他也不管看得懂看不懂，只是一本一本拿出来看着玩。他反复翻阅，爱不释手，渐渐地阅读速度和理解能力有了不少长进，对书中人物的忠奸、好坏、善恶也有了自己的理解，或敬佩、或同情、或鄙视、或厌恶，潜移默化间产生同情正义、鄙视邪恶的感情。

1930 年，黄祖洽开始进入长沙市立十三小学学习。因父亲的工资收入很微薄，自己和哥哥们的学费，常成为家庭中难以解决的问题，父亲常常为此终日发愁，到处借贷。经济的困难，加上父亲个性严肃，经常和母亲争执，母亲常因过度劳累与心境不快而生病。吵闹的家庭，多病的母亲，

---

① 黄祖洽：童年趣事·乐在书中.《北京师范大学校报》，2006 年 3 月 20 日。

② 同 ① 。

图 1-2 黄祖洽与母亲

小学时的黄祖洽在家中的生活是不愉快的。那时班上的同学，一般家里都有点产业，或者是经商，或者家里有田产，而自己家一无所有，既没有田产，也没有房产。父亲曾经跟黄祖洽说："我们家没有产业，现在我工作能维持家庭生活，将来你们长大以后，不要指望家里能够养你们。"①

父亲的谆谆教诲，加上他从自己看的小说和故事中意识到，贫寒的人有志气就能够变好，富家子弟如果没有出息就变得败家。这使得黄祖洽从小就养成了独立自主的习惯，并一直严格要求自己，不做纨绔子弟，不能依附于他人。自尊心强而又敏感的他很少在同学的热闹场面中出现，只与少数朴素、老实的同学淡淡往来。② 对家庭环境比较好或是商人的同学更是避而远之，有时也难免孤单。黄祖洽更喜欢自己一个人拿着书，到田边、到房前屋后、到树下去读。湛蓝的天空下，飘着朵朵白云，黄祖洽安静地捧着书在树荫下阅读，时不时抬头仰望蓝天数数云朵，思考一下书中的内容，这种场景在他的小学时代是最为常见的。每学期开始都会领到一些新课本，黄祖洽拿回家，包好书皮后，迫不及待地翻看，找找书中有没有什么吸引人的内容。而新课本毕竟太少，满足不了他看书的"瘾头"，只好满屋子找别的书来看。连母亲放在抽屉里的"黄历"也被他翻出来，看其中阴、阳历的对照，每天"宜"什么、"忌"什么，看每个月前面附的小诗，至今黄祖洽还记得阴历正月前的小诗是："岁朝宜黑四边天，大雪纷飞是早年；最好立春晴一日，农夫不用力耕田。"③ 他还会去看由黄、白、黑、赤等九个表示颜色的字组成的一个九方图，琢磨它们究竟有什么含

---

① CCTV《大家》—黄祖洽，2005 年 9 月 30 日，北京。资料存于采集工程数据库。
② 黄祖洽同志自传。中国科学院档案馆。
③ 黄祖洽访谈，2013 年 7 月 17 日，北京。资料存于采集工程数据库。

义。琢磨来、琢磨去，加上问大人，诗的意思大致就明白了。但是好思考的黄祖洽还是经常会提出一些问题，例如"宜""忌"有什么根据？九方图是怎么得出的？起什么作用？最终他的问题没有人能够解答，始终也没弄清楚，只好丢开不管。

此外，黄祖洽仍然喜欢看小说，尤其是武侠小说，他常在看小说中忘掉现实生活的不愉快，沉醉在小说中绿林豪杰行侠仗义、劫富济贫的故事中。不过，由于看小说着迷，也着实花费了黄祖洽不少时间，有时会耽搁了更重要的事。起初黄祖洽成绩并不怎么好，二年级下学期要学两位数的加法了，老师让列出一个算式来，他不太会，就看同桌怎么做，他也就照着做。那时候学生们用小的石板当作业本，用石笔在上面写，写错了可以擦掉重写。老师下来检查作业时转了一圈，把一些同学的石板收上去了，包括黄祖洽的。黄祖洽还不知道怎么回事儿呢，老师就说有些同学算得不对，错误的石板被收上来陈列在上头了，原来老师拿黄祖洽当反面教材了。黄祖洽心想，"可是我同桌的这个人的石板没有被收上去啊，我不是抄他的了吗？"下来才知道，同桌在黄祖洽抄完之后发现错了，用擦子擦掉又改了，而自己没注意。此事对黄祖洽的刺激比较大，回去还与父亲说了此事，父亲并没有批评他，只是跟他讲了数学题的做法和解法，自此他告诫自己再也不能当反面教材，再也不要抄袭他人的答案，要自己做明白了才会心安。

父亲还给他讲了着迷于看小说的害处，也许是由于黄迪庆对于数理的喜爱，也许是由于认为黄祖洽有学习数理的天赋，他推荐黄祖洽看刘薰宇编写的《趣味数学》。看了这本书后，黄祖洽果然很喜欢数学。他还不时隔着家中书柜的玻璃门，察看其他的书名。其中上、下两卷的《数学游戏大观》和一套汤姆森的《科学大纲》先后引起了他的好奇心，他如饥似渴地在闲时取出翻阅，受益良多。暑假中，他到乡下外婆家去住，便随身带了从父亲书柜中挑选出的一本小册子《幻方》和一本吴在渊编写的《代数》。对前一书的兴趣来源于小时留在脑中的，对"皇历"中九方图捉摸不透的疑问，以为读它可以解决。可惜后来发现《幻方》介绍的知识虽然也很有趣，但和九方图却根本没有关系。不过，吴在渊《代数》这本书自学过后，倒确实让黄祖洽得到了代数方面的启蒙知识，使他初中学代数时不觉得陌生。①

小学四年级，黄祖洽的算术成绩从原来的中游状态上升到全班最好：各种类型的四则杂题使多数同学茫无头绪，他却能按照老师的要求，先把题意想清楚，必要的时候用图解的方法来分析，一步一步按题中说的条件把算式列出来，这样就能化繁为简，把看似复杂的问题清晰地解出来。同学们常常让黄祖洽帮助分析题意，老师也对他进行表扬。越是受表扬，越提高了他学数学的兴趣。黄祖洽有一位名叫林康的算术启蒙老师，对他和其他学生的要求很严格，算术课上有两条要求：一是每写下一个公式，需要在旁边注明公式的含义；二是公式移项或移行的时候，要求连着前面的符号一块儿移。这让他一直记忆深刻，也正是这两个要求影响了黄祖洽一生的数学学习方法。每次都对公式的含义进行解析，帮助黄祖洽养成了注意算式物理意义的习惯；对齐符号的要求，让他形成了数学运算时一丝不苟的态度。②

小学五年级时，黄祖洽在父亲的安排下，转学到了湘潭第一高小。换到新的环境里，各方面都要重新开始，面对新的老师、新的课程以及新的朋友，他发现这样也是有好处的，新的环境下能开阔新的眼界。转学之后的黄祖洽学业成绩有了新的提升，无论是算术还是语文经常在全班名列前茅。在一次全校举行算术、语文比赛上，黄祖洽居然拿了两个第一。学校为鼓励优秀学生好好学习、继续努力，发了一堆铅笔、墨盒之类的文具作为奖品，还发了一个小茶壶。东西太多，书包又不够大，黄祖洽不得不用衣裳兜着往家走。回家一敲门，母亲张孝恂见了便问，从哪里兜那么多东西回来，黄祖洽高兴地说道："这都是我得的奖品！"。母亲非常自豪，此后逢人就夸："我们家三伢子，放学回来，兜了一兜子奖品回来呢"。③ 这对于黄祖洽来说，更是莫大的鼓励，越夸奖越喜欢学，如此一来，成绩就更好了。

---

① 黄祖洽：童年趣事·乐在书中.《北京师范大学校报》，2006 年 3 月 20 日。
② 黄祖洽访谈，2013 年 3 月 23 日，北京。资料存于采集工程数据库。
③ 黄祖洽访谈，2013 年 7 月 16 日，北京。存地同②。

私 塾 教 育

黄祖洽从湘潭第一高小毕业后,被送去当地一个私塾读了半年旧书。由于父亲黄迪庆从小受到儒家仁义礼智信的教育,也想让儿子受一些儒家思想的熏陶,想着将来也许能参加考试做官。这个私塾设在一个祠堂的大厅里,大大小小的十多个学生都由一位老先生教。教学的内容很杂:有识字的,有念《三字经》的,有念《百家姓》的,有念《千字文》和《幼学》的。老先生坐在厅里最里面的一张大桌子后,前面排着学生们坐的小课桌。先生让一拨一拨的学生挨次到他那儿去,听他念几段要学的书,跟着他念,然后叫学生回到自己的座位上大声朗读,直到能背诵了,可以去背给他听,他才再往下教你念几段。老先生对学生要求很宽松,不指定你每天要念多少,也不要求学生老是坐在厅里,可以自己到大厅外面的花园里去玩捉迷藏、爬树等游戏,也可以提早回家。

私塾大厅里总是书声琅琅,煞是热闹。有时候,黄祖洽觉得听别的学生朗读就像听唱歌一样,听多了,自己没学也会唱了。渐渐地,他把《三字经》听熟了,也会背了。父亲请老先生再教他念四书(《大学》《中庸》《论语》《孟子》)。在老先生看来,学习四书至少需要半年时间。可是黄祖洽记忆力很好,又已经读完小学,能自己参考书上的注解,懂得所念文字的基本意思。没多久,黄祖洽就将四书烂熟于心,背诵进度远远超过了老先生的预期,无奈只好接着教他念《唐诗三百首》中的绝句部分。[①]

私塾学习,使黄祖洽对传统文化有了些启蒙。那时背诵的东西,不容易忘记。随着生活经历的增长和其他方面知识积累,对曾经背诵的内容也理解得越来越深,有时甚至成为他人生感悟的源泉。半年后,黄祖洽结束了私塾生活,准备报考中学。

---

① 黄祖洽:童年趣事·乐在书中.《北京师范大学校报》,2006年3月20日。

第二章
辗转的中学

乱中求学

　　父亲的严格要求，加上不断地求真实践，黄祖洽的小学学习圆满结束，他对中考自信满满。在父亲的引导下，他决定报考湖南一所较好的中学——岳云中学。

　　岳云中学是由著名教育家何炳麟先生于1909年（清宣统元年）创办，初名"湖南南路公学堂"，1914年改为"湖南私立岳云中学"。何先生曾经留学日本，在日本东京工业学校电气科学习。他大力倡导科学，主张"科学救国、教育救国"，倡导德、智、体全面发展；又提出以"勤、恪、忠、毅"为校训，培养学生耐劳、守法、服务、向上之精神。岳云中学实行分科制，设农、工、商、文等科，并提供各科学员实习场所，还开办体育、艺术、教育三个专修课程。在何先生领导下，学校的各项设置不仅新颖，而且更加适应当时时代对人才的需要。20世纪30年代，科学之风正盛，黄祖洽报考该校时，何先生仍任该校校长，这样一所学校，不仅是黄祖洽父母想让他就读，连他自己也是很渴望的。

然而事情并不像想象中那样顺利。几百人报考，学校只录取约一百名学生，竞争很激烈。通过考试的，成绩被公布在一张榜单上，由考生自行查看。经过认真准备，黄祖洽最终以优异的成绩通过了考试，当他去查看榜单时，很快就找到了自己的名字，便兴冲冲地回家告诉父母这个好消息，家里人都很为他高兴，一心等着开学。然而，开学的时间到了，黄祖洽迟迟没有收到入学通知，待他再去学校查询，才发现榜单后面有标明，通过考试的学生要进行一次复试，并写有复试时间和地点。黄祖洽没看见复试通知，就跑回了家，结果错过了复试，从而与岳云中学失之交臂。

失去了进入岳云中学的机会，黄祖洽悔之不及，在读了半年私塾后不得不选择进入较为普通的平大中学进行学习。平大中学管理较为松散，学生杂乱且总爱打架，同学之间经常会发生一些摩擦，新转进去的同学还会受到歧视。作为男生，黄祖洽固然也很调皮，但面临那些欺生的同学，他还是尽量避而远之。这些都使其读书不能专心，学习情况并不顺畅。错失良机的教训，深深地烙在黄祖洽心里，他告诫自己今后做事一定要认真求实，且不可麻痹大意。

第一个学期没结束，时在南京的父亲写信告诉他，南京中央大学有一个实验中学是五年一贯制的，让黄祖洽去考此学校，如果考上了，可以弥补一下这一学期的课业损失。这年暑假，黄祖洽到了南京，报考中央大学实验中学，当时报名的有3600多人，只录取100人。临近考试，父亲给黄祖洽买了一本《历年考试试题》，他看后认为有些内容有问题，父亲得知后在书的前面写了一句：尽信书不如无书！这句话让黄祖洽有了信心，他常会将习题一遍一遍考证清楚，用心认真作答。最终，他顺利地通过了实验中学的考试。

不幸的是，这一年是1937年，7月7日驻华日军制造了震惊中外的"七七事变"，又称"卢沟桥事变"，日本全面侵华战争开始。不久日本又开始侵略上海，8月13日，日军以租界内和停泊在黄浦江中的日舰为基地，对上海发动了大规模进攻，进而妄图进攻南京。当时日军把飞机派到南京来空袭、扔炸弹，父亲所在的工作机关开始遣散人员，黄祖洽跟着父亲回到了湖南，实验中学没能上成。同年秋天，黄祖洽转而考入长沙兑泽中学。

1938 年 11 月，日本军队逼近湖南，因父亲被迫迁至江西的一处法院工作，黄祖洽也不得不离开长沙前往江西，从此离开了他曾经生活 14 年的家乡，踏上异乡求学之路。

锋芒初露

在江西，黄祖洽插班进入九江中学（今江西省九江第一中学），就读初中二年级。这是一所能教授近代数理化科学知识的中学，是我国最早具有现代意义的著名中学之一，其前身为 1902 年初新濂溪书院，能文理兼修，在当地很是有名。1927 年正式定名为江西省立九江中学，学校规模不断扩大，政府将旧试院也划给九江中学。1933 年学校迁建在九江市甘棠湖畔，定名为江西省立九江乡村师范学校，1938 年迁至江西省铅山县河口镇，黄祖洽在这里开始了他的初中学习生涯。1941 年，该校又改名为江西省九江中学，之后又几经易名。

图 2-1 抗战时期九江一中河口校址

河口镇地处江西东北部，是当地四大名镇之一，社会文化及商业的交流相对比较集中。九江中学虽然也受战火影响，历经几次搬迁，在河口镇其校舍也是借用当地的祠堂，但学校始终坚持上课，学生们可以不用四处转学，黄祖洽的中学生活还算平稳。学校离长沙老家很远，还有很多其他地区逃难到这里读书的学生，没有父母家人陪同，许多同学都是自己单独开始住校生活。这让本来就很独立的黄祖洽，更加锻炼了自主能力和生活能力。抗战前线不断地传来失败的消息，在乡村特别是在赣东的山区中，有农民反抗征兵的民变，但这些消息并不会进入学校，也不会引起一般学生的注意，黄祖洽也觉得这些事情离自己很遥远，唯有那些书本和科学知识能吸引他。

但家人的情况及生活环境对黄祖洽还是有影响的，父亲高兴的时候越来越少了，物价开始不断上涨，人们在生活的重压下，整日为衣食发愁，思想变得逐渐麻木了，他们关心的是自己如何才能生活下去而不是国家的前途和民族的命运。家里只给少量的钱，失学的危险也随时威胁着黄祖洽，起初他都要在同学和亲友的帮助下才能继续读书，好在同学之间在艰苦条件下都能团结互助、取长补短。后来依靠奖学金完成学业。这些困难都使得黄祖洽更加珍惜上学的机会。

受近代新文化运动的影响，九江中学里有很多老师都是多才多艺的大家，既受过传统文化的熏陶，又接触了西方近代科学教育，他们的教育、教学方式对黄祖洽影响很深。蔡希欧先生是黄祖洽的化学老师，五四运动前后，在新思潮影响下，蔡希欧迫切要求到新式学校求学，进入南昌豫章中学学习。中学毕业后进入上海圣约翰大学深造，1925—1927年，蔡希欧进入上海光华大学化学系继续学习（与著名化学家张青莲为同窗），获得学士学位。1928年2月—1959年2月，在省立九江中学高中部任教，同时授数、化两门学科。蔡希欧讲课简明扼要，且系统化，板书也写得好，很受学生们的欢迎，黄祖洽也喜欢蔡老师，对其崇敬有加。

黄祖洽很喜欢化学课，还因为蔡老师为人亲和朴实，支持和鼓励学生与老师共同讨论问题，时常把校医务室一些用过的针药瓶子收集起来做化学实验。有一次上课，蔡老师讲大气压力的时候，用一个装满水的杯子来举例，他说："如果现在上面盖一块玻璃，然后倒过来，底下的玻璃是不掉的，这个是因为有大气压力的关系。"黄祖洽早先思考过这一问题，他认为：当杯子反过来的时候，虽然底下有大气压，但是上面也有大气压，所以这个应该不光是因为大气压力。为此，黄祖洽当着全班的面做起了实验，道具是一个水盆，问题用了整整三堂课去做实验验证，最后争论还是没有结果。因为跟老师僵持的时间太久，他自己也觉得不好意思了。[①] 但

[①] CCTV《大家》—黄祖洽，2005年9月30日，北京。资料存于采集工程数据库。

他还是不迷信老师教的，经过自我思考，并亲自实践论证得到的东西，他会一直都坚持。在十四年抗战的艰苦岁月里，蔡希欧先生坚守一中讲台，以他坚韧的意志和高尚的情操及深厚的学识功底，为中华民族培养了许多杰出的人才。后来九江一中历史上最耀眼的理论核物理学家、军事家、医学家、文学家、艺术家、数学家等，大多出自于他的门下，黄祖洽便是其中一位。

学知识让黄祖洽很痴迷，他很喜欢对自然现象或物理化学方面的事情提出疑问，然后自己再想办法解决，对老师新教的课程，也是边学习边思考。长时间冥思苦想，或者去图书馆查找相关资料，是黄祖洽遇到问题时解决问题的办法，这种方法使他更广泛地涉猎到不同学科的知识。黄祖洽对化学反应方程式需要死记硬背十分不满，后来在学校图书室里发现一本从日文翻译过来的《化学解法》，他借回去一看，才知道各种类型化学反应的进行是有规律可循的。只要掌握这些规律，区别反应的不同类型，并且记住一些基础知识，像各元素的电离倾向序列，哪些盐类易溶于水、哪些不溶于水等，就很容易判断反应进行的方式和方向，写出有关反应的方程式。黄祖洽不愿意死记硬背，更多地愿意多问些为什么，只有自己真正想明白了才能够更好地记忆和掌握。

黄祖洽还很喜欢物理课，有位叫熊怡的物理老师对待学生也很和蔼，讲课通常让学生提问题，他来回答，如果回答不出来就想办法跟学生一起解决这个问题。有一次，讲到透镜成像原理的时候，老师提出一些新物理公式，黄祖洽问那些公式是怎么来的。老师说上课的时候不容易说清楚，要下课后到休息室去讨论。休息室里，老师搬出他在大学时候的物理书《Duff 物理学》给黄祖洽，让他自己去找答案。黄祖洽捧着书，翻看了一下午，终于弄明白那些公式的来历，心中也因此得意万分。从那以后，黄祖洽就对物理有了兴趣。熊老师经常这样鼓励他发现问题，然后自己想办法解决，这种方式很合乎黄祖洽的学习习惯。在老师的引导下，黄祖洽获取更多知识变得得心应手，面对问题先是通过自己的努力，去寻找方式获得答案，他逐渐开始能与老师一起讨论和研究一些物理问题了。

黄祖洽觉得熊怡就是自己的启蒙物理老师，不但把自己带入了物理学知识的海洋，还拓展提升了自主学习的能力。他认为物理学一方面是基础科学，以研究自然界中物质结构和运动的基本规律为目的；另外一方面，物理学又是对许多其他学科起连带作用的一门学科。物理学本身确实非常奇妙，非常有趣，学起来确实是其乐无穷！物理学最讲究实证，以观测和实验为基础；最推崇理性，不满足于观测和实验所提示的现象，而要寻求现象，并要寻求现象背后隐藏的规律；既要根据对现象的概括和抽象，做出大胆的假设，对现象做出理论解释，又要敢于大胆怀疑、寻根问底，考究已有的假设和理论是否真能符合实际。

黄祖洽自学知识的速度越来越快。他发现学校使用的课本大多由中华书局出版，一般情况下每一章后面会有一个提纲，概括本章所有的内容，包括概念、定义等。他拿到课本自己先看一遍，然后对照着提纲，回想课本的全部内容，这样使得他自己能够提纲挈领地掌握有关内容。他认为学习要靠自己，自主学习的同时要多跟同学、老师讨论，在讨论中互相促进、互相提高，才会有更大的进步。他的这种学习方式一直坚持到西南联大、清华，工作后，也一直采用这种方法。比如搞反应堆、搞核武器，这些都不是现成的，需要自己学习，而中学养成的这种学习习惯对黄祖洽的工作帮助很大。黄祖洽的数学老师为了让学生们巩固已学习的解题方法，天天让他们做同一个内容的题目，黄祖洽心想为什么总是用同一种方法来解题啊，做这些题目做得好烦。有一天他通宵没睡觉坐着想题，就像个小和尚在打坐一样，从晚上坐到了天亮。第二天早上爬起来，黄祖洽凭自己的感觉用了新的解题方法，把那几个题目重新做了。由于黄祖洽大清早才做出题目，他是最后一个交作业本的，所以学习委员在收作业的时候，把他的作业本放到了最上面，随后就交给了数学老师。那个数学老师第一个看到黄祖洽的数学本，不仅答案是对的，而且他的解题方法，让老师惊呆了。他赶快赶过去找黄祖洽，可是没有找到，于是老师把学习委员叫来说道："你把黄祖洽叫过来，叫到我办公室。"其他同学也帮学习委员到处找黄祖洽，好不容易在一个角落里找到了正在看书的黄祖洽。黄祖洽去了老师的办公室，数学老师摸了摸他的脑袋，"祖洽啊，这题目是哪个大哥哥大姐姐教你做的？"黄祖洽摇摇头："没人教我做啊。"老师不解地问道："那你是怎么想到这种方法的?"黄祖洽回答道:"这是我自己想出来的,我昨天晚上想了一晚上,我想换个方法来做。"数学老师叹了口气,又摸了摸他脑袋:"孩子你真不错,以后一定要努力学习啊!"。[①] 第二天那个数学老师离开了学校。有人说,黄祖洽用高三的方法解了初二的习题,数学老师发现自己水平有限,学生超越了自己,没有办法再教了,于是辞职离开了。

群 而 不 党

1939 年江西南昌陷落,日本要打通浙赣线,江西北部的一些城镇不保,九江中学筹备搬到偏远的地方继续办学,先是因材料设备较多,决定往附近的山里搬迁,来到河口办学。不久,河口镇又遭到轰炸,九江中学

图 2-2 九江中学初中部(杨村)

---

① 丁仙玉访谈,2012 年 10 月 6 日,北京。资料存于采集工程数据库。

不得不搬到武夷山里的一个小村庄杨村。搬迁过程比较正式，学校大多数设备都搬去了杨村，尤其是图书馆大量的资料也被搬到了新校址，这对在读的学生来说是一件极为有意义的事。

战争影响了学校原有的发展和常规秩序，而学校搬迁又在某种程度上促进了学生间的相互融合，启发他们体验平日体验不到的学习和生活乐趣。杨村环境很优美，有一条小河流经，其周边是农田，河对岸的是群山。小河上经常停泊着几只小船，当人们有事需要去对岸时，就经常拿着竹篙，自己划船到对面。河面上经常飞过几只鸟儿，低低掠过水面，只剩波纹点点，伴随着虫鸣声慢慢散开。青山绿水、虫鸣鸟啼仿佛能够让人忘却那外边的战事，静静地享受这美好的自然风光。黄祖洽和几个志同道合的同学，一起在河边开了一片荒地，种上了两畦苋菜、两畦蕹菜和几窝南瓜、冬瓜。过了一些天，他们种的蔬菜已茁壮成长，可以摘下来送到食堂里，改善大伙的伙食了。他们把这片菜园命名为"习圃"，寓意向颜习斋学习的意思。除了菜园，他们还有自己的休息区。在河边的小路旁，有一个长满小树和杂草的小土丘，黄祖洽和同学们把它稍加修葺，居然成了一个可以休息、可以看书的小园。由于参加的同学有江西、安徽和湖南三个省籍的，这小园就被他们命名为"三省园"，当然也暗含曾子所说"吾日三省吾身"的意思。[①] 这样有趣的学习生活，直到晚年仍是黄祖洽所向往的。黄祖洽后来回忆时曾备感亲切地说："铅山作为我的第二故乡，无论走到哪里，我都会想起她，赞美她。"他还清楚地记得，那时杨村山清水秀、鸟语花香，是一个读书的好地方。在学习上，各个同学各有特长，有的长于文史，有的长于数理，有的长于生物，有的长于地理，有的长于唱歌、绘画，"能者为师"，互教互学。

九江中学的校长缪正有远见，尽可能保留了原有的图书、仪器和有经验的优秀老师，所以教学质量相当不错，同学们的学习风气也好。黄祖洽喜欢去图书馆，也善于自学，在代数知识上逐步加深了基础，他还在富余时间自学了从家中找到的几本《算学小丛书》。这套小丛书中的习题，在

---

① 黄祖洽：中学时代。《北京师范大学校报》，2006年3月30日。

书末都附有答案,很便于自学时练习。通过独立做这些习题,他既提升了解题的能力,也开始体会到数学的美妙。

图 2-3 1940 年黄祖洽初中毕业照

黄祖洽还找到了一本父亲念旧制中学时用过的、老一辈留法数学家何鲁编写的代数课本,这是本篇幅不长、行文简洁(文言文)、然而内容颇为丰富的书。粗读第一遍的时候,有许多地方不懂,他便用铅笔在有疑问处轻轻画上问号。第二遍从头仔细阅读时,一边读、一边用笔在草稿纸上自己推算,把原书省略了的过程补出;每搞清楚一处原来有问题的地方,他便用橡皮擦去相应的铅笔问号。黄祖洽利用一个暑假,把这本书读了六遍,总算把所有的问号都擦去了。[①] 虽然费劲,但每弄清一个问题,他都感到非常高兴,像得到了什么宝贝似的。等到把全书都看懂,书中的主要内容便转化成了自己脑袋中的知识。

高中新开的生物课也让黄祖洽很感兴趣,生物老师课讲得非常生动,但每次考试都很难。跟别的同学不一样,黄祖洽不去背诵那些概念,而是听课的时候,把老师的提纲抄下来,然后跑到学校旁边的小河滩上,自己跟自己讲,自己给自己提问题,为什么是这样子,为什么又是那样子。一个人自问自答,自己教自己,自己考自己。有的时候自己回答不出来,他就上图书馆去查书,看书上怎么说。就这样,黄祖洽对于所学的东西,就了解得更加透彻。一次考试,他拿了 90 多分,不仅是全班最高的,而且打破了历届学生考分纪录,以往学生很难上 70 分。黄祖洽发现这种学习方法行之有效,使学习进程达到事半功倍的效果。

有一段时间,学校缺少物理老师,黄祖洽还当了一阵班里的物理老师。因为学校地处山区,又是战火连连的年代,不容易找到物理老师。黄

---

① 黄祖洽:中学时代。《北京师范大学校报》,2006 年 3 月 30 日。

祖洽喜欢物理，从初中物理老师那里借大学的课本来学习。由于他超前自学了一些数学，高一时就自学了微积分，所以，他看大学物理教材没有太大的问题，但是也积累了许多问题需要解决。后来，学校请来一个清华气象系毕业的老师教物理课，

图 2-4　九江中学高中部

黄祖洽正有大堆的问题想问，结果往往整堂课，都是黄祖洽不停地问问题，他还是想象初中的熊怡老师那样，通过提问的方式来解决很多问题。然而事与愿违，新来的老师颇不习惯黄祖洽课上提问，不久便离开学校。校长感叹说："我好不容易给你们找到老师，你们怎么把他赶跑了？"。之后校长约谈了黄祖洽，他表示：既然因为你物理老师离开了，那现在你就担起教物理的重任吧。黄祖洽并不推托，他从图书馆借了大量的大学物理书籍，自己看，自己学，然后在班里当起了物理老师。

与其他同学一样，学英语对黄祖洽也是一件费时费力的事，他使用的英文字典被翻破过三次，每一次破了他都用糨糊、用纸再把它修好，修好以后又用，坏了以后再修，前前后后折腾了好几次，这足以说明他查字典的频率，另一方面也足以说明黄祖洽的努力程度以及当时的艰苦条件。黄祖洽和他的同学们在杨村快乐而艰苦地学习和生活着。

生活上，处境好一些的同学乐于帮助生活上更困难的同学。然而这时的物质生活是相当艰苦：宿舍仍是当地一家大姓祠堂的库房；睡的床是用同学自己上山砍来的毛竹，请竹匠搭起的通铺；吃的是糙米饭和八人一碟的咸水豆芽菜。不过黄祖洽和他的同学们学习都很努力，有青春向上的朝气。没有电灯，晚上自习时就在教室里把课桌对拼起来，几人共用一盏油灯写作业。

学习刻苦，加上生活条件艰苦，导致黄祖洽营养不良，面黄肌瘦，还经常流鼻血，有时候在大热天还披着一个破棉袄。教几何的老师对其他同

第二章　辗转的中学

学说："你们不要看黄祖洽学得好,他活不到四十岁。"此时正处于抗日战争最艰苦的时期,农村的物质供应无法满足学生的需要。好在黄祖洽很注意把学习到的一些卫生知识应用在自己的生活里面,他从来不抽烟不喝酒,而且注意锻炼。身体较弱并没有影响他的日常生活和快乐的心情,他常提醒自己要乐观向上地去生活。他不相信几何老师说的,为了增强体格,每天清早起床洗漱后,就跑步到河边,自己把小船撑到对岸,再爬上一个小山顶,在上面先做一套早操,再练嗓子,大唱抗战歌曲,再跳绳。然后下山、过河、回宿舍,拿出英语读本到田间朗读一阵,才去食堂吃早饭。

黄祖洽看不惯有人浪费粮食,他自己就很节俭。有时候公会食堂的米饭比较硬,那些家里有钱的同学,特别是女生,就把饭倒在桌上,自己跑到街上的饭馆里去吃。黄祖洽曾经站到食堂门口,训斥这些女生说："你们这样做不对,不许不吃饭,也不许倒桌上。"后来这些女同学都不喜欢他。有女生在宿舍门口看到黄祖洽经过时,就没好气地说："你看那个人就是黄祖洽,他就是个书呆子。"[1]

黄祖洽也很少参加团体活动。一次学校集中吸收三青团员,黄祖洽不去参加,因为他不愿参加任何政治组织,觉得"君子群而不党",还因为对学业极为专心,没有时间去关注那些团体。[2]虽然许多同学都参加"三青团",但他表示对政治的东西不能够理解,始终对其避而远之。他对国民党的印象也很不好,因为小时候和自己家同住一个大院子的,有一个是当地国民党党部的书记,他不仅吸食鸦片,还整天睡在床上,无所事事,晚上又跑出去到处闹事,有时还带些流氓一样的人到他家串门。黄祖洽觉得这样不劳而获、吃国家饭的人很可恶。[3]

1942年日本占领了浙赣线,这时黄祖洽已经读到高二。面临日益紧逼的日本侵略者,九江中学全体师生又从杨村搬到一个更偏僻的山村——涂家。这次搬迁不同于河口镇搬往杨村那样正式,由于搬家的时候要走很长的山路,路上又害怕日本人出现,学校也不知从哪儿弄来枪支,派发给学

---

[1] 黄祖洽访谈,2012年6月5日,北京。资料存于采集工程数据库。
[2] 工作人员自传(黄祖洽),1959年2月12日。北京师范大学档案馆。
[3] 同[2]。

生每人一杆,如同逃难一样前往涂家。黄祖洽和他的同学们背着枪、爬着山,路上害怕时就唱歌,唱"黄河大合唱"这类的抗战歌曲,给自己壮胆。幸运的是,路上没有遇到什么不幸的事情,搬迁还算顺利。九江中学只在涂家待了半个暑假,随后又迁回了杨村,黄祖洽也即将结束高中学习,准备考取大学。

文采斐然

随着年龄的增长,黄祖洽的文学知识不断丰富,除了家中父亲的影响外,与同学和老师的交流,也给黄祖洽创造了发挥空间。

中学之前的文学及思想教育课基本上是以儒家思想为主导。黄祖洽一直熟记"祖述尧舜,宪章(效法)文武",崇尚"礼乐"和"仁义",提倡"忠恕"和"中庸",政治上主张"德治"和"仁政",重视伦理道德教育等一些基本内容在其文章中均有所体现。例如《民贫则奸邪生说》一文从"三代而上,民性善淳","人皆和睦、奸邪不生"是"由于平日畜积之具","民乐为善"谈起,对比"秦汉而降",君"非复尧舜",民"非复淳善","是以饥荒之岁,穷苦人民内有冻馁之病,外无仁政之施,纷纷结党而起者无日无之";再谈到"洎乎今日","俗敝民偷,奸邪日甚",然后得出结论:"故(就)当今之世而言,为政乃莫先乎富庶吾民,既富庶矣,乃能教之以礼乐,而移之以德化,便复于古之世也。不然居上位者服必绮纨,食必粱肉,而吾民仰不足以事父母,俯不足以畜妻子,凶年不免于死亡,而欲望其循仁依义,奸邪不生,亦已难矣。"这不仅阐释了儒家的基本学说,而且还体现了儒家的积极入世精神。"修身齐家治国平天下",儒家要求自身完善的目的是"治国平天下"。中学时代的黄祖洽虽然痴迷于数、理、化知识,但也深受儒家文化的熏陶,力求使自己的道德修养日臻完善,其方法之一就是强调"内省",《过则无惮改说》《士不可不先言耻说》《孝悌为立身之本说》《成功与失败》等诸多篇章,成了他追求道德完善的自省篇。

对于"过"，黄祖洽认为："欲求有过之勿惮改，则须明犯过之不足忧，而无所用其文饰。良以人本灵物，七情动其内，五欲诱其外，非大智大勇，孰能免其过哉？然犯过之后，良知渐起，而未尝不有所悔，当此之际，天理物欲交战于中，若能毅然以改过，则天理胜而物欲绝，良知因之而具。"对于"耻"，黄祖洽认为："惟士为能明乎道而耻乎利也"，"君子过人之处在知耻"，"夫耻者，入于耳，省乎心。故闻流言，则反察诸身，闻过失，则耻而改之。吾意耻之于行，犹疑之于学，士之学必尚疑，故行必知耻"。对于"孝悌"，他认为："吾尝思之，士君子而能尽于孝道，则行父母之遗体不敢不敬，待人处世之间，一言一行之微，莫不敢谨，战战兢兢，惟恐有辱父母之声誉。是以口无择言，而言满天下无口过，身无择行，而行满天下无怨恶，如此则立身有道而不苟矣。能推于孝道而及于弟，则事上待下莫不不中于规矩，合乎法度，唯恐有悖天地父母之心。故以之事君则忠，以之待人则敬，如是乃得出身以为天下用，以继人之志，以述人之事，以扬名声而显父母。呜呼，此所以立身必本乎孝悌也。"

黄祖洽还将个人的道德完善与国家民族的文化道德建设结合起来，表现了一种深广的胸襟。例如《爱国贵于自爱说》推论道："人能自爱其德，则民族道德可保，人能自爱其智，则民族文化必高，人能自爱其志，则国家必无败类，人能自爱其行，则国家必有良材。如是而国家不强，民族不大者，未之有也。"在特定的历史条件下，黄祖洽还论述了建设心理国防比建设物质国防更为重要，可见他追求道德的完善，这些都为他今后的治学立世奠定了厚实的精神基础。

黄祖洽的语文老师汪际虞也深受学生的欢迎。汪老师出身书香门第，极富中国优秀传统，具有渊博的历史知识，讲课中经常引经据典，穿插合情入理而令人玩味的古今趣闻，经常赢得满堂笑声。在一次语文课上，老师提到了关于天才的论断，说：什么是天才，眼前的都是天才。抗日战争特殊时期生活虽然比较艰苦，但是大家都在一起就不需要害怕什么，不要自己以为憋屈在那个小的山村里面，就没有什么前途，实际大家都可以有所作为的。这些话让在座的学生为之欣然，也给黄祖洽留下了很深刻的印象，也让他坚定了自己的信心和远大的志向，一定要坚持向上，敢为人先。

也是受汪际虞老师影响，黄祖洽在校图书室里借出了司马迁《史记》的选读本，进行阅读。他熟读了其中的一些名篇后，对司马迁的叙事笔法、立论见解和文章气势十分喜爱。说来也怪，黄祖洽感觉当时竟能通过朗读这些感人至深、发人深省的文章，振奋精神，使伤风之类的小病不药而愈。当然，实际上在当时困难的医疗条件下，也不容易找到治病的药。后来他又借阅了商务印书馆所出《万有文库》中的《通鉴纪事本末》，通读之后，黄祖洽觉得它的文章之美虽然不能和《史记》相比，但看起来也和小说一样引人入胜，而且比小说具有更加可靠的历史背景，有益于提高自己对许多历史事件的认识。

大量的阅读，让黄祖洽写下不少精彩的作文。他联系实际，抒发个人志向，评论古今人物，抨击汉奸贪官，为文犀利，逻辑严密。生活的清苦，时局的动荡，对家乡的思念和对国难的忧虑，都加倍激发了少年黄祖洽刻苦读书砥砺成才的志气。他在中学作文《月明之夜》一文中写道：

> 在这风云儿女的大时代中，流浪算得一回什么事，世界上正不知有多少比流浪更苦的事呢！前线的将士在喋血苦战，时刻有生命的危险；东北的同胞在敌人的铁蹄下挣扎，一言一语都被干涉；在广大的莱茵河畔有各国的健儿在那里拼命；在这黑暗的社会里，有各种可怜人的悲泣。当他们触到这些生命的暗礁时，难道没有看到这皎洁的明月吗？难道他们的心里没有悲哀的感想吗？我现在虽然离别了故乡，但是学校不是和故乡一样吗？我的兄弟姊妹虽然散处四方，但是同学不是（和）兄弟姊妹一样吗？还值得什么忧闷呢？

黄祖洽常在自己的作品中抒发推己及人、心系天下的情感。在《天日放晴记乐》一文中，黄祖洽由"朔风凛冽，刺人筋骨，皮肉木僵"的冬寒，想到"寒衣既无着落，身命自如毫毛"的"流落天涯之难民与夫喋血前方之将士"，"今遇天晴，久已麻木之神经，得以复苏，久受风雨之躯，得曝于阳光之下，其快乐固非言语可得而形容也"，也同样不萦绕于个人苦维，忧天下之忧，乐天下之乐。少年祖洽身处校园，放眼寰宇，对国事

图2-5 1941年黄祖洽的初中作文

表现了深深的忧虑。"吾国自逊清末叶、甲午中日战后,列强瓜分之局日以形成,异族侵陵日以增甚,其危迫之状,言速则受鲸吞之虞,言缓则遭蚕食之祸"(《论建设心理国防之重要性》),然而国家积弱,官吏昏暗,民风颓敝,黄祖洽对此进行了大力抨击:"今乃使民耕者不得食其食,织者不得衣其衣,人怀怨望之"(《民贫则奸邪说》),"嗟夫,今之君子高处庙堂之上,哓哓然曰,如此乃能爱国家,如彼始可孝民族。然察其私行,则龌龊卑污至不堪问,而护之者反曰:彼高世之才必有遗俗之累。深可慨也"(《爱国贵于自爱说》)。对"上自军警各界,下至普通居民,无不乐而为之,亦无不精悉此道"的麻将之风,他也进行了深刻的揭露:"河口既受此种种(指嫖赌等)恶劣风气熏染,其社会情形自极黑暗,居民亦习于衰颓萎靡,毫无振作之象",只是"近自抗战军兴","始渐觉生气勃起焉"(《客居杂记》)。正是因为有了这种深重的民族危亡感,中学时代的黄祖洽便以此为动力,发愤读书,以求报效祖国。[1]

图2-6 1941—1943年黄祖洽的初中高中作文

黄祖洽很注意观察事物、分析事物,不迷信,不主观,不盲从,在实践中注重培养求真的精神和科学的态度。他在初三上学期的《杂记一则》中记述了这么一件事:杨村东南约十里

---

[1] 李恂生:有识有笔——黄祖洽中学时代作文赏析.《江西省九江一中学报》,1999年第2期,第1-6页。

许的狮子山上有神仙洞,当地百姓传说此山为狮子所化,"每遇阴风惨雨之时,犹可闻怒吼之声",而此洞则"直通石塘,亦无人经过"。黄祖洽和同学利用假日探究此山洞,克服山洞幽深难行、空气不佳的困难,终于探得真谛:未闻狮子吼,未见神仙在,亦已至尽头。黄祖洽在文末感叹道:"方知乡民之传说,实无可信之价值,而我人处世,亦不能不具研究之精神及坚忍之毅力也。"对学校驻地河口、杨村的地理形势、物产出品、历史现实以及社会文化和心理,他都进行了深入细致的观察、分析和记载。在《杨村杂记》一文中,黄祖洽分析道:杨村"生活程度甚低,故居民多流于懒惰而不振作,且以地处荒僻,文

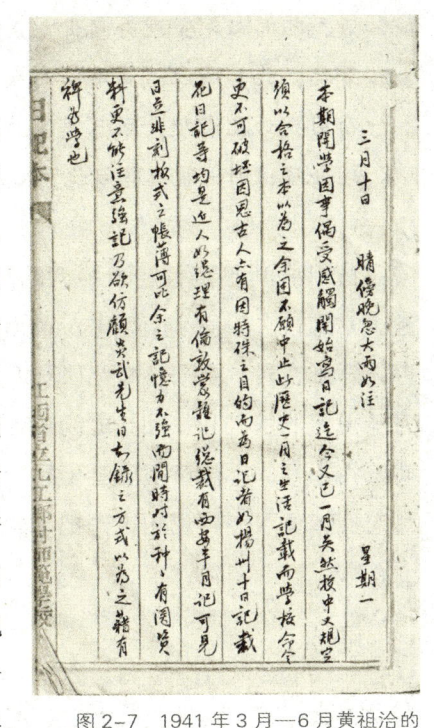

图2-7　1941年3月—6月黄祖洽的高中日记

化不开,是以迷信观念深入民间",在俗传仙翁葛洪得道之处修建的葛仙宫,朝拜者众,香火颇盛,即是一例。他建议:"此当局者所宜注意及之者也。"睿智的目光、科学的精神就是这样在黄祖洽的日常生活中闪光。

那时候老师批改学生论文,欣赏的部分加点,更欣赏的部分就画圆圈,如果老师认为写得好,就写上抄贴,意思是让学生抄出来张贴在外面。黄祖洽的很多作文都有抄贴二字。他的课本里有篇文章是庾信的《小园赋》,他读了以后有感而发地写了一篇文章。老师的批语是"骈散一炉,文情俱胜,使季绳(黄祖洽的号)而专研文学,不难出人头地也,勉之望之。"可见当时黄祖洽有着很高的文学修养和驾驭文字的能力。他的文章情感真挚,说理缜密,用典妥帖,整散结合。例如《论建设心理国防之重要性》一文中:

纵观古今,横览中外,善始者众而克终者寡,发愤者兴而奢靡者

败，其间讵无至理存焉者？盖肇始者锐而结终者馁，发愤者厉而奢靡者泰，此其所以难易不同而成败各别也。是故心理激愤，则赤手可夺白刃；心理衰颓，则三军不敌一夫；心理合一，则路人可使互济，心理分歧，则同胞不异寇仇。心理之关系成败，可谓深矣。

  黄祖洽满心装着要学要读的东西，总也感觉时间不够用，他黎明即起，常到校舍后的小山读书。黄祖洽深厚的古文功底，大抵来自苦读与揣摩，后来在科学上的不断钻研和所取得的成就，在很大程度上得益于中学几年奠定的基础和长期养成的刻苦学习习惯。事实上，黄祖洽的作文起初也写得不好，不过黄祖洽善于思考和总结，后来他就琢磨，觉得一篇文章里总应该体现一种思想，先把思想确立好了以后，再展开加一些铺垫，文章就好看了。按照这样的方法，每次黄祖洽的作文都写得很顺利。黄祖洽还结识了一位好友名叫丁访渔。因为二人都深受过儒学教育影响，思想比较容易接近，关系也变得十分要好。黄祖洽欣赏丁访渔在文学方面的修养，常与其一起用诗歌来复信，还常一起锻炼身体。他们都相信，春天里是万物生长的季节，人在春天里锻炼可以长个头，于是常在春天里的早上相约一同出去锻炼。

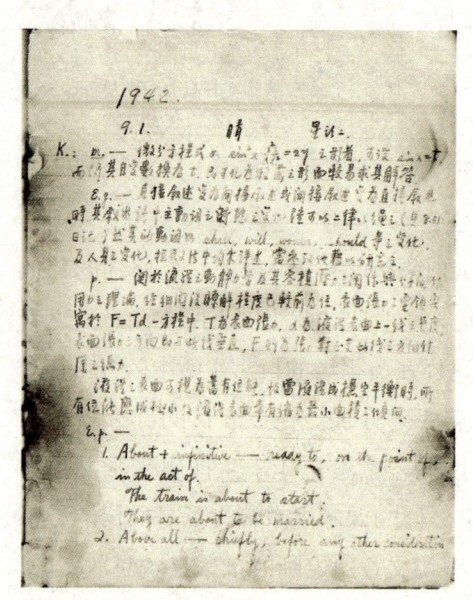

图 2-8　1942 年黄祖洽的学习日记

第三章
梦圆昆明

5元钱的长途跋涉

1943年，黄祖洽高中毕业，即将面临就业或高考继续学习深造。而这一年江西省教育厅下发了一个文件，要求所有当年高中毕业的学生，必须参加设在赣县的夏令营，军训一个月才能毕业。

夏令营属于官办机构的组织活动，军训内容除了进行一些体能训练外，还要听营中一些领导人的训话。夏令营主任是时任赣南行署专员的蒋经国，全江西省的高中毕业生都来到这里接受军事化训练，营下面又分三个大队，黄祖洽进入的是第三大队，而大队长恰恰是蒋纬国，所以军训的时候黄祖洽见到了蒋氏两兄弟。作为一名学生，黄祖洽跟蒋氏兄弟没有什

图 3-1　1943年黄祖洽高中毕业照

第三章　梦圆昆明　33

么直接的接触机会，只是几乎每天都能听到他们的训话。但黄祖洽常是不屑一顾，对那些训话不以为然，在别的同学纷纷记录长官讲话的时候，他却从不记笔记。在黄祖洽看来，学好科学知识才是适合自己的正道，他不愿放弃任何学习的时间和机会。

黄祖洽把读大学的专业定在了物理学，原因是他觉得物理更加实际、有用，能为社会做很多实实在在的事。夏令营军训期间，中正大学（南昌大学的前身）、广西大学和厦门大学联合在营区招生，考试对黄祖洽来说不是什么难事，他参加了高考并被三所大学录取。然而，上一所较好的大学对黄祖洽来说，又是一件很重要的事。当听说西南联合大学的物理系是全国最好的，那里集中了我国物理学科方面最好的教授时，他下决心放弃准备入读厦门大学的机会，重新参加考试，争取能去西南联合大学学习。

西南联合大学是由国立北京大学、国立清华大学和私立南开大学联合而成。日本帝国主义全面发动侵华战争后，为保存中华民族的教育精华免遭毁灭，华北及沿海的许多大城市的高等学校纷纷内迁。抗战时，迁入云南的高校有10余所，最著名的就是国立西南联合大学，简称西南联大。从1938年西迁至昆明到1946年返回北平，西南联大存在的时间不满9年，就读学生不过八千，而且条件简陋，生活艰苦，但却培养出了一大批人才，其中包括两位诺贝尔奖获得者——杨振宁、李政道，四位国家最高科技奖获得者——黄昆、刘东生、叶笃正、吴征镒，六位"两弹一星"功勋奖章获得者——郭永怀、陈芳允、屠守锷、朱光亚、邓稼先、王希季，近百位中国科学院和中国工程院院士，其中就有黄祖洽，这不得不说是中国教育史上的一个奇迹。

去西南联大的这个决定下得并不艰难，然而受时局的影响，与其他地方一样，在四处战火的情况下，江西教育界也惶惶不定，高中毕业生们一时无法顺利地参加大学考试，有时四处打听才知道哪儿有入学考试的考点。黄祖洽得知西南联大在贵阳、重庆有考点，于是打算去较近的贵阳参加考试。可如何能到达考点呢？黄祖洽心里也盘算着。好在夏令营一结束，发给了每位学员5元钱作为遣散费用。黄祖洽拿到这5元钱，开始了他赶赴考点的征程。

与他同路的还有一个中正大学一年级的学长名叫程珊[1]。从江西到西南联大的考点贵阳并不顺利,由于交通很不方便,5元钱的路费是不够用的,一路上能省就省,四处找搭乘便车。先是从江西赣县到广东韶关,坐铁路货车到湖南衡阳,又挤在火车行李架上到了广西桂林,再爬上一辆装满两层汽油桶的汽车,最后终于到达了贵阳。本以为赶得上考试,黄祖洽兴冲冲地跑到考点一看,谁知考期已过,西南联大设在贵阳的招考点已经撤销。就这样,黄祖洽经历了几番周折,也经历了许多辛苦,最终还是没赶上这一年的招考。一路的辛苦与煎熬也没能赶上最后的考试,黄祖洽不禁有些沮丧,可是没办法,只好再等第二年了。

因为长途跋涉,历经艰苦,加上身无分文,程珊放弃了考学,与黄祖洽分别,另寻他路。黄祖洽只得独自前行,为大学梦再执着一次。他选择留下来,等待下一年的考试。好在有一个舅父在贵阳工作,黄祖洽前往舅父家住了一两个月。后又遇到在西昌公路局工作的叔父经过贵阳出差,顺便将其从贵阳带到了西昌。西昌公路局有个员工子弟小学,正缺老师,黄祖洽就在那个员工子弟小学当起了小学老师,[2]也算是可以自食其力了。

远在他乡的黄祖洽,一面教书,一面复习备考,生活也算过得去。一开始给孩子们教授语文,主要讲汉语拼音,可是他自己以前也没有学过,只好临时学,学会了再教他们。后来由于学校的其他科目也缺老师,黄祖洽就直接当起了全科老师,既带语文,又带数学,甚至还带音乐和体育。忙碌的老师生活给黄祖洽带来很多乐趣,在教书的闲暇时间里,他就带着孩子们去划船,孩子们也非常喜欢他。黄祖洽快乐地享受着这种边学边教的生活方式,同时,忙碌的日子也让他的信念越发坚定了,在这样的环境下,黄祖洽反倒可以更静下心读书学习。时间过得飞快,转眼间,西南联大的入学考试又一次临近,准备充分的黄祖洽,自信满满,这一次,他和理想中的大学再也不会错过了。

1944年的暑假,黄祖洽搭乘一辆公路局的来往便车,从西昌到了昆

---

[1] 后改名华夏,1990—1995年任《美术》杂志社主编兼社长,2004年由中国美术家协会授予"卓有成就的美术史论家"称号。

[2] 工作人员自传(黄祖洽),1959年2月12日。北京师范大学档案馆。

明，开始为西南联大的入学考试做准备。当时西南联大的校舍分为两部分，文理科专业的学生住在昆明城郊的新校舍里，而工学院的学生则住在昆明市区。因为是暑假期间，大多数学生都回家了，所以便有一些空的床位。黄祖洽到了昆明之后，找到一个在西南联大读书的同乡，在他那儿找到了一个空床位，开始准备考试。从江西到贵阳，再从西昌和昆明，辗转了四个地方，耗费了一年多的时间，此时的黄祖洽，对考入西南联大可谓势在必得。在经过语文、数学、英语等几门重要考试之后，功夫不负有心人，最终黄祖洽以优异成绩被录取，顺利进入西南联大。

大学新起点

终于可以开始自己向往已久的大学生活了，"游进了知识的海洋"，是黄祖洽对自己在西南联大大学生活的精炼概括。在谈到西南联大对他的影响时，他曾说：

> 西南联大的学习，进一步强化了我的自学能力。掌握学习的主动权非常重要，一步跟不上就步步跟不上，开始没有兴趣不去管它，后来就更没有兴趣了。如果开始碰到一个较简单、能够解决的问题，就会越来越有兴趣；如果开始就碰到一个无法解决的难题，就会没有信心。从教材的角度来说，教材是重要的，但从另外一方面来讲，教材也不重要。因为，如果你是自主学习的话，教材里错的内容你可以去改它，教材上没有的东

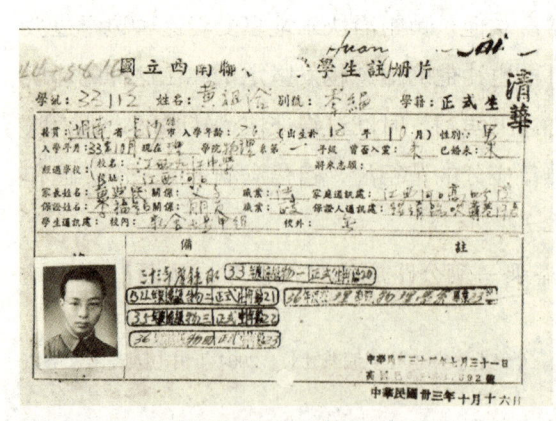

图 3-2　1944 年黄祖洽在西南联大的学生注册卡

西可以从其他地方得到补充，关键你要做学习的主人。

毫无疑问，这一时期，遨游在知识海洋中的黄祖洽也深刻地认识到，西南联大的学习经历对他以后的治学、求知将有巨大的影响。

诞生于抗战烽火中的西南联大，办学条件极为艰苦，仅就教室一项就可说明其艰苦程度了。西南联大的校舍全靠租赁解决，散布于昆明各个地方：理学院在大西门外的昆华农校，工学院设在拓东路上的迤西、江西、全蜀三个会馆，文、法两个学院因在昆明寻不到立足之地，只好借用蒙自原海关、法国银行和希腊歌胪士大洋行等闲置的房舍，设立分校上课。直至1939年春夏之交，新校舍才竣工，文、法、理三学院首先迁入新校舍上课，黄祖洽所在的物理系就设立在昆明城西北地台寺附近的新校舍。① 1944年的西南联大物理系招生人数比较多，共招入新生30多个，黄祖洽那一届的上一级和下一级都只招了几个人。入学的新生不分院系，学校总务处根据报道的早晚分配宿舍，将各个专业的同学混在一起进行分配。黄祖洽9月11号入学，就分到了一个有着不同专业同学的宿舍，在这个集体中，物理系的就只有黄祖洽一个人，另外几个同学有学数学的、有学语文的、有学外文的、也有学历史的。这样的宿舍分配，使黄祖洽扩大了接触面，不同学科之间的交流，也拓展了大家的知识面和眼界。每个大宿舍都是一间小茅草房，中间留出一个过道来，两边就用双人床一拼凑，分成六个小宿舍，每边三个小宿舍，黄祖洽就住在右边中间的那个小宿舍里。每一小间宿舍里有两个双人床，共四个床位，分配给三个人，另一个床位可以放行李，两个双人床中间通常会有一个四方桌，做自习的时候可以用。那时候学生们的行李都是用大块的油布打的背包，将油布敞开挂在床板边，就可以当作窗帘。

黄祖洽所在的那个小房间里面，另外两个同学一个是哲学系的，另一个是历史系的。② 哲学系的同学名叫李德齐③，因为对哲学和物理学的关

---

① 黄祖洽：《三杂集》。北京：北京师范大学出版社，2004年。
② 黄祖洽访谈，2013年3月17日，北京。资料存于采集工程数据库。
③ 1924年生，后为北京大学哲学系教授。

系很感兴趣，黄祖洽与他很谈得来。他们共同讨论出一个观点，就是哲学思想对社会科学和自然科学都有指导意义，同时自然科学和社会科学应该互相学习，尤其是学习双方的语言，自然科学家对社会科学的语言和概念要弄懂，反过来，社会科学家也要弄懂自然科学的术语和概念。黄祖洽在西南联大时经常与那些学社会科学和人文科学的同学进行交流，不仅开阔了自己的视野，同时也丰富了他的研究方法。黄祖洽在以后的研究中始终认为自然科学与社会科学是互相联系的，二者可以互相指导。这种观点的形成与西南联大的生活有着极大的联系。

自1938年5月4日开始上课，至1946年5月4日结束课程，西南联大全体师生在极其艰苦的条件下，坚持严谨的治学态度，树立了优良的学风，是当时中国规模最大的著名高等学府。在办学的8年中毕业学生3343人，在条件简陋、生活艰苦的情况下，为中国的建设事业、高等教育的发展和世界学术研究，都做出了杰出的贡献。美国弗吉尼亚大学的历史学教授John Israel研究西南联大的教育制度多年，他说：

> 西南联大是中国历史上最有意思的一所大学，在最艰苦的条件下，保存了最完好的教育方式，培养出了最优秀的人才，最值得人们研究……正当某些国家大量借鉴于西方教育的经验之时，中国人却能以他们现代化的教育制度引以为自豪，并且在半个世纪以前，就能够产生一所具有世界水平的大学，这所大学的遗产是属于全人类的！[①]

自由独立，科学民主，兼容并包，艰苦奋斗，敬业勤学，团结合作，这些精神是西南联大得以培养出众多蜚声中外的杰出人才的重要原因。这样一所大学深深影响了黄祖洽的日后学生生活。他不但物理数学成绩极佳，还学会了法语和德语，逐渐能读英、德、法三种外语写的物理数学专著。

---

① [美]易社强著，饶佳荣译：战争与革命中的西南联大，九州出版社。易社强（John Israel），西南联大荣誉校友。早年就读于威斯康星大学、哈佛大学，师从费正清教授。现为弗吉尼亚大学历史系荣休教授，主要从事中国现代史研究。

遨游在知识的海洋

西南联大推崇自由的学术风气，在课堂上可以随意提问和讨论，选择课程也有很强的自主性。以普通物理课为例，在黄祖洽大一选修这门课时，就有好几个老师开课，可以根据自己的喜好选择课程。黄祖洽选了霍秉权教授的普通物理。霍秉权是我国著名物理学家、教育家，是我国首批从事宇宙射线、高能物理和核物理研究的物理学家之一。他改进威尔逊云室，提高了云室的功能，并研制成我国第一台"双云室"宇宙线探测器，为开创我国宇宙线物理研究和发展核物理研究做出了积极的贡献。因为喜欢提问，霍秉权让黄祖洽课余到图书馆借阅 Grimsehl 的英文版《物理教程》，说这套书内容丰富，物理观念很清楚，对实验的介绍很详细。于是黄祖洽经常在图书馆看这套书，增长了很多物理知识，同时也了解了国外的物理学研究。大一时候，黄祖洽通过自己的努力，培养了对物理学的学术修养和钻研精神，为日后从事科学研究打下了坚实的基础。

当时创造我国教育史奇迹的西南联大，由北大、清华、南开三所大学组成，名师齐集，英才会聚，可谓人才济济，汇聚了国内最强的师资力量，其中许多人都是国内著名的学者、教育家。那时候，西南联大规定大一的理科学生必须要选两门社会科学方面的课程，这种治学思想与黄祖洽的观点不谋而合。于是黄祖洽又选了中国通史和经济学概论两门课程。中国通史课的老师是吴晗，经济学概论的老师是陈岱孙，这两位老师一位是我国著名的历史学家、社会活动家、现代明史研究的开拓者，另一位则是我国著名的经济学家、教育家，在财政学、统计学、国际金融、经济学说史等方面都有着极高的造诣。

这类理科生选修的课程一般都是以大课的形式进行教学的。以经济学概论课为例，因为各个院系的学生都有选这门课的，总共有一两百人，所以上课时因人数较多，就需要到图书馆去上课，带这门课的陈岱孙老师把学生们分成若干个小组，每个小组都安排了一个助教来做辅导。在一次课

图3-3 王竹溪先生

后的分班讨论上,有同学用边际效用理论分析问题,黄祖洽提出用微积分可以解决,这一思路得到了陈岱孙的认可。往后经济学的发展方向也证明了黄祖洽的想法是正确的,随着经济学的进一步深化,出现了数理经济学、经济物理学大学本科二年级,由于对数学的重视和喜爱,黄祖洽选修了数学系的高等微积分和高等代数,高等微积分的授课教师是著名数学家申又枨教授。申又枨是我国著名数学家,主要从事复变函数的插值理论、微分方程、数学教育的研究。曾于1931—1934年在哈佛大学数学系攻读博士学位,在哈佛大学期间,申又枨师从著名数学家 J. L. Walsh 教授,研究的课题是用多项式级数或有理函数级数表示一般的解析函数。在此期间,申又枨在插值理论方面的研究也得到了很高的评价,回国后,他在插值理论及其应用方面又做出了许多新的贡献。他的教学特点是只要兴趣所在,就会全力以赴,再平淡的教材也会体现着"精、深、透"的特点。大二的电磁学由叶企孙教授讲授,叶企孙是中国卓越的物理学家、教育家,中国物理学界的一代宗师,中国科学史事业的开拓者,是清华百年历史上的四大哲人之一。他讲课的特点是简明扼要,鼓励学生自学,采用的教材是 Page 和 Adam 写的《电磁学》,同时他还给同学们推荐了两本参考书,一本旨在培养物理观念,一本旨在训练数学推导。黄祖洽从图书馆借来其中一本,又从一个卖旧书的同学那里买来另一本,都认真研读并做了比较详细的笔记。另一门专业课——理论力学则由赵忠尧教授主讲,赵忠尧是中国核物理研究的开拓者,中国核事业的先驱之一。[①] 这位老师出的习题比较难,需要仔细分析才能做出来。分析力学和热力学的授课教授是王竹溪,王竹溪是我国热力学统计物理研究的开拓者。他在表面吸附、超点阵统计理论、植物细胞的水势等方面做过基础性工作。王竹溪有一流的才、学、识,并且文理兼长、知识渊博,

---

① 黄祖洽:《三杂集》。北京:北京师范大学出版社,2004年。

他除精通数学、物理之外，对其他学科也较为熟悉，又精通中、英、俄、德、法五国语言文字。王竹溪授课的逻辑体系非常严密，并且旁征博引，融会贯通。大一教微积分的是程毓淮，程毓淮后来任美国韦恩州立大学、美国麻省州立大学及约翰霍浦金斯大学教授，主要研究方向是偏微分方程。他一贯重视教学，长期处在教学的第一线。他的整个教学过程都十分严谨，从选教材、写讲稿，到课堂讲授，都极其认真，每一个细节都力图做到最好。教高等代数的是蒋硕民，蒋硕民是中国偏微分方程学科的先行者，近世代数早期介绍者之一。他的课程进行方式是不定期的学术演讲与讨论，也要求学生做读书报告。在讨论班上，师生都参加听讲，互相切磋，扩大了学生的学术视野，培养了学生的研究兴趣和能力，学术研究气氛相当浓厚。这些在当时国内首屈一指的大家和名师都给了黄祖洽许多启发和关怀，对于他的人文素养、科学素养的提高都起着十分关键的作用。

在这些严谨的教授们的严格要求下，黄祖洽的专业水平不断提高，成绩也一直名列前茅。在西南联大的两年，黄祖洽一直是学习上佼佼者，大一普通物理学和大二的高等微积分都取得了98分的成绩，高等数学、力学、电磁学和光学等课程都在90

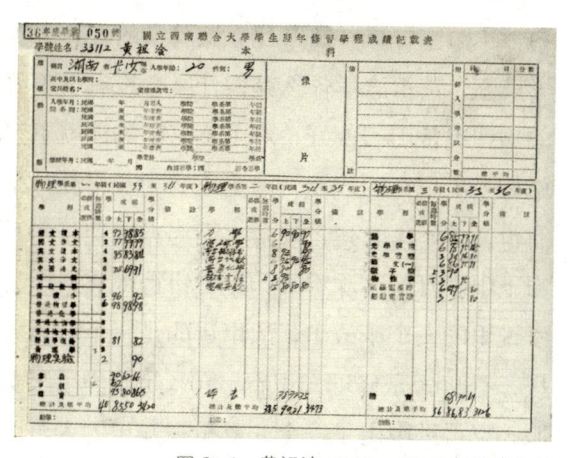

图 3-4 黄祖洽 1944—1946 年的成绩表

分以上，成绩单上的数字无一不证明着黄祖洽在物理学上的天分和努力。

按照西南联大的作息安排，一般是上午四节课，下午两节课，课程不是太满，有一些自己消化课堂知识和课外学习的时间，于是兴趣相近的同学会自发组织一些课外活动。除了最常见的在图书馆、茶馆和宿舍里与同学们讨论学科上的问题之外，黄祖洽还利用假期的时间自学了法语。大二的暑假，曾经给过黄祖洽许多帮助的王竹溪老师就教他学习法语，给了他一本 Complete French Grammar，经过一段时间的学习之后，黄祖洽已经可以自己看一些法文的数学书了。

黄祖洽有着严格的学习计划，他花在学习上的时间比他人要多得多，每天早上四点半黄祖洽就起床了，那时候天还没有亮，他就利用比他人早起的这段时间来努力学习。有一次，黄祖洽在图书馆借了一本专门讲虚数的书，是商务印书馆出版的大学丛书，名字是《虚数论》。他借了这本书以后，只用了三个早晨就把那本书学完了。这足以证明黄祖洽的勤奋和努力程度，他认为自己的成功多源于勤奋，这也是他能够在大学期间打下良好基础的重要原因之一。

除了老师的严格要求和自身的努力之外，同学之间互相学习和帮助的良好风气也让黄祖洽受益匪浅。李德平也是黄祖洽大学时期的同学，后来是中国辐射防护研究院研究员、名誉院长，中国核工业总公司科技委高级顾问。他建立了中国核工业辐射防护研究和监测体系，指导了中国初期放射性实验室计量科研及建立实验室的工作。据李德平回忆，在西南联大上学期间，黄祖洽学什么就像什么，没有学不好的，而黄祖洽自己却说自己的功课不是门门都好，对于不喜欢的课就不爱学，比如党义和体育。党义就相当于现在的政治，很多人认为及格就行了。黄祖洽却觉得学党义也很有价值，不需要死记硬背，因为党义课是学习孙中山的著作。这是黄祖洽自上中学时就喜欢看的，觉得讲得很有道理。让黄祖洽印象很深的是孙文学说里的一个小故事，故事讲的是一个修表人收费，收取修手表的一块钱里，有 90% 是修理知识费，10% 是修理手工费。这个故事让黄祖洽十分佩服，觉得孙中山是一个非常重视知识的人，而对于孙中山的三民主义、建国方略、知行学说，黄祖洽也觉得十分受用。

而在马约翰老师的体育课上，除了跑步、翻墙、跳远、跳高等科目之外，还经常讲一些卫生常识，例如洗澡的方法、自我保健的方式等。黄祖洽自小体弱，因此很重视锻炼和保养身体，在上学期间就养成了晨练的习惯，所以他的体育课也不错，所讲授的保健知识也是黄祖洽非常感兴趣的。黄祖洽在每一门课上都会找到他感兴趣的东西，因此学习起来并不感觉到枯燥。有了兴趣再加上自己的勤奋，功课门门都好也就不足为奇了。①

　　1945年,因日军入侵贵州,时在贵州的浙江大学被迫停学。而此时进入大二的黄祖洽的班上就来了一位从浙大物理系转进来的同学,他的理论力学学得很好。在赵忠尧老师的理论力学课上,经常会布置一些比较难的习题,黄祖洽往往需要很仔细的分析,才能做出来,而这位新同学做起难题来,思路却非常敏捷。他告诉黄祖洽,他曾做出很多理论力学的难题,用的方法就是自己先想,做出来后才对答案,这样才能得到比较多的锻炼,黄祖洽深以为然。而此时的黄祖洽因为对理论物理基础研究已经产生了浓厚的兴趣,所以这位新同学也对黄祖洽十分的赞赏与佩服。学术上的惺惺相惜,使得黄祖洽经常和他探讨学习上的问题,两人也一起成为当时物理学系的佼佼者,直至1946年,这位同学经吴大猷教授推荐去了美国芝加哥大学深造,两人的联系才渐渐减少。而这位同学,就是后来因在宇称不守恒、李模型、相对论性重离子碰撞(RHIC)物理和非拓扑孤立子场论等领域的贡献而闻名于世的诺贝尔物理学奖获得者李政道。

学堂外的热血青年

　　西南联大不仅大师云集,在教学和科研上成绩卓著,蔚为学术重镇、人才摇篮,她也是1941年"倒孔(祥熙)"运动和1945年"一二·一"运动的发起者和策源地,在爱国民主运动中发挥了重要作用,被誉为"民主堡垒"。

　　1945年11月25日晚,昆明几所大学的学生自治会在西南联合大学举行反内战时事晚会,到会者达6000多人,民主战士吴晗、周新民、闻一多参加了讨论会,钱端升、伍启元、费孝通、潘大逵四教授就和平民主、联合政府等问题做了讲演。大会在反内战歌声中结束。国民党军警包围联大,放

---

① 黄祖洽访谈,2013年3月17日,北京。资料存于采集工程数据库。

枪恐吓学生。次日凌晨，联大民主墙、图书馆四周墙上，贴满了学生连夜赶制的抗议书、呼吁书与罢课倡议书。

12月1日，因武装军人和暴徒在联大校园袭击学生，造成四人死亡，三十多人重伤，昆明爆发了"反对内战，争取民主"的"一二·一"民主运动。

学生还组织了100多个宣传队上街宣传，遭到国民党特务的殴打和追捕，许多学生受伤。在"一二·一"运动期间，昆明学生每天出动100多个宣传队到街头、工厂和郊区农村宣传。重庆、成都、上海等近20个城市的学生、民主党派和各界人士也以示威游行的方式支援昆明学生。一个以学生运动为主体的反内战、争民主运动席卷了国民党统治区。"一二·一"运动，在全国掀起了反内战、争民主的高潮，揭开了抗战胜利后学生运动的序幕。全国各地的反内战学生运动此起彼伏，黄祖洽也加入到学生运动的队伍中。那段时间，去昆明市区做演讲、宣传成为黄祖洽大学生活的一项特殊内容。那时的昆明市中心有一栋近日楼，上面有一个高台子，周围是一个小的广场，黄祖洽曾经到近日楼做过演讲，吸引了许多人驻足聆听。除了在市区里面进行演讲，黄祖洽还和同学们到中小学去做宣传，那时候的中小学生很喜欢听大学生演讲，加上对内战和反动运动的痛恨感同身受，黄祖洽和同学们的演讲总是很受中小学生的欢迎。黄祖洽常去的中学叫五华中学，在学生运动期间，这个学校周围设立了栏杆，大门也是关着的。黄祖洽个子小，可以从栏杆缝里面钻进去，之后他就找到宣讲的同学们，那些同学们很积极，没有油印旗，他们就弄来油印的玻璃滚子，自己刻蜡版，把拳头的标志印到旗子上去。作为一名热血青年的黄祖洽，参与到这些活动中的时候，感到自己浑身都充满了正义感。演讲的内容大多是反独裁、反内战，讲述自己和身边人受到的反动派的迫害，引起了许多人的共鸣，许多同学们受到感召，也纷纷加入到这个行列中，和黄祖洽他们一起进行反内战的宣传活动。①

昆明气候湿热，到了夏天蚊虫很多，黄祖洽和同学们就跑到市场上淘

---

① 工作人员自传－黄祖洽，1959年。存于北京师范大学档案馆。

来当时驻扎在昆明的美国空军的军用避蚊油来用。相对于中学时期，他在西南联大的生活水平可以说有了很大的提高，但也要依靠学校的助学金（当时叫作贷金）来维持日常开销。因为学校开支有限，只能给享受贷金的人供给午饭和晚饭，而不提供早餐，所以整个大一，黄祖洽都没有吃过早饭。到了大二，学校附近基督教青年会办的学生服务处招学生去勤工俭学，主要是协助管理阅览室、浴室之类的工作，黄祖洽就去帮忙管理阅览室，待遇很微薄，但是每天都有早餐券可以拿，可以吃到新鲜的豆浆和馒头。生活上的拮据也给他学习带了很多不利的因素，黄祖洽上大学时候连个像样的笔记本都没有，只是拿报纸边上的留白作笔记本、演草纸等。细心的黄祖洽后来都主动收集报纸的留白，把这些留白一条条地仔细剪下来，然后再装订起来，一个小小的笔记本就大功告成了。

  生活上的不宽裕，并没有给黄祖洽带来困扰，在西南联大的两年里，他犹如进入了科学的殿堂，一方面得到了名师的指教，一方面得以与学友切磋，黄祖洽更加刻苦学习，努力钻研，知识大进。用他自己的话说："坏的时代里许多有才华的人夭折了，也有因为坏的时代的压迫而变得坚强的人。我之所以能走到今天，也是那个时代的生活逼迫成的吧。"

第四章
继续深造

北上清华

1945年8月15日，日本宣布投降。9月3日，日本对同盟国各国递交投降书，中国人民取得了抗日战争的胜利。1946年7月31日，国立西南联合大学正式宣布结束校史，学校解散，原来的清华、北大、南开三校分别迁回北平和天津各自复校。

"万里长征，辞却了五史宫阙，暂驻足，衡山湘水，又成离别。绝徼移栽桢干质，九州遍洒黎元血。尽笳吹、弦诵在春城，情弥切。千秋耻，终当雪，中兴业，须人杰。便一成三户，壮怀难折。多难殷忧新国运，动心忍性希前哲。待驱除仇寇复神京，还燕碣。"悲壮激越的校歌再次唱起，满眼热泪的联大师生深情凝视校园的一房一路、一草一木，告别自己将永生铭记的精神家园。黄祖洽也在其中，他与联大的老师和同学们一起，面对着"西南联合大学纪念碑"，向这所给予了他学识和精神财富的母校挥手告别。不过此时的他，已经笃定了此生将走上学术道路的决心，他将在学校回迁至北平之后，和原来物理系的许多同学一起转入清华大学理学院物理系，继续学习。

1946年10月1日，清华大学在原校址清华园复校开学。从西南联大转过去的同学们陆续到北京报到，他们分别被安排住在略经修葺的五幢宿舍里：明斋、善斋、平斋、新斋和静斋。前四幢住男同学，静斋住女同学。黄祖洽和何泽庆（何泽慧之弟），以及电机系的蔚盛勋同学三人分到新斋东侧的一间宿舍。这些宿舍本来都很漂亮，但因为被日军占用了8年，受到了不少破坏，不过经过简单修葺之后，还是比联大新校舍的茅草屋要好很多，在这间宿舍里，黄祖洽度过了他大三和大四的时光。

当时的清华大学物理系，除了从联大转过来的同学之外，还有从别的大学转来的同学，其中就有从金陵大学转来的陈篪和钱敏，他们成为较为要好的同学，后来两人分别成为中国著名的物理学家和数学家。在清华的两年，黄祖洽得到了许多名师的谆谆教诲和热情鼓励，教电磁学和物性论的叶企孙、教力学和热学的王竹溪，都给了他深切的关怀和帮助。

黄祖洽大三选的专业课是热力学、光学和物性论，分别由王竹溪、余瑞璜和叶企孙三位教授授课。叶企孙先生讲物性论，涉及的范围很广，包括：引力常数的测量、物质的弹性、物质的磁性和气体分子运动论等部分。叶企孙在每部分都只介绍一两个关键实验，借以引进一些有关的基本物理常数，然后推荐相关的名著供学生参考。他讲课时稍微有些口吃，但胜在内容简练，富于启发性，对发挥学生的主观能动性极有好处。在讲气体分子运动论时，叶先生只根据Kennard的书讲了分子速度的麦克斯韦分布、分子平均自由程、平均热速率等概念，便介绍了两本气体分子运动论的经典著作：一本是奥地利物理学家Boltzmann用德文写的，一本是英国天体物理学家Jeans用英文写的。黄祖洽以前自学过德语，有一定的语言基础，他便把Boltzmann的书从图书馆中借来仔细研读了一番，收获颇丰。这不仅为他后来从事输运理论的研究工作，奠定了坚实的基础，还给了黄祖洽很大的启发。他大学的毕业论文就是依据在叶企孙先生的物性论上想到的问题来做的。有一次叶先生上课时提到过，银河系中有一颗行星，它的磁场和质量的比例和地球的磁场和质量的比例很接近。黄祖洽就想到，磁场和质量是不是有某种内在的联系，下课之后就去跟叶先生讨论。那个时候还是大三，叶先生告诉他，这可能跟相对论有一定联系，便介绍他去看一本爱丁顿的著作，叫作 Mathematical Theory of Relativity（《数学理论相对论》），清华图书馆有这本书，黄祖洽就借了这本书认真地看了一个暑假，顺着相对论的思路去研究这个问题，结果并不是想象的那样。到了大四做毕业论文的时候，恰好是叶企孙先生作他的论文指导老师，叶先生又告诉他，那种现象可能跟地心的电流运动有关系，黄祖洽便换了一种思路，重新运算，顺利地完成了毕业论文。

王竹溪先生讲热力学使用的教材是他自己编写的英文讲义，除此之外他也指定了一些在校图书馆可以借到的参考书。上课时王先生经常是边在黑板上书写，边做口头解释。他板书很快，字迹秀丽，抄写下来就是一本很不错的讲义，他讲授的内容通常会包括一部分他自己的研究成果，例如关于多元系统的稳定性条件等。王先生留给学生们的热力学习题既可以帮助学生深入理解有关学习内容，又可以培养学生动用数学工具解决物理问题的能力，虽然做起来有相当的难度，但也很有趣，每次他留的习题，黄祖洽往往要用一个晚上的自修时间才能完成。他和同学们之间经常就这些习题自发地进行讨论，在潜移默化之下，黄祖洽的热力学也进步很快，期末时名列班级前茅。黄祖洽曾经说过，在清华读大学期间，给他留下最深刻印象的，就是王竹溪教授。在昆明的时候，因着惜才之心，王竹溪就利用假期时间亲自给黄祖洽教法语，回到北平之后，他介绍黄祖洽读了许多数学和物理学的著作，黄祖洽私下和他交往很多，有问题经常去请教他。

黄祖洽眼里的王竹溪先生，不仅是一位学识广博、治学严谨的老师，更是一位和蔼热心的长辈。有一次上完热力学课后，王先生和黄祖洽一起走出教室时，关切地问黄祖洽为什么最近面黄肌瘦，黄祖洽告诉他是近一段时间吃食堂的硬饭，消化不良，导致腹泻、数月不愈的缘故。了解到这些情况之后，王先生就让黄祖洽每天去他家里吃饭，黄祖洽深知师母贤惠和慈祥，便欣然前往。王先生让夫人为他做可口又容易消化的软食，连续一个多月，直至黄祖洽病愈为止。这份宝贵的师恩，给了黄祖洽很大的鼓励，也坚定了他要在这一领域做出一些成就以报答先生的决心。王竹溪对他的关心、对科学的探索以及对美德的追求，黄祖洽都铭记在心。多年后，王竹溪先生逝世，黄祖洽在悼念王先生的文章中写道，"在现代中国，像他那样既精通现代自然科学，又精通中国的历史文化、古文字学，并旁及中国的文献、文物、典章制度的学者，实在找不出第二位……他可以称得上是严守中国固有美德的典范，也是我国的科学前辈。"[①] 可以说，王竹溪先生是他终生学习的榜样。

余瑞璜是我国著名 X 光晶体学家、金属物理学家。1937 年获英国曼彻斯特大学理学博士学位。他曾于 20 世纪 30 年代研制出中国第一台盖革计数器。1942 年创立 X 射线晶体结构分析新综合法，被国际晶体学界誉为国际上第一流晶体学家。余瑞璜备课很认真，花很多时间收集新资料。他注重教学法，授课生动活泼，深入浅出，并且显示出深厚的理论功底，学生反映听他的课印象深刻，学得扎实；他采用口试方式进行课程考试，他总是自始至终坚持到考试结束。他认为，接触学生是了解学生的重要方式，即使到晚年，余瑞璜仍身体力行，坚持每周组织和参加一次课题组学术活动，并经常亲自上讲台，为学生们排疑解难，展示自己的研究成果，讲述自己的心得。余瑞璜这种诲人不倦的敬业精神，深受黄祖洽敬仰，很多学生正是在这种精神鼓舞下，坚持在科学的殿堂中求索。

大四时候，黄祖洽选修了周培源的相对论。周培源是我国著名流体力学家、理论物理学家、教育家和社会活动家，我国近代力学奠基人和理论物理奠基人之一。他主要从事流体力学中的湍流理论和广义相对论中的引力论的研究。这些研究奠定了湍流模式理论的基础，并初步提出了广义相对论引力论中"坐标有关"的重要论点。周培源讲课非常认真、起劲，说话也快，富有感染力，而且十分注意启发诱导学生去开动脑筋。他是一位很严肃的学者，但也很有风趣，有时讲课就像讲故事，让学生听得入神，并鼓励、启发学生提出问题，展开热烈讨论。更为可贵的是，周培源虽然已把课程内容烂熟于心，倒背如流，但是他每次讲课还会认真备课，写出新的讲课提纲。周培源还讲理论力学，他的课程有讲义。有一次黄祖洽问

[①] 黄祖洽、彭桓武、周光召、何祚庥：业绩永在——悼念王竹溪同志．《物理学史和物理学家》，1983 年第 12 卷第 7 期。

周培源:"您怎么不把您的讲义拿去出版呢?"周培源说:"你觉得我的讲义里面有什么特殊的地方?"黄祖洽一时语噎,没回答出来。事实上,黄祖洽只是想让周培源把讲义出版,然后自己能买一本。没想到,周培源对自己的讲义要求很高,没有新的理论和内容就不想出版。到了大四,还在清华园里的黄祖洽,因为学业突出,也成为许多低年级同学崇拜和学习的榜样了。后来学弟何祚庥提到在清华读书的往事时,就曾回忆起当时作为高年级学长的黄祖洽对他的影响:① 从听周培源先生讲座时两人探讨过的狭义相对论,到关于学习文化知识时的方法论问题,无一不是这位高年级的"学术前辈"给予何祚庥在学习上的经验与帮助。而何祚庥因为入党早,参与政治活动积极,也间接影响到了黄祖洽,促使他在政治上追求进步。相互学习,相互影响,使得何祚庥和黄祖洽在清华园的几年里成为亲密的朋友,而这份友谊也一直延续了下来。

清华园里,在严格慈祥的教授的指导下,在志同道合的同学们的影响下,黄祖洽吸取了充足的营养,他对物理学有了更深的认识。1948 年,23 岁的黄祖洽以优异的成绩从清华大学理学院物理系毕业,获得理学学士学位。

图 4-1 1948 黄祖洽大学毕业照

1948 年的北平,正是新中国成立前夕,国民党政府机构和社会上许多有权势的人纷纷南迁,社会秩序混乱,一时间市场萧条,导致了严重的就业困难。黄祖洽不愿意放弃自己的物理学专业,但又没有在北平的学校或研究机构找到适合他专业的工作,若是攻读硕士研究生,既可以继续钻研物理学,同时又能申请贷金,解决生活上暂时的困难。② 那个时候,选择读研究生的人很少,而黄祖洽却清楚地认识到,第二次世界大战

---

① 何祚庥:与祖国"同呼吸、共命运"的理论物理学家——读《黄祖洽文集》。《物理》,2004 年第 9 期。

② 黄祖洽访谈,2013 年 3 月 17 日,北京。资料存于采集工程数据库。

结束后，原子物理、核物理的重要性已经非常明显，一个国家要想自立于世界民族之林，必须有强大的国防力量。而核科学，无论是军事还是民用方面，都将对中国的未来产生极大影响。出于各种因素的考虑，黄祖洽选择了攻读硕士研究生。

师 从 名 师

决定攻读硕士研究生的黄祖洽，面临的第一个问题就是选择所要攻读的研究方向和导师。这不仅关系到他在接下来的两年里所要从事的具体工作，也关系到他今后长远的发展方向，所以不得不慎重考虑。这时候，黄祖洽的良师，王竹溪先生一如既往地给予了他许多建议。王竹溪老师告诉他，钱三强教授已经从法国约里奥－居里实验室回到了北京，并且应聘在清华大学做教授，他建议黄祖洽报考钱三强教授的研究生，可以跟随他在核物理方面做一些研究。

钱三强是我国著名的核物理学家，拥有法国国家博士学位，是第二代居里夫妇的学生，曾获法国科学院亨利－德巴微物理学奖金，还担任过法国国家科学研究中心的研究员、研究导师，并获得过法兰西荣誉军团军官勋章。他与妻子何泽慧被西方称为"中国的居里夫妇"，后来成为中国发展核武器的组织协调者和总设计师，我国"两弹一星"突出贡献者，也是中国原子能事业的主要奠基人，被誉为"中国原子能科学之父"。[①]

1948年的夏天，钱三强回到祖国，任清华大学物理系教授，起初主要从事核乳胶的实验研究，他和妻子何泽慧一起在对核子敏感的乳胶里面发现了原子核的三分裂四分裂，因为当时在我国对这一领域还比较陌生，所以钱三强这时候还没有招收研究生。了解到这些情况之后的黄祖洽，采纳了王竹溪老师的建议，报考了钱三强的研究生。优异的成绩，加上钱

---

① 刘晓：《卷舒开合任天真：何泽慧传》。北京：中国科学技术出版社，2013年。

图4-2 1948年钱三强全家照

三强教授对这个年轻的物理学人才的偏爱,他顺利地成为钱三强的学生。不过此时的黄祖洽没想到的是,后来的他竟然成为新中国成立后清华大学研究院里毕业的第一位研究生。

不同于以前的学习方式,在硕士阶段,黄祖洽更多的是需要自己钻研和发掘。一开始的时候,钱三强教授给黄祖洽介绍了他在国外用核乳胶发现铀核三分裂的工作,教他如何用显微镜看乳胶片中裂变碎片的变化轨迹。钱三强从国外带回来了少量的核乳胶片,黄祖洽在导师的帮助下,试着将从国外带来的Ilford核乳胶片放入暗室,浸入硝酸铀溶液中一段时间,再让硝酸铀渗入乳胶,经过显影、定影晾干后,在显微镜下观察,研究铀核自发裂变的径迹。黄祖洽之前由于很少接触核乳胶,于是他决定一天做两个实验,如此一来,一两个月之后就熟悉了。黄祖洽在开始这项研究之后,天天在实验室里,就连晚上也很少休息。这些径迹的长度经过显微镜下的测量之后,黄祖洽将结果的分布在坐标纸上画出来,或者用数据处理法进行分析,最终得出了这些径迹的最可几值。

钱三强先生告诉他,作为中国的科学家,不能依赖进口的Ilford核乳胶,而是要自己研制具有同样灵敏度甚至更好的核乳胶出来。在读了一些论述乳胶制作的文章之后,黄祖洽决定自己试一试,开始做研制核乳胶的准备:从买最普通的乳胶片原材料到寻找要掺进的化学药品、从修复整理清华科学楼最下层的实验室暗室到在物流系库房自己找零件装配恒温器。有了胶片,有了硝酸银、显影剂、定影剂,物理系还给黄祖洽配备了一个土冰箱用来制冷,支持这位年轻人的研究工作。说到这个土冰箱,当时在清华只有一台真正的电冰箱,是周培源先生从美国带回来的,黄祖洽又不可能上他家里去做实验,于是清华物理系就给他定做了一个木头做的箱子,外面绝缘比较好,里面分两格,上面一格放冰进去,底下那格就可以制冷了。那时候北京的冰都是从什刹海运来的,每年冬天都有人把冰打出来,放到地窖里面储存着,等到第二年热天的时候拿出来卖,物理系就给黄祖洽买了冰,每天都用马车送到实验室,用于制剂的冷却和冷藏。

有了这些条件,黄祖洽就开始了制备核乳胶的尝试。无数次的失败,无数次的不断实验,在教授的指导下,在黄祖洽不厌其烦地尝试下,他终于初步制出可以看出铀核自发裂变径迹的核乳胶。在这个过程中,钱三强先生的夫人何泽慧给了黄祖洽许多的帮助。何泽慧先生是我国杰出的女科学家,她从1946年起就在法国巴黎法兰西学院核化学实验室从事研究工作,和丈夫钱三强先生合作发现了铀核裂变的三分裂和四分裂现象。1948年,何泽慧先生与钱三强先生一起,带着刚出生七个月的大女儿回到祖国,怀着报效国家的热情,为我国的物理学事业的发展付出了毕生的精力。何泽慧先生为开拓中国中子物理与裂变物理实验领域和中国的科教事业做出了重要贡献,被西方媒体称为"中国的居里夫人"。由于钱三强的业务比较繁忙,公事比较多,所以实际上黄祖洽主要是何泽慧在带,而他也是何泽慧的第一个学生。[①]

廿月师徒情

随着我国物理学的进步与发展,核物理逐渐被越来越多的研究者重视。钱三强先生是我国核物理研究的先行者,他在清华给研究生们开了一门课,叫原子核物理,选这门课的学生很多,不仅有物理系的研究生,也有化学系的研究生。但开课后,钱先生因需要参加一个世界和平大会,预计要花一个月的时间,他没有将代课任务分给其他老师,而是交给了黄祖洽。

---

① 刘晓:《卷舒开合任天真:何泽慧传》。北京:中国科学技术出版社,2013年。

黄祖洽便担负起了替钱先生代课的任务，给同龄的研究生们讲原子核物理。虽然黄祖洽已经多次扮演过教师的角色，但是给研究生讲课这还是第一次，不过他不害怕讲课，在大学课堂上他非常轻松，甚至不带讲稿，学生们听得也很投入。之前钱先生讲的多是涉及实验的知识，相对比较专业化，而黄祖洽讲的课就有一些理论物理知识，理论的比较多。黄祖洽在教师这个角色上深得其乐，也发现自己相比于实验更加偏爱理论。但是他从没有把这两者割裂开来，他认为搞实验跟搞理论有一个共同的特点，就是物理概念要清楚；而至于区别，黄祖洽认为搞实验和搞理论的方法不一样，做实验的人需要电子学比较好，比较有这方面的兴趣，搞理论的人数学方面需要掌握比较好，还要有好的物理思想。二者相互结合能为物理学知识的掌握带来莫大的益处。

自此以后，钱三强发现黄祖洽喜欢追究理论根源，常能提出些值得思考的理论问题，很适合做理论物理的研究。正好彭桓武教授从昆明来到清华，钱三强把黄祖洽介绍给了他，为了黄祖洽能在其研究兴趣上有所发挥，也因为钱先生自己忙于学术活动的组织和管理，有时候分身乏术，无暇顾及。在征得二人的同意之后，他安排黄祖洽改投彭桓武教授门下，做理论物理方面的研究生。这次偶然的改变，不仅改变了黄祖洽的研究方向，也是他学术生涯的一次重要转折。自此，黄祖洽与年长他9岁的彭桓武结下了师生缘，开启了一段亦师亦友的学术生涯。[1]

彭桓武先生从清华大学毕业以后，于1938年获得了中英庚款的留学资格，去往英国爱丁堡大学，投师于德国理论物理学家、量子力学的奠基人之一马克斯·玻恩门下，成为玻恩的第一个中国学生。在玻恩的指导下，彭桓武于1940年和1945年分获爱丁堡大学的哲学博士和科学博士学位。在给至交爱因斯坦的信中，玻恩数次提到这位得意的中国学生。1941年，经玻恩推荐，彭桓武前往爱尔兰都柏林高等研究所做博士后，在著名科学家埃尔温·薛定谔领导的理论物理所工作，后又帮助量子化学的创始人之一W·海特勒进行介子理论方面的研究。1941年8月至1943年7月，彭

---

[1] 黄祖洽:《三杂集》。北京：北京师范大学出版社，2004年。

桓武和海特勒、哈密顿合作发表了一系列综合介子场的成果，对宇宙线理解进行了系统的解释，称为 HHP 理论（此理论以三人姓氏的首字母而命名），名扬国际物理学界，彭桓武的名字广为同行所知。1945 年，彭桓武与玻恩因为关于场的量子力学与统计力学的探索性工作，共同获得了爱丁堡皇家学会的麦克杜加尔—布列兹班奖。1948 年，在薛定谔和海特勒的推荐下，彭桓武当选爱尔兰皇家科学院院士，时年 33 岁。1947 年底，在中华人民共和国成立前夕，彭桓武抱着满腔爱国热忱回到祖国。他先在昆明云南大学物理系任教授，开设物性论、高等电磁学和量子力学等三门课，同时开始关于核力的研究工作。1949 年初，天津、北平相继解放，他便绕道香港经天津到北平清华大学任教，与多年的好友钱三强教授重逢，同时先后开设普通物理、量子力学及数理物理方法等课程，并开始招收理论物理方面的研究生。[①] 此时的彭桓武，刚满 34 岁，风华正茂，却已经是国际知名的物理学家了。

黄祖洽对彭桓武早有耳闻，彭桓武在清华做的第一次学术演讲，是介绍海森堡散射矩阵理论，内容介绍得深入浅出，听者无不叹服，他主张理论应当联系可观测量的一贯思想，说的也是海森堡提出散射矩阵的指导思想。作为听众的黄祖洽，内心充满了欣喜和期待，也有进一步学习交流的渴望，而能做彭桓武先生的研究生，在理论物理上做进一步研究，正是他感兴趣的，也是他所擅长的，他觉得自己与核科学更加接近了。

当时彭桓武一个人寄居在叶企孙先生家里，黄祖洽找他请教和讨论问题非常方便。有时彭桓武干脆与黄祖洽在清华园里一边散步，一边讨论。有时散步误了用餐时间，彭桓武就慷慨做东，师徒二人到工字厅旁的小饭馆去吃饭，吃过饭再继续讨论。与彭先生接触得多了，在黄祖洽心目中，这位国际知名的大科学家不仅是老师，更像是一位朋友。彭先生平易近人，虽然他个人生活非常朴素，吃穿都很节俭，但是对待朋友和同事却非常大方，时不时请手下的年轻人一起吃饭。在黄祖洽眼中，彭桓武先生还是一个非常有才华的人，除了物理学，彭先生感兴趣的学科很多，涉猎很

---

① 黄祖洽：祝贺彭桓武先生 90 华诞。《物理》，2005 年第 5 期。

广，他曾经自学过化学、生物学等，因为受到中国文化的影响很深，所以他的文学造诣也颇高。在这一点上，黄祖洽和彭桓武很谈得来，他们对中国传统文化都很感兴趣。彭先生看了许多诸子百家的书，而且特别爱看荀子，看了之后把其中的道理浓缩成很简单的东西。他推崇法家的思想，注意人世间的规则，彭先生就把这种思想扩展到注意自然界的规则；他还崇尚道家的顺其自然，强调在自然学科领域应该按照客观规律去做事，不勉强，不违背客观规律。彭桓武先生这些将传统的思想与自然科学相联系的方法，深深地影响着黄祖洽，也为他的科学研究带来许多启发。

彭桓武先生的教育理念中有一个很重要的观念就是学术民主，他在英国留学时，曾经听他的师兄海特勒讲过这样一件事：20世纪三四十年代德国和法国理论物理学发展差别很大，德国很先进，人才济济，而法国却不怎么样。造成这种情况的一个重要原因实际上是学术专制和民主的问题。法国当时理论物理学的权威是德布罗意，他很专制，认为学理论物理只能跟着他，唯我独尊，导致无法培养出优秀的人才。而德国有所谓的慕尼黑学派和哥廷根学派，分别以索末菲和玻恩为代表，他们很民主，学生之间常有交流，玻恩的学生常去索末菲处工作，索末菲的学生也常去玻恩处工作。这样相互促进和交流，就使得研究者们思想活跃，善于创新，从而推动了德国理论物理学的繁荣，涌现出了一大批优秀的理论物理学家。这件事启发了彭桓武，于是他一直遵循着学术民主的原则，时常与黄祖洽交流讨论，他们讨论的范围很广，除了交流一些学术上的问题和看法之外，彭桓武还时常给他讲一些自己在国外学习生活时候的经历。

在一次讨论中，彭桓武建议黄祖洽用量子力学的方法计算氟化氢分子，因为氟原子核外有9个电子，离组成一个封闭壳层差1个电子，或者说氟原子核外是带一个空穴的封闭壳层，而氢原子核外有1个电子，如果能把总共涉及10个电子的氟化氢分子的结合问题转化成在各自核心作用下一个空穴和1个电子相互作用的问题，就可以探讨能不能用类似海特勒－伦敦（Heitler-London）求解氢分子结合问题的方法来求解它。黄祖洽听了之后，对这个问题很感兴趣。于是他便开始从氟化氢分子的哈密顿量出发着手尝试，起初是想通过变换将分子化成所需的包含两个核心、外面有空穴和电子作用的哈密顿量形式。这种尝试失败之后，他又从另一角度考虑，企图从哈吹－福克（Hartree-Fock）波函数的约化变形解决问题。而这种方法要求很大的计算量，要做数值计算，但在当时的清华大学，只有手摇的电动计算机，全校也总共两台，好多人因为论文需要，都在排队用，时间上不现实。正在一筹莫展的时候，黄祖洽灵机一动，想到一个巧办法：因为氟化氢的分子不同于氢分子，前者的结合以离子键为主，后者的结合以共价键为主，所以可以转换思路，设想把氢原子的电子填到氟原子外层的空穴中去，把氟化氢分子看成是一个具有电子满壳层的负氟离子和一个带正电的氢核组成，在文献资料中也有曾经用哈吹－福克（Hartree-Fock）方法计算过负氟离子的波函数的例子。这就为黄祖洽采用变分法计算负氟离子和氢核所组成系统的结合能创造了很方便的条件。这个方法虽然可以大大地减小计算量，但是实验结论和数字有可能会相对粗糙，所以黄祖洽在结果出来之前并没有向彭桓武汇报，而是躲起来自己进行运算。过了两周之后，他有了确定的计算结果，他才怀着忐忑的心情去向彭桓武汇报。彭桓武看过之后，觉得数字和理论跟实验的差别很小，便认可了他这种用变分法计算的结果。[1] 黄祖洽将这个计算的过程写成了文章，也就是他的硕士论文《氟化氢分子的一个计算》。[2] 1950年7月下旬，已经提前修够硕士学位学分，且每门成绩都在90分以上的黄祖洽，在彭桓武的建议之下，顺利地提前通过了硕士论文答辩。

图 4-3　1950年黄祖洽与沈蒂生等团员在清华劳动
（右一为黄祖洽）

---

[1]　黄祖洽：祝贺彭桓武先生90华诞.《物理》，2005年第5期。
[2]　黄祖洽：关于氟化氢分子的一个计算.《中国物理学报》，1951年第1期。

图4-4　1950年6月黄祖洽在清华研究生院

黄祖洽做彭桓武研究生的经历，以他只用了一年零八个月就创造性地用变分法算出氟化氢分子的各种结构常数完成硕士论文、从清华大学研究院毕业而结束，后来彭桓武说起这段历史，对黄祖洽不无褒扬之意。黄祖洽从此告别了他在学校读"小书"的生活，进入中国科学院近代物理研究所理论室工作，开始了致力于物理学的实际运用、为国建功的历程，也开始了在尖端理论领域的长期奋斗。虽然不到两年的师生时光，用彭桓武先生的话来说便是"廿月师徒"，彭桓武对黄祖洽这个学生也是感情颇深。黄祖洽前期跟随钱三强先生做实验，真正跟着彭桓武先生从事理论物理研究的也就只有短短的二十个月。[①] 这"廿月师徒"的经历，让黄祖洽收获了学术上的进步和与彭先生的珍贵师友情谊。

---

① 彭桓武：为黄祖洽祝寿。《物理》，2004年第9期。

第五章
步入物理学研究殿堂

理论室的工作

1950年七月下旬，黄祖洽作为新中国的第一批研究生从清华大学毕业，被分配到中国科学院近代物理研究所理论室工作，从此开始了在核物理、反应堆和核武器等有关原子能的学科方面三十余年的理论研究。

中国科学院近代物理研究所成立于1950年，是中国原子能科学研究院的前身，是中国核科学技术的发祥地，也是中国重要的不可替代的从事先导性、基础性、前瞻性核科学技

图 5-1　1950 年冬黄祖洽在北京图书馆

术研究的综合性研究基地。它在 20 世纪 50—60 年代曾为中国"两弹一艇"① 的成功研制做出过历史性的贡献，中国第一座重水反应堆和第一台回旋加速器就建在这里。可以说，中国科学院近代物理研究所建立了新中国第一个核科学技术的专门研究机构，确立了我国核科学技术最初的研究方向，也聚集了一批我国核科学技术研究的高级人才，从 1950 年起，在中央的高度重视下，吸纳进了许多国内的科学家、教授和技术人员，也争取到了许多国外的中国科学家归国工作。

1950 年，黄祖洽硕士毕业，那一年正是近代物理研究所成立的年份，所里确立了当时主要的研究方向，即：理论物理、原子核物理、宇宙线和放射化学。② 国务院任命了吴有训为所长，钱三强为副所长。黄祖洽所在的理论室里，还有几个也是从清华大学物理系毕业的校友。当时的近代物理研究所设在东皇城根甲 42 号院内，有一栋包括了实验室、图书室和办公室的办公楼，还有一间给理论室用作办公室的西厢房和几幢作工场、仓库、厨房和食堂用的小平房。在这样一个不大的环境里，却聚集着全国最有名的物理学家，从事着最尖端的物理学研究——通过计算轻核的结合能来探讨低能区域核子间作用力（假设有两个力程）的可能形式。黄祖洽在近代物理研究所报到后，发现当时的理论室已经有了金星南、邓稼先和叶龙飞等人在工作，这些专家后来有的成为"两弹"的元勋，有的成为中国核能科学领域第一支计算数学队伍的领导和组建者，都为国家和人民做出了卓越贡献。当然最让黄祖洽感到高兴的是，在这里，可以和自己的恩师彭桓武先生一起工作，这时候彭桓武兼任中国科学院近代物理研究所理论室的主任，大家都在他的指导下进行工作。从师生变成了同事关系，这时候的黄祖洽既高兴，也感觉到了深深的压力。

由于是一毕业就到了近代物理研究所报到，所以报到之后，研究所给了黄祖洽一段休息的时间用来调整，以便更好地投入工作。于是黄祖洽利用这短短的假期去了趟东北。他先去了沈阳，然后又去大连看望了当时已经在大连大学（后改名大连工学院）工作的同窗何泽庆。直至 8 月上旬，

---

① 两弹一艇，其中两弹是指原子弹、氢弹，一艇指的是核潜艇。
② 黄祖洽：《三杂集》。北京：北京师范大学出版社，2004 年。

他才回到北京，正式开始了工作。

彭桓武先生交给他的第一个任务，是研究如何用忽鲁登变分法计算低能区质子和质子的散射。① 当时彭桓武和其他几位专家正在研究原子核里面核子和核子之间的相互作用力，要研究这个相互作用力通常来说有两个途径，一个是研究一些少数核子组成的比较轻的原子核，用理论来估算它的结合能，探究其跟核子和核子中间的相互作用的关系；另外一个途径是统计核子和核子碰撞的实验数据，从而探究其跟核子和核子中间的相互作用的关系。对于这个问题，彭桓武先生跟另外的一个科学家曾经做过质子和中子之间的散射，但是质子和质子之间的散射除掉核里的相互作用以外还有电相互作用，因为两个质子都是带电的，故有电相互作用。核相互作用是短程的，它的作用范围很小，而电相互作用范围却是长程的、大范围的。所以计算起来，两个质子的散射要比一个中子和一个质子的散射要复杂得多。而当时的研究所虽然集中了国内最先进的设备和人员，但对这种较为尖端的实验来说，还不具备完整的实验条件，黄祖洽就找了许多国外的研究数据，运用这些已经发表过的数据先做验算，再自己做一些理论上的计算。

黄祖洽迅速投入在了这项工作中，可让他万万没想到的是，竟发生了一场意外。1950年8月27日，星期天，近代物理所里几个同从清华分来的同学约黄祖洽一起回清华园玩，大家都准备骑自行车去。黄祖洽自己没有自行车，便从同理论室的叶龙飞那里借了一辆自行车，和大家一起骑着去了清华园。到了清华之后，大家都很高兴，见到了一些以前的同学，聊了聊各自的近况，很快半天时间就过去了。到了下午的时候，同来的几个人又一起骑着自行车回城，天气很晴朗，北京的夏天快要结束了，但暑气还是很盛，大家都想快点骑回去早点休息。他们一起出了清华西门，过了北大西门，向海淀骑过去。在通过海淀西街的时候，黄祖洽被后面驶来的一辆大客车撞倒，一时间晕倒在地，失去了意识。

---

① 彭桓武，黄祖洽：应用忽鲁登变分法决定核子与核子散射的周相.《中国物理学报》，1951年第2期。

因祸得福的姻缘

发生车祸的汽车正是清华大学的校车，上面坐着许多认识黄祖洽的老师和同学，他们见状立即把黄祖洽送到了中央人民医院（当时是在白塔寺附近）。进了医院，黄祖洽仍然昏迷不醒，诊断结果是轻微的脑震荡，黄祖洽被送到脑科系住院治疗。起初由研究所里的同事们轮流照顾他，后来考虑到大家的研究任务都很重，于是研究所请了一个护工，专门负责照料他。

在昏迷了两周之后，有一天黄祖洽像是从梦中醒来一样恢复了知觉：他梦见自己骑着自行车在雷雨中走，雷声隆隆地响个不停。这一响，就把黄祖洽给"震"醒了，醒来之后他发现自己躺在病床上，护工坐在椅子上，而梦中的雷声则是窗外的建筑工人在砸石头的响声。护工见黄祖洽醒来之后，急忙去通知了医生护士，在检查了他的伤势之后，医生告知了他在医院的一些情况，嘱咐他继续卧床休息。知道了自己昏迷了那么久没有意识的时候，黄祖洽心里不禁阵阵后怕。要是真的就此一觉不醒，那么多年的知识积累岂不是毫无意义？刚进入工作单位，踌躇满志的他，在这次意外之后，对人的生命有了新的理解，产生了更多的敬畏。

经过一段时间的休养，黄祖洽可以自己慢慢行走了，于是他转到位于文津街3号的中国科学院院部进行疗养。那时候科学院刚刚建立起来，院部就设在一栋三层高的小楼里，黄祖洽被安置在底层的一个用作招待室的房间里。清华学长郭敦仁的夫人关谷兰得知黄祖洽的事之后，二人一起去探望他。郭敦仁夫妇都极其热情开朗，给了他很多照顾。关谷兰当时是在院部的计划局里工作，黄祖洽休养的房间在一楼，而她的办公室就在二楼，因为这个便利，她就经常过去照顾这个在北京无亲无故的年轻人。关谷兰平常有织毛线的习惯，她怕黄祖洽一个人待着的时候无聊，就教他也织毛线，教会了他好几种织围脖的针法，可以织出来双层的围脖，黄祖洽觉得很有趣，便自己动手织起来，躺在床上的时候织，坐起来也织，专心的不得了。没想到，这项解闷的活儿使得双手得到了活动，对他的恢复大有好处，没多久，黄祖洽已经织出来一条很长的围脖了。日子一天天过去，他的伤势逐渐好转，慢慢康复了，可以在楼上楼下到处走一走了，郭敦仁夫妇就常邀请他去家里作客。每到周末，郭敦仁从清华大学回到院部，黄祖洽就去他家里和他们夫妇二人待一天，大家说说笑笑，很愉快。到了下午，他们又一起把黄祖洽送回到文津街去。和关谷兰一起工作的还有几个大学毕业后新分配到院部的女青年，一来二去，她们和黄祖洽也都熟悉了，都是年轻人，就常聚到一起，这其中就有后来成为黄祖洽终身伴侣的张蕴珍女士。

张蕴珍，1950年毕业于辅仁大学化学系，后被分配至中国科学院计划局工作。她后来参加了《中国科学院第一个五年科学规划》的制订工作，到院学术秘书处工作，1955年的时候，她还参与了化学研究所的筹委会工作。[1] 认识之初，黄祖洽正值车祸后伤势未痊愈，张蕴珍秉性善良，看着黄祖洽一个人在北京，也没人照顾，很是孤单，常在家里做一些酱牛肉带给他，以改善伙食，增加营养，盼其早日康复。如此关怀，加上平日的接触，黄祖洽也觉得张蕴珍是个作风正派、办事认真、心地善良、乐于助人的女子，也很愿意与她说话谈心，顺便帮她学习俄语，两人渐渐的日久生情，相互有了好感，成为恋人。

黄祖洽一直觉得有时候上天的安排很奇妙，本来不相熟的两个年轻人，一个出生在河北，一个出生在湖南，相隔几千里，几年之前一个在辅仁大学化学系，一个还在西南联大学物理系，相距亦甚远。但因为时代的变化，他们辗转到了同一个城

图 5-2　1952 年黄祖洽与张蕴珍结婚照

---

[1] 黄祖洽：《三杂集》。北京：北京师范大学出版社，2004 年。

市，再由于这一场偶然的车祸，他们在中科院的院部相逢、相熟、相知、相爱，最后走到了一起，共同生活了六十多年，这一定就是缘分。1952年黄祖洽和张蕴珍结成了终身的伴侣，他们相互扶持，相互依靠，一路风风雨雨，走了几十年。再回忆起这场因为车祸而得来的好姻缘时，黄祖洽还是感慨不已，虽然遭遇了一场车祸，昏迷了那么久，但在此过程中竟然就遇到了这么好的另一半，不得不说，这真的是因祸得福。2012年是他们结婚60年的纪念，称为"钻石婚"。张蕴珍女士依旧身体硬朗，耳清目明，每日陪伴在黄祖洽身边，照顾他的日常起居，令人感动不已。

恢复后的黄祖洽回到了中国科学院近代物理研究所，受到了所里同事们的慰问，都为他能够重新回到工作岗位而高兴。有些关系更亲密的同事也有些担忧，医生说这次车祸严重地伤害到了黄祖洽的大脑，而他的专业是理论物理的研究，正是高度用脑的工作，这次受伤会不会对他的工作产生影响呢？有人说："糟了，黄祖洽以后不能干理论物理了。"黄祖洽听了大家的猜测和不安，表面心不在焉，内里有股"不信邪"的倔强劲却又涌上心头。黄祖洽很快投入到之前的工作中，继续在彭桓武先生的指导下用忽鲁登变分法计算低能区质子和质子散射的相移。或许是车祸让他更珍惜科研的时光，或许是骨子里那股韧劲的作用，恢复工作后的黄祖洽，想要证明自己依然可以在理论物理方面做出成绩，似乎比以前更有干劲了。1951年5月，他完成了彭桓武先生交给他的任务，与彭先生一起合写了《应用忽鲁登变分法决定核子与核子散射的周相》，报道了他们的研究结果。①

黄祖洽想用实际工作证明车祸并没有影响到他的正常的工作和思考，但是车祸的后遗症仍然没有完全消除，大脑皮层受过伤之后的他，偶尔会有癫痫病发作的情况。1951年暑假的一天，黄祖洽被选为北京市的青年代表，集中在辅仁大学听报告。因为没有大礼堂，报告场地设在了室外，晴天里太阳晒得很厉害，黄祖洽感到有些头晕，到了中午休息的时候，受钱三强及何泽慧先生的邀请，去他们离会场不远的家中休息，于是便在何先生家的沙发上睡了一觉。等他睡醒之后，何先生问他梦里怎么了，黄祖洽感到很奇怪，

---

① 彭桓武，黄祖洽：应用忽鲁登变分法决定核子与核子散射的周相．《中国物理学报》，1951年第2期。

就是睡了一觉而已啊,何先生也没说什么。后来他才从其他人那里知道,原来他在睡着的时候犯了癫痫,何先生用一只汤匙放在黄祖洽口中以停止他的抽搐,避免咬伤他的舌头。这是黄祖洽记忆中第一次癫痫发作,之后在去苏联的时候又发作了几次。

两 去 苏 联

1951年8月,中国科学院拟派遣一批中国专家去苏联科学院学习,除了专业上有一定的功底,还要求有一定的俄语基础。黄祖洽没有正规的学习过俄语,但清华大学开设了俄语课,黄祖洽在做研究生的时候经过旁听,学会了字母、拼音和初步的语法,有一些初步的基础,工作后也要研读过一些俄文专著,这正是他被列入派往苏联的专家之一的有利条件。这也是中国科学院第一批派出的留学生。

8月13日,黄祖洽和同事们一起,乘坐火车离开北京,经满洲里出境,在火车上坐了11天,直至23日才到达莫斯科。漫长的旅途里,黄祖洽也没闲着,他带了一本 Potapova 编的 Russian (《俄语》) 在身边,在火车上拿来自学,力求更多的掌握俄语的基础知识,临阵磨刀。到达苏联之后,苏联科学院为了帮助黄祖洽和他的同事们学习俄语,还派了两个老师每天来给他们作辅导,一位是一个名叫杰姆斯卡娅的老太太,是苏联有名的语言学家;还有一位是一个名叫巴茜的中年妇女,是一个很有教学经验的俄

图 5-3 1952年黄祖洽于莫斯科

第五章 步入物理学研究殿堂 65

语老师。黄祖洽在这两位老师的帮助下，俄语有了很大进步。

到了莫斯科，驻苏大使馆负责接待黄祖洽一行人，为他们安排食宿，通知了各自要去学习的单位。8月29日，苏联科学院研究生部的办事人员带他们住进了高尔基大街49号招待所，同去的四个男同事住在一个房间里，另一个女同事梅镇彤则和一个苏联女研究生季娜住一个房间。刚住下没多久，下午6点多的时候，突然下起了大雨，街道上的排水不好，一时间积水很深，许多人就光着脚在街上走，还有许多苏联妇女，她们把高跟鞋拎在手里，黄祖洽觉得很新奇，这种景象在国内是看不到的，给他留下了挺深的印象。雨停后水退去，第二天下午，苏联研究生季娜做向导，带他们去参观莫斯科红场，一路上，她给黄祖洽他们介绍了许多有意义的建筑，像苏维埃市政府、莫斯科最大的百货店、普希金花园等等。到达红场时，克里姆林宫上的大钟指向六点差十分，红场有许多人在排队，季娜告诉他们，那些人是在等着参观列宁墓，因为是外来参观的，黄祖洽及同行插队到了较前面。所有的人都要求脱帽进入列宁墓，围绕着列宁的棺走一周出来。他们看到棺是玻璃的，里面有电灯，灯光照着头部，使得大家都可以瞻仰列宁的遗容。参观过列宁墓之后，又去参观了克里姆林宫前的纪念碑和日丹诺夫、伏龙兹、加里宁等革命先烈的墓碑，铜制的墓碑上刻着先烈们的头像。黄祖洽参观了红场之后觉得，比起天安门广场来，面积小了许多。从红场出来，他们在季娜的建议下，又去游览了高尔基公园，还顺便参观了莫斯科的地下之宫——地下铁道。在黄祖洽看来，地下铁道倒是很有特点，里面灯光亮的如同白昼一样，车站都是用大理石建成的，装饰的雕刻十分精美，地下铁每到一站，停留时间都很短，开门关门都是自动控制的。在那时，我国还没有建造地铁，黄祖洽及同行者见到这种新型的交通工具时感到很新奇，他们坐上地铁，到了每站都会下来，欣赏各站石雕的不同风格。

高尔基公园很大，里面有好几个音乐厅，还有许多运动和娱乐的设施，还有一种游戏设施是专门锻炼青少年坐飞机的，这种寓教于乐的游戏，在黄祖洽看来也是十分人性化的。莫斯科河流流经高尔基公园，河中有木排、汽船和各种游艇，站在克林姆林桥上俯瞰整个莫斯科，河水在桥下静静地流着,远处的建筑都像是淹没在了雾里,高高的莫斯科式建筑的尖顶在雾里若隐若现,莫斯科的景色尽收眼底,分外美丽。接下来的几天里,季娜和她的两个同学维娜和冬妮亚又带着黄祖洽他们参观了斯大林博物馆和动物园。

经过了一段时间的参观和俄语学习之后,黄祖洽被分配到苏联科学院列别捷夫物理研究所开始了专业方面的学习。起初负责指导他的苏联学者是著名的物理学家福克院士,[①] 他是苏联著名的物理学家,在苏联科学史乃至世界科学史上都占有重要的位置。他的研究涉及物理学的诸多领域:量子力学、量子电动力学、量子场理论、多电子系统理论、统计物理学、相对论、引力理论、无线电、数学物理、物理学的哲学问题,其中量子力学、数学物理、相对论是福克主要研究方向,他发展了爱因斯坦的理论,对广义相对论作为引力理论做出了新的解释。黄祖洽和他每个星期见一次面,福克让他做"多时"场论,先调研一些相关的论文。但因福克院士已经年过五十,平时又在列宁格勒工作,对他来说,每个星期都要来一趟莫斯科不是很方便,于是列别捷夫物理研究所就改派了另外一位名叫费因贝格的教授指导黄祖洽研习宇宙线物理。

经过一段时间对宇宙线物理的研究,黄祖洽对物理的这一分支学科有了很大的进步和收获。一年以后,他搬到了苏联科学院的"学者之家"。"学者之家"在莫斯科高尔基大街上,类似于旅馆的形式,是专门提供给苏联科学院的外来学者的一处住宅,有很多的外国留学生住在里面,也有苏联本国的一些研究生。起初黄祖洽是与同行的中国同事住在一个大房间里,后来他们被分散安排跟苏联同事住在一起,希望能加强中苏同事间的学术交流。然而,苏联同学晚上经常聚在一起喝酒、玩牌,经常要很晚才睡,黄祖洽一直以来都是按时作息,不太适应大家晚间的娱乐活动,常常睡不好,精神也大不如从前。直到有一天,他醒来之后发现不知道自己是何时躺在床上的,待医生拿来阿莫尼阿和其他的药片给他吃,说他刚才突然晕倒了,他才知道自己的癫痫病又一次发作了。后来在不同的场合,他

---

① 福克・弗拉基米尔・亚历山大罗维奇,ФокВладимирАлександрович,1898.12.10—1974.12.27。

又不同程度地犯过几次癫痫。他知道这不仅仅是车祸留下的脑震荡后遗症导致的，与平日的生活不规律也不无关系。

身体的不适让黄祖洽苦恼不已，使得他无法专心地进行学习和研究，苏联大使馆也了解到了这个情况，为了让他安心的养病，同时也担心继续让黄祖洽进行研究会导致严重的安全事故，决定让他提前回国休养。1952年8月，在苏联学习和生活了一年的黄祖洽，回国到近代物理研究所工作，也由于身体原因执行半时工作、半时休养。他趁着修养时段，翻译了伊凡年科和索科洛夫编写的《经典场论》一书这是一本获得斯大林奖的著作，黄祖洽将其翻译成中文，于1958年在科学出版社出版。黄祖洽一直觉得这是一本很好的参考书，对从事数理物理研究和学习的人可以说是大有裨益。

随着身体渐渐恢复，黄祖洽的科研生活重新走上了正轨。1953年2月，他又有了一次去苏联的机会，这次是为中国科学院的访苏代表团做专业翻译，时间持续了近四个月，当年6月结束访问回国。这次去苏联，他和中国科学院访苏代表团的成员们一起，访问了莫斯科、列宁格勒、基辅、新西伯利亚和塔什干等许多城市和苏联科学院在各地的研究所。苏联科学院还安排人给代表团做了好几次介绍有关科学组织和管理经验的报告，大家都学习到了好多东西。在参观切仑科夫研究所时，发生了一件意想不到的事。这个研究所的实验室里有很强的磁铁，参观者不能戴着手表进去，带领他们参观的切仑科夫院士亲自嘱咐他们把手表摘下，放在他办公室的桌上。谁知参观完回到办公室时，所有的手表都不翼而飞了，大家目瞪口呆，十分尴尬。因为在当时，手表也算得是比较贵重的物品，苏联研究所的保卫工作以严密著称，外人未经过允许是不能进入的。切仑科夫很生气，严厉地斥责了有关管理人员，但也没办法，只好先请黄祖洽他们回到住处。过了两天，切仑科夫研究所保卫处的人员把手表送了回来，原来是被研究所里的一个醉鬼偷了去。

这次访苏回国之后，近代物理研究所改名为物理研究所，制订了第一个发展核科学技术的五年计划（1953—1957年），提出"在核科学技术研究上打下基础，为进一步开展核物理实验和建造反应堆创造条件"的目标。黄祖洽仍回到了研究所的理论室，他从1954年首先钻研中子输运理论。并于1955年用球谐函数展开法求得无限长黑圆柱情况下Milne问题准确到P5的近似解。后黄祖洽按照时任物理研究所所长钱三强的部署，开始调研反应堆理论，做一些简单的计算。这些预备性的调研，为黄祖洽后来工作的开展提供了许多便利，也打下了比较牢固的前期基础。

第六章
反应堆理论研究

反应堆理论

黄祖洽在苏联留学学习期间曾研究宇宙线物理理论。由于国家急需发展核反应堆理论，他和彭桓武教授一起率先转入这一领域做开拓和研究。他和彭桓武在核反应堆这一重大科学技术工程方面白手起家，从"第一原理"做起，取得了非常大的成果，在核反应堆工程这一重大科学技术工程方面做了许多奠基性和开拓性的工作。譬如，有关核材料的临界安全问题，就是核工业生产中经常遇到而又必须可靠地并且经济地加以解决的问题。这是一个既不能完全靠理论计算，又不能完全用实验测量的复杂而又困难的工程实践问题，解决这类问题最有效的途径是"物理直观"加"数量级的估计"。在那一时期，彭桓武、黄祖洽等不仅回答了有关核反应堆的理论问题，而且还回答了有关核反应堆的大量的实际问题、决策问题，同时还培养了大批核反应堆方面的科技工作者，也为我国培养了第一代核反应堆理论研究队伍。这些人以后陆续输送到核反应堆、核武器等研究设计单位，以后有的又到核电站建设单位成为那里的骨干。朱光亚曾评价黄祖洽为"我国核反应堆理论的奠基者和开拓者之一"。

1953年初，按照钱三强所长的部署，黄祖洽开始调研反应堆理论，从事核反应堆的理论研究。当时反应堆理论属于科学前沿技术，并且和国防军工有联系，因而还有着相当的保密性，公开的资料很少，加上当时美国对中国实行封锁禁运，国外的资料很难得到。那时，黄祖洽能找到的只有费米（Fermi）写的《中子物理学》（*Neutron Physics*），在这本书中对于反应堆的工作原理有些简单介绍。只有简单的介绍，对于黄祖洽来说显然是不够的。随后，他买到了《核反应堆理论基础》（*The Elements of Nuclear Reactor Theory*）一书的俄文译本。这本书的内容虽然也很简略，但黄祖洽仔细研读后仍能从中看出一些有用的东西。他结合对扩散方程和中子输运理论的研究和理解，曾试着做过一个均匀反应堆的模型计算。这期间，黄祖洽由于科研材料不足，一直无法正式开始反应堆的理论研究。1955年在日内瓦召开了和平利用原子能会议，当时出于政治原因，我国并没有派出科学家参加这次会议。但是这次会议的文集，为有关反应堆的理论提供了不少资料。

日内瓦和平利用原子能会议无论从科学家的人数来看，还是从宣读的论文来看都是空前的，更重要的是在这次大会上所宣读的论文绝大部分在开会以前还是秘密的或绝密的。据一般估计，有关原子能和平利用各方面的研究结果，将近70%都公开了，仅就这一件事来说，就可以认为这次会议是相当成功的。这次会议冲破了第二次世界大战以来对于国际科学交流的人为障碍。在这次会议中，各国展览馆陈列了将近60种各种不同类型的原子堆模型与相关图表，但按照物理学原理只分为两大类：第一类为热原子堆，第二类为快速分裂原子堆。展会中主要有四种不同的减速剂反应堆模型：①水－铀反应堆；②重水－铀反应堆；③石墨－铀反应堆。重水作为减速剂最为理想，但重水价格极贵，生产困难，一般只用于小型反应堆作为实验之用，大型反应堆一般不用重水作为减速剂。铍比较少，价格昂贵，一般反应堆也不用它作减速。石墨是应用得最广的减速剂。石墨比较便宜，它的缺点是原子值较高，降低中子的速度的效率不高，因此需要大量的石墨作减速剂，反应堆的体积就必须设计得相当大。用普通的水作为减速剂当然是最方便最便宜的，但唯一缺点是它能吸收一部分中子，因此一般的金属铀就不能用水作减速剂。热原子反应堆虽然因为使用的减速剂、冷却器、燃料及使用的目的有所不同而分为若干类型，但主要的只有下列五种：①石墨减速金属铀反应堆，这种原子反应堆是比较安全稳定的一种，在热反应堆中这一类型的比较普遍。从热力的利用效率来看，这种反应堆不理想，需要再进一步的研究，这种类型的热力使用效率是会提高的。②重水减速天然铀反应堆，从物理学家的眼光来，这是最好的一种反应堆，因为重水不吸收中子，因此种子使用效率最高。既然中子得以充分发挥作用，所以活动核心的体积不必太大，需要的铀就比较少。设计这种反应堆的困难是如何将大量的热量从此较小的面积输送出去，在这种情况之下。最好是用重水作为减速剂，同时作为冷却剂。这种反应堆的热力利用效率比较高。发电的价格主要看重水的价格来决定，一般讲来电的价格此第一种反应堆便宜。③轻水减速浓化铀反应堆，假如将天然金属铀中的 U–235 的含量提高 20%，并用这种浓化铀作为燃料，那么就可以用轻水（即天然水）作为减速剂与冷却剂。这种反应堆最为简单，投资比较小，并不需要特种的建筑金属材料，将来有很大的发展前途，它的缺点是所用的燃料（浓化铀）此较昂贵，用水作冷却剂需要很高的压力。④均匀反应堆所需要的金属铀燃料不是固体的而是铀的微粒与液体的混合物，而这种液体一方面作为燃料同时又作为减速剂与冷却剂。这种反应堆的优点是经营成本比较低，因为使用液体燃料避免了使用固体燃料的各种困难。但根据专家估计，利用这种反应堆来发电以当时的科学水平在我国还无法实现。⑤快速反应堆要用含分裂物质成分相当高的金属铀作燃料，同时不需用减速剂来降低中子的速度。因为不用减速剂，这种反应堆的核心体很小。这类反应堆投资不太大，燃料占全部投资的主要部分。但设计、建筑和使用这种原子反应堆来发电却有许多技术工程上的问题还未解决。活动核心太小是困难的焦点。因为核心太小，就非常困难将核心中的高热有效地向外输送，但如采用液体钠或液体钠钾的合金作冷却剂，这个困难还可以勉强克服。第二种困难目前还不容易解决，这就是燃料棒（铀棒）在高温情况下本身内外温度差别很大，所受热压很大，表面温度不均匀，燃料棒因此就要变形溶解或发生别的变化。因为上述这些原因，使用这种反应堆就相当危险。上述的两种困难如果采用新的设计是可以克服的，已有人试验用液体铀（将铀混合在液体中）作为原料，这样就可以避免高温热压所产生的不良后果。如果采用直接蒸发的办法将水直接变成气体，这样就可以避免用冷却剂所产生的困难。当然新的设计会带来许多物理、化学、冶金方面的问题，但这种努力是值得的，是有前途的。[①]

通过自学及日内瓦和平利用原子能会议的资料，黄祖洽对于反应堆已经有了最基础的了解，接下来他所需要的是再进一步获取实践经验，同时向反应堆的专家请教。而第三次前往苏联就正好给了黄祖洽这个珍贵的机会。

对苏联设计的修正

1955年10月19日至1956年6月，中国再次组织前往苏联的考察团。这一次前往苏联的目的是学习苏联的经验、参加实验型重水反应堆和回旋加速器的设计审查。考察团的团长是钱三强，他带领着近40人的"热工实习团"去苏联的热工研究所进行学习和调研，黄祖洽和他的导师彭桓武都在其中。

1955年11月，黄祖洽再一次前往苏联。当时他们住在莫斯科郊外一条名为普希金的大街上，这条大街有一个旅店，名字非常的苏联化和红色——"十月"。在这个旅馆中，彭桓武与

图6-1　1955年8月23日，黄祖洽与父母和妻女合影

---

① 黄祖洽：《黄祖洽文集》。北京：北京师范大学出版社，1994年。

图 6-2　1956 年 4 月，黄祖洽在莫斯科

黄祖洽居住在同一间屋子里，二人负责的是实习反应堆理论的设计部分，这种安排对于他们二人很是方便，平日一起上班，下班回到旅馆也可以对当天的所见所学进行讨论。黄祖洽后来自己回忆道：

> 我们在钱三强的带领下到了莫斯科，住在十月宾馆，当时我正好和彭先生住在一个房间。我们每天早上一起到莫斯科郊外的一个研究所学习反应堆理论。除了研究人员给我们办讲座以外，我们还一同研读资料，并且对其中发现的问题进行深入的讨论。这为后来计算出反应堆的临界值奠定了重要的基础。[①]

黄祖洽认为，这又是一段天天和彭先生一起钻研物理问题的时光。此次考察，大家有一个共识是——虽然苏联方面承诺将提供给我国重水反应堆工程结构，而我国的科学家也要对于反应堆的各种数据进行研究，不能照搬苏联数据。

苏联热工研究所的主管工程师首先做了关于重水反应堆工程结构的报告，黄祖洽和老师彭桓武二人在听报告时都有一些疑惑，对于这位工程师的报告也有不赞同的地方。报告结束后，他们开始阅读该所反应堆理论主管 A·加拉宁（Galanin）博士写的资料，加拉宁所写的资料在当时还是保密的，要每天从保密室借出，下班前再还回去。彭、黄二人在阅读资料的过程中，遇到疑惑的地方得便马上手抄下来，伺机找作者请教讨论。

自学难不倒彭、黄二人，从少年时就养成的自学习惯使得黄祖洽很快

[①] 黄祖洽：《三杂集》。北京：北京师范大学出版社，2004 年。

就投入了自行计算之中。黄祖洽首先根据反应堆元件和活性区中各种材料的结构和中子截面数据，尝试计算出活性区元件栅格的增殖特性。在此基础上考虑控制吸收棒的效应、反射层的作用和几何配置的影响，算出活性区的临界尺寸，可以得出在重水水平面的一定高度下，活性区中要插多少根元件，反应堆才能到达临界状态。黄祖洽用了两种方法，对临界尺寸进行了计算：一种是用中子通量加权平均的方法把不均匀的活性区化为均匀的增殖介质，当作均匀堆来算；另一种是把具有复杂结构的元件抽象成用一定参量描写的线源，再用非均匀方法计算重水介质中线源栅格的临界尺寸。它们是两个极端的近似方法：一个把活性物质跟中子的作用分散，另一个把这作用集中，实际的情况应当在二者之中。经过仔细计算，两种方法得出了临界尺寸的同样结果。

这种结果却与苏联方面的设计方案不相同，苏联专家认为反应堆需要63根铀棒才能达到临界大小，而黄祖洽自己计算的结果是56根，中间相差10%以上。黄祖洽的结果比苏联原方案中的数据小了很多，苏联当时的核工业在世界于领先地位，云集了众多核物理反应堆方面的权威和专家，但是从小形成的敢于打破惯例，不信权威，相信自我的科研精神使得黄祖洽相信自己的结果。后来他和加拉宁博士讨论，加拉宁博士也终于认为设计书上给出的数据可能有误。经过反复测算，最后苏联方面真诚地表示："你可能是对的。"果然，在该反应堆启动时的临界实验中，黄祖洽的计算结果得到了证实。后来在我国1958年实际建堆的临界启动过程中，运用了黄祖洽的临界尺寸结果，建堆临界的成功启动，也进一步证明了黄祖洽的结论。

加拉宁博士的资料后来成书出版，在苏联公开发行，他特意将书寄给已经回国的黄祖洽。黄祖洽把它从俄文译成了中文，这就是1958年由原子能出版社出版的《热中子核反应堆理论》。该书阐述以热中子工作的原子核反应堆的理论，大部分章节是根据苏联作者的工作写成，某些章节则包括原始性的材料，所叙述的不仅是一般性的理论问题，而且也有许多细节，使得该书可以用作实际计算动力堆和实验堆时的指南。附录和正文中收集了关于许多常数的实验数据，它们可以在计算反应堆时应用，书中假定读者熟悉初等的原子核物理学,本书对于从事核反应堆的设计的工程师和物理学家,对于原子参发电站及实验性反应堆的操作人员,以及对于原子动力和反应堆构造这些专业的大学生,都十分有用。

1956年从苏联回国后,钱三强、彭桓武等人组织了原子能研究所副研究员的评级考试,黄祖洽报告的就是有关核反应堆的若干理论工作。《无限长黑圆柱情形下密恩问题的近似解》就是他所做报告中的一部分。[①] 该报告中心问题是如何求解柱形铀棒和慢化介质中的中子通量的空间分布和临界尺寸问题。黄祖洽分别用两种易于近似求解的极端情况的模型做了估计,指出实际情况处在这两种理想情况之间,但由于这两种极端模型均得到近似相同的结果,因而他就在实际上解答了有关中子通量的分布和临界尺寸问题。当时与会的许多前辈师长均高度赞扬了他的工作,尤其是周培源教授十分兴奋,他高兴地说:"中国年轻的物理工作者已经开始掌握了这一关系国民生计的重大科学技术。"

1956年5月26日,苏联援助我国的实验性重水反应堆和回旋加速器正式开工兴建。那时候国内除彭黄二人外还没有其他人搞反应堆理论,而苏联援建的重水反应堆正准备加紧建设,计划在两年后建成,接着就要做零功率物理实验。为了培养一批反应堆理论工作者,1956年上半年,彭桓武和黄祖洽合作,在中科院物理所举办为期一年的反应堆理论训练班,学员近21人,为中国培养了第一代反应堆理论研究人员。他们从北京大学物理研究室(即今技术物理系)挑选了第一期的十来个应届毕业生郑绍唐、胡华琛以及蔡少辉、黄锦华等学习输运理论并开始作有关核反应堆的理论工作,又从其他院校挑选了数学、工程方面的十来个人,组建了一支从事反应堆理论和设计工作的队伍。头一年主要由彭桓武讲中子反应堆理论课,黄祖洽带着学生做反应堆的物理计算,为重水反应堆开堆做准备。后来彭桓武因担任原子能所副所长,主要精力转向了所务。这样一来,开拓原子核反应堆物理的担子主要落到了黄祖洽肩上。当时黄祖洽不但手把手教学生那些具体的计算方法,还结合工作教他们做科研工作的方法。黄

---

① 黄祖洽:无限长黑圆柱情形下密恩(Milne)问题的近似解(球谐函数展开法).《物理学报》,1957年第4期。

祖洽曾告诉他们:"工作没有做完,不要把草稿纸扔掉。"这句话听起来很平常,但却让这些未来的科学家们在以后的实际工作中获益匪浅,并且受用终生。

原子能研究所

1957年10月,中苏签订国防新技术协定。协定规定,为援助中国研制原子弹,苏联将向中国提供原子弹的教学模型和图纸资料,并援助中国建造"一堆一器"——重水反应堆和回旋加速器。

1958年7月1日,中国科学院物理研究所更名为原子能研究所,在中关村的物理研究所为一部,在京郊房山坨里建立新的研究基地为二部[①]。1958年萨本豪、梁文基、叶宣化等北大技术物理系第二期毕业生分配到黄祖洽为组长的核反应堆理论组。黄祖洽亲自讲授热中子反应堆及输运理论,挑起了授课和带领大家搞科研的两副重担。那时黄祖洽只有32岁,但已能成功地领导十余名大学生进行工作了。为了准备计划于1958年建成的苏联援建的重水反应堆的临界实验及此后的运行,黄祖洽制定了四套临界方案,指导大家对这些方案进行临界大小与动力学方面的物理计算,他还亲自参加了这一重要实验。这些工作为我国第一座反应堆的安全运行打下了坚实的基础。当时这些大学生刚走出校门,仅做过习题,从未做过工作量大又这么重要的物理计算,于是在科研教学

图6-3 1958年,黄祖洽(右)与彭桓武(左)、何泽慧(中)讨论问题

---

① 代号为"六〇一厂",1959年改称为"四〇一所"。

的同时，黄祖洽为了让学生养成对待理论设计的认真作风，他把每个重要参数都安排两个人分别平行计算。那时没有电子计算机，主要工具是计算尺加上一台手摇计算机。而那段时间又恰逢反右派运动，接着又是双反运动，白天时间没有保障，大多靠晚上挑灯夜战。此外，全国各省市也纷纷派人来反应堆理论组实习，包括实习人员在内最多时大组人数超过30人。

黄祖洽带领的这十几名大学生组成反应堆理论组（简称47组），成功地保证了中国第一座重水反应堆的安全运行，他们是新中国的第一批核反应堆理论人才，当年被誉为"黄祖洽兵团"。[①] 黄祖洽告诉这些年轻人，没有学过反应堆不要紧，可以"以任务带学科，边干边学"，在实践中学习，不要局限于书本，理论联系实际，多向运行单位和实验工作者学习。黄祖洽还提醒这些年轻的物理工作者，面对复杂的问题，要善于分析和综合。在这个小组中，重水堆的换料问题被提上了日程，换料方案如何确定，他们以每个阶段各工艺管道的热功率为权重推算出各工艺管道的燃耗，建立了燃耗记录档案，提出了第一次换料方案。按照书本知识，圆柱形堆的径向中子通量分布应是零阶贝塞尔函数，但根据热功率分布推算出来的却在中心有凹陷，组内有人不理解。黄祖洽就安排向苏联总顾问沃羅比约夫请教，知道是由于中央大实验管道引起的轴向中子泄露所致，这样便使得大家对所谓"大炮效应"有了一些感性认识。在解决控制棒刻度问题时，组内的年轻物理学者发现一般周期法给出的"倒时数公式"是针对无源情况的，而重水堆的运行会形成一个较强的光中子源，与公式的使用条件不一致。后经反复试验研究，终于找到了校正办法，得出了满意的结果。黄祖洽就是这样给年轻学者创造在实践中学习的条件的。"黄祖洽兵团"还像剥笋一样对"中毒碘坑"实验中的矛盾进行了分析。他们分析了开堆的历史，校正了控制棒的刻度，剔除了有关温度效应的影响，估计了非均匀效应，对中毒曲线的分析得出了较满意的结果。但是在"碘坑"中理论与实验曲线的分歧还较大。经过进一步分析发现，测量碘坑时堆是处

---

① 杨先庶：难忘的岁月——"黄祖洽兵团"杂忆。《物理》，2004年第9期。

于次临界状态,而强大的光中子源形成的次临界状态下的功率不可忽略。对此进行修正后,碘坑的理论曲线也与实验符合了。

1958 年 9 月,在中国科学院原子能研究所,肩负着一代科学人梦想的原子能反应堆终于建成,这是我国第一座实验性重水反应堆。同时建成的还有回旋加速器。此时此刻,黄祖洽的梦想终于成真,他的努力也收到了回报。这座原子能反应堆不仅是他们取得的成就,还能够为今后的反应堆研究作为科学样本提供经验,大大地促进了我国原子能事业的发展。当时这座原子能反应堆的主要用途就是进行科学试验和制造同位素。它是用铀做燃料,用重水作慢化剂和导热剂,因而是一个实验性重水型反应堆。它的建成是中国开始跨入原子能时代的标志。这座反应堆的热功率是 7000~10000 千瓦。在反应堆建成之后,我国决定建造核潜艇,黄祖洽又马不停蹄地带领学生们进行核动力反应堆的选型和设计工作。1957 年黄祖洽领导并参与了核潜艇用反应堆的初步理论设计,此时他们不仅对已经建成的重水反应堆运行中出现的一些物理问题加以研究,同时也组织了对其他一些类型反应堆的理论探索。黄祖洽和彭桓武分别主持每周一次的 Seminar(学术讨论班),由大家轮流报告世界各国实验和动力堆的研究发展情况。在此基础上经过大家艰苦奋斗,核潜艇动力堆选型问题很快就解决了。此外,黄祖洽还组织青年研究人员对高温气冷堆、轻水堆和均匀堆等进行过探索性的物理设计。也是在此时,他在《物理学报》上发表了《关于中子在两种介质中的慢化问题》,关于中子在两种散射性质不同的介质中进行慢化的问题,一般即使应用年龄理论,求解也相当困难,因此,往往不得不应用两种或多种的近似方法。而黄祖洽尝试根据年龄理论,考虑球对称情形下中子在两种介质中的慢化问题,并用拉氏变换的方法求解。发现在慢化长度较两介质的交界球面的半径小时,问题之解可以展开成收敛很快的级数形式,其各项均具有鲜明的物理意义。这样的展开式适用于所有具有实际物理意义的情形。黄祖洽尝试对于两种介质是重水和石墨的一个实例,算出热能处中子慢化密度的数值结果,并和用通常二群近似方法算出的结果进行比较。[①]

---

① 黄祖洽:关于中子在两种介质中的慢化问题.《物理学报》,1958 年第 2 期。

1958年10月至12月，黄祖洽第四次前往苏联。此次考察团前往苏联的目的是学习调研苏联核潜艇压水型反应堆，考察团团长是第二机械工业部部长刘杰。黄祖洽的任务是作为专业工作人员，协助提供我国压水型反应堆的初步理论设计的计算结果，供刘杰部长在和苏方谈判时参考，同去的还有赵任恺、韩铎、董茵等人。与上次访苏不同，此次压水型反应堆涉及苏联军方的核潜艇，因而苏方并不是全心意地帮助中国。在整个谈判中，苏联方面推三阻四，始终没有涉及问题的核心，由于苏方缺乏在核潜艇方面对中国提供帮助的诚意，虽经刘杰部长几次出面谈判，仍然没能得到中国方面希望得到的结果，只好无功而返。回国后，黄祖洽继续回到原子能研究所理论室做反应堆理论研究工作。

1959年，他用笔名"袁伦"在《科学通报》第2期发表《均匀堆的介绍和一些有关的科学问题》。他还在《原子能科学技术》上发表《研究性重水反应堆的物理计算》一文，文中计算了反应堆栅格的特性、燃料中同位素成分随着堆工作时间的变化、反应堆中反应性的变化和控制以及反应堆的临界大小等方面。根据结构方面的基本数据和给定的铀-235的加浓度和额定的正常功率，计算反应堆的临界尺寸；并由堆中分裂物质随时间的燃耗和分裂产物随时间的积累程度，计算临界尺寸随时间的变化，从而推算和一定铀装载量相应的工作期长；同时还要计算反应堆的操纵棒和安全防护棒系统。为了进行这些计算，首先就要计算表征栅格中各种特性的物理量：增殖系数、扩散长度及慢化长度等。在计算中，黄祖洽基本上应用了龄近似的二群方法，并且他认为，反应堆的非均匀结构可以按照均匀化的规则换成相当的均匀结构。1960年6月，我国原子能代表团赴民主德国德累斯顿参加国际反应堆会议。黄祖洽在会上做了我国第一个重水反应堆理论工作的报告。黄祖洽在报告中阐述了为我国首个重水堆启动和运行所做的大量理论研究和计算工作。后来他又先后参与和组织了铀水堆（用于核潜艇）、石墨堆（用于生产）、元件堆（用于试验元件）的研究和初步理论设计，为这些反应堆的建造做了先驱性的探索工作。发表了《关于铀水反应堆中的临界条件》和《中子在铀水介质中的慢化长度》两篇论文，在用含氢物质（普通水或有机液体）当作慢化剂的反应堆中，中子在每次和氢原子核进行弹性碰撞后，平均要失掉所带能量的一半。在这种情形下，中子的慢化过程当然不宜用建筑在连续慢化模型的基础上的费米年龄理论来描写。这是计算具有含氢慢化剂的反应堆的临界大小时所遇到的第一个问题。第二个问题是氢对中子的散射截面随中子能量的增加而很快减小这一事实，又使得用作反应堆燃料的铀或钚对快中子的非弹性散射，在中子的慢化过程中起着比较重要（相对于其他类型的堆来说）的作用。黄祖洽以无反射层的轻水均匀反应堆为例，推出了考虑到氢的慢化作用和铂的非弹性散射后，铀水均匀反应堆（无反射层时）的临界条件，从中子输运理论的 P1 近似出发，比年龄理论更精确地考虑了氢的慢化作用，引进了铀的非弹性散射，并推出了适用于铀水反应堆的临界条件的解析形式，用近似方法基本上反映了铀水混合介质中中子慢化过程的两个主要方面：氢的慢化和铀的非弹性散射。

第二篇论文《中子在铀水介质中的慢化长度》则考虑了氢慢化的特点与铀非弹性散射的影响后，在中子物理意义下与堆物理意义下的中子慢化长度的不同，并推出了两种意义下中子慢化长度的表示式，讨论了堆物理意义下慢化长度与堆几何大小及形状的关系。

第七章
原子弹氢弹研究

"轻核理论小组"

1956年11月16日,全国人民代表大会常务委员会通过决议成立第三机械工业部[①]。1957年,我国研制原子弹迈出了关键的一步:国家成立了第二机械部(简称二机部),在二机部下面成立了一个核武器研究所,对外称九局,后来又改称九院。这个九院集中了当时很多的核物理学家,肩负着我国研制核武器的责任与希望。黄祖洽后来在原子能研究所带领着十几个年轻人进行氢弹预研工作,后来也成为了核武器研究所理论部的副部主任,为原子弹的理论研究立下了汗马功劳。黄祖洽也是当时唯一一位同时参加原子弹和氢弹两方面工作的研究人员。

1945年8月13日,美国在日本广岛投下了第一颗原子弹,从此世界进入了原子时代。毛泽东当时对于核武器还没有足够的认识,他曾经在延

---

① 1958年改为第二机械工业部,简称"二机部"。

安的一次干部会议上说："原子弹能不能解决战争？不能！原子弹不能使日本投降，只有原子弹而没有人民的斗争，原子弹只是空的。"1946年8月6日，美国记者安娜·路易斯·斯特朗在延安枣园树下采访了毛泽东，毛泽东说出了流传于世的一句话："原子弹是美国反动派用来吓人的一只纸老虎，看样子可怕，实际上并不可怕。"新中国成立后，中国人民志愿军抗美援朝，志愿军在装备极端劣势的情况下，英勇无比，获得了节节胜利。美国的当权者为了挽回战局，多次企图对中国使用原子弹。1950年11月30日，《合众社》报道，杜鲁门总统说："他已考虑同朝鲜战场有联系的原子弹问题。"《美联社》也随即报道："杜鲁门总统正在积极考虑使用原子弹来对付中国共产党人，如果有必要这样做的话。"1953年初刚刚当选总统的艾森豪威尔下达命令，将携带核弹头的导弹秘密运到日本的冲绳岛，为向中国发射核导弹而做准备。甚至到1955年，人民解放军陆、海、空三军联合作战，解放一江山岛和大陈岛之时，美国国会正式通过授权，总统可以对中国使用核武器。根据这一授权，美国军方还研究制定了用原子弹攻击中国东南沿海地区的多种方案。面对美国当权者不断对中国进行的核威胁，毛泽东意识到：为什么美国当权者动辄就要向我国进行核威胁？为什么美国敢于这样做？就是因为我们中国没有原子弹、氢弹及其运载工具，中国没有核遏制力量，没有同样的打击报复手段，没有抗衡的力量。毛泽东面对国际形势变化的现实，随着时间的推移，从在战略上蔑视原子弹，逐步变为在战术上重视起来。1955年1月15日，毛泽东在中南海主持召开中共中央书记处扩大会议，听取李四光、刘杰、钱三强的汇报。毛泽东十分高兴地说："我们国家，现在已经知道有铀矿，进一步勘探一定会找出更多的铀矿来。新中国成立以来，我们也训练了一些人，科学研究也有了一定的基础，创造了一定的条件。过去几年其他事情很多，还来不及抓这件事，这件事总是要抓的，现在到时候了，该抓了。只要排上日程，认真抓下去，一定可以搞起来。"他还强调说："我们只要有人，又有资源，什么奇迹都可以创造出来。"1956年4月25日，毛泽东在中央政治局扩大会议上说："我们还要有原子弹。不但要有更多的飞机和大炮，而且还要有原子弹。在今天的世界上，我们要不受人家欺负，就不能没有这个东西。"1958年，毛泽东论断："原子弹就是这么大的东西，没有那个东西，人家说你不算数，那么好吧，搞一点原子弹、氢弹，我看有十年工夫完全可能。"毛主席对原子弹研制有一个批示："要大力协同做好这件工作。"

要想发展核武器，首先要向已有核武器的国家学习。1956年，国际形势发生了急剧性变化，先后发生了波兰的波兹南事件和匈牙利事件，这两个国家倒戈，不再听从赫鲁晓夫的指挥。此时，赫鲁晓夫迫切需要中国对他的支持，在其向中国援助尖端技术的问题上，改变了原来的态度，有了松动，出现转机。中苏两国经过多次谈判，于1957年10月，中国和苏联签订了国防新技术协定，此项协议主要内容是援助中国研制原子弹，其具体内容为：苏联同意援助中国研制原子弹，苏联向中国提供原子弹的教学模型和图纸技术资料；苏联同意向中国提供包括原子弹、导弹在内的部分尖端武器的制造技术；苏联派有关专家来华帮助开展研制工作。此后不久，苏联提出要在中国领土上建设用于军事的长波电台，并在中国领海和中方组建联合舰队。这些要求严重地侵犯了国家主权，中方提出严重抗议。在建设长波电台问题上，毛泽东认为这涉及主权问题，提出中方出一半资金，苏联出另一半资金和全部技术，但长波电台主权属于中国，被苏联拒绝；而组建联合舰队一事，毛泽东认为这是苏联企图军事控制中国。中国的海军当时十分薄弱，即使组建联合舰队也无能力共享苏联的海岸线。毛泽东后来在回忆这件事时说："事实上同苏联闹翻是1958年，他们在军事上控制中国，我们不干。"赫鲁晓夫则无法理解毛的激烈反应，他说"大西洋公约组织国家间在互相供应、合作上不存在任何困难，而我们竟连这么简单的一件事都不能取得一致意见。"[①] 1959年6月，苏联背信弃义地单方面撕毁协议，停止了对我国核武器研制的援助，并在1960年8月撤走了援助核工业的233名苏联专家，带走了重要的图纸资料。我国从此走上了完全依靠自己的力量发展核武器的道路。1959年下半年，在钱三强所长直接领导下，原子能研究所在

[①] 沈志华：《中苏关系史纲——1917-1991年中苏关系若干问题再探讨》。北京：社会科学文献出版社，2011年。

理论研究室（四室）成立了一个四人小组，由黄祖洽领导，探索原子弹的设计原理。这个组与核武器研究所理论研究室邓稼先等研究人员，平行开展工作，并不定期地进行成果交流。但按照当时的保密规定，原子能所的人不能到核武器所去，所以常常是在中关村找一个地方来交流工作。这样过了一段时间，大家感到工作的不方便，领导上也为了集中力量加快掌握原子弹技术，就在1960年7月将这四个人调到了核武器研究所。1960年年底，钱三强和彭桓武从苏联考察回来，开始组织氢弹预先研究。为了加速氢弹的研究，1960年12月，二机部刘杰部长和钱三强副部长做出决定，原子能所先行一步探索氢弹原理。在原子能所成立"中子物理领导小组"，由钱三强所长负责。在"中子物理领导小组"的领导下，在原子能所第四研究室成立了一个"轻核反应装置理论探索组"（简称"轻核理论组"，代号"乙项任务"），理论组由黄祖洽当组长，而实验组则是何泽慧当组长。当时正值三年困难时期，由于粮食和副食品以及生活必需品紧缺，实行定量供应，许多人吃不饱肚子，出现全身浮肿，形势相当严峻。每天做着最尖端研究的科技人员，在放下书本的时候，也同样为吃不饱饭的现实问题而犯愁。当时每天的饭菜只是一个窝窝头，再加一碗汤，汤里飘有一些菜叶子，就连菜也不是新鲜的菜叶子，而是厨房里冬存的白菜或者外面掉下来的那种枯叶子，把它们晾干，然后加一些酱油就做成了汤。在此严峻的经济困难时期，对是否继续研制原子弹，中央领导层出现了不同的意见，一种是继续研制下去；另一种是暂时下马，等经济好转以后再研制。中央领导对此进行了多次讨论，周恩来和陈毅、贺龙、聂荣臻、叶剑英等老帅，坚决主张继续，陈毅有一个代表性的说法：就是当了裤子也要把原子弹搞出来。林彪当时在召见研制核武器的科技人员谈话时，也有一句鼓励的话：就是用柴火烧，也要把原子弹烧响。主张下马的人也不少，持此种意见的人，主张先集中人力、财力把经济搞上去，再上马搞原子弹，更为稳妥和有效。好在毛泽东于1962年11月3日批示原子弹工作："要大力协同，做好这件工作。"毛泽东的这个批示成为动员全党、全军、全国人民，齐心协力，为实现爆炸第一颗原子弹而努力的动员令，发挥了巨大的威力。

在黄祖洽建立"轻核理论小组"之后不久，原先做 β 衰变理论研究的何祚庥从苏联杜布纳研究所回来，参加了这个小组。

何祚庥是黄祖洽在清华大学的校友，低黄祖洽两级，也是于1951年毕业于清华大学。在大学的时候，学生会组织周培源教授报告狭义相对论，黄祖洽和何祚庥就是在那时候相熟起来的，何祚庥当时刚刚进入清华大学，只学习了一点普通物理，相对论的理论和知识对于他有些深，加上周培源的演讲中有很多物理术语和英文名词，何祚庥感觉很吃力，而此时的黄祖洽则听得津津有味，不时地回答周培源提出的问题，还说："周老师今天的演讲好极了，极其精彩。"这就给何祚庥留下了很深的印象，开始暗暗佩服这位师兄。在清华大学的学长和学弟交流会上经常向黄祖洽请教。黄祖洽告诉他们要向大师学习，不仅仅要学习他们的学术和治学，还要学习他们的为人和品性。何祚庥还记得黄祖洽告诉他们，当时理论物理学的大师是索末菲，他是量子力学开创者的老师，如海森堡。他在德国写了五本关于理论物理的书，黄祖洽把这些书推荐给了何祚庥，说这五本书很好，应该去读，读了以后就能领会大师的水准。[①]这样一来，何祚庥对这位师兄更是肃然起敬了，自己听不懂的东西他能够欣赏、能够赞扬，去请教他也会热情给你解答。在清华大学的四年中。一直保持着良好的关系。

在"轻核理论小组"里，当时黄祖洽和何祚庥都还很年轻，双方互相学习，团结合作，又经常为了真理问题而争辩不休。但是这种仅限于学术和真理范畴的争吵，并没有影响到两个人的友谊。老一代的科学家们有着高尚的科学道德，他们所做的只是为了祖国的未来和希望，在做这些科研的时候首先考虑的不会是自己的利益，只要是国家需要的，就是自己需要做的，而黄祖洽和何祚庥就是这样的人。

除了何祚庥，由于氢弹预研工作的复杂性，黄祖洽仍觉得人手不够，觉得应该再把更多的人才调过来，于是再次招兵买马并要求于敏调到理论组来工作，经过钱三强及刘杰同意，调来了于敏。

---

① 何祚庥：与祖国"同呼吸、共命运"的理论物理学家——读《黄祖洽文集》.《物理》，2004年第9期。

于敏是北京大学物理系研究生毕业，于1951年进入近代物理研究所。1957年，以朝永振一朗（后获诺贝尔物理奖）为团长的日本原子核物理和场论方面的访华代表团来华访问，年轻的于敏参加了接待，其才华给对方留下了深刻印象，代表团回国后，发表文章称于敏为中国的"国产土专家一号"。[①] 同时，于敏原本带领着另一大组年轻人做核理论研究，在他转到轻核理论组担任副组长之后，把这些人也一并带来和黄祖洽一起工作。于是"轻核理论小组"注入了新的力量，实力越发强大，在黄祖洽的带领下，大家齐心合力地进行氢弹原理的探索。

　　那时理论组的很多人都没有成家，整天都在办公室，工具就是计算尺，还有就是手摇计算机，但是就算手摇计算机当时也只有一台，黄祖洽他们所有的工作人员不得不三班倒，大家轮流算，排队使用，有时候算盘也用上了，算起来还是经常出错。可见，当时的科研条件是很差的，但这种艰苦的条件并没有阻挡住黄祖洽探索的脚步。在研究核弹，特别是热核弹爆炸中所牵涉的物理过程时，黄祖洽考虑到所研究的对象是一个在极高温度下起核反应的，包含轻核、重核、电子、中子和光子等粒子的混合系统。不能沿用通常气体分子运动论中使用的波耳兹曼方程，而必须加以推广，使方程中能正确反映粒子间有可能起各种反应的事实。1961年，他在内部报告《关于起反应的粒子混合系统的运动论》中，写下了包含多体相互作用和反应的广义运动论方程组，并在这方程组的基础上导出了带中子的辐射流体力学方程和反应动力学方程组，后者成为核弹理论研究中经常用到的重要方程组之一。

　　在高温高压热核反应系统中，不管是从系统外射进来的中子，还是系统内部由于热核反应而产生的中子，它们的输运必然受到介质的流体运动和其中轻核的热运动的影响。1961年11月，在《关于高温高压热核反应系统中的中子输运方程》一文中，黄祖洽从上述广义运动论方程组出发，把带电粒子（轻核和电子）的运动和中子在系统中的输运有条件地分开来处理，在一级近似中把带电粒子看作随时都处在局

---

① 《科学家传记大辞典》编辑组：《中国现代科学家传记（第三集）》，北京：科学出版社，1992年。

图7-1　1993年，黄祖洽（左）和于敏（右）在原子能研究所

域热平衡的状态，再计算系统中介质的流体运动和轻核的热运动对中子输运方程中代表中子源、中子吸收和中子散射等各项所产生的影响。对于高速运动介质（例如，爆炸飞散中的星体或核装置）中的中子输运，介质的流体运动速率可以和慢中子在其中的运动速率相比。远大于核的热运动速率，这时流体力学运动对中子输运的影响必须加以考虑。在《高速运动介质中中子输运的新处理方法》一文中，黄祖洽提出了一种新的作法，即在随流体运动的坐标系中，中子就如同在一个等效力场的作用下输运一样，等效力场不仅包含普通力学中的"惯性力"项，而且还包含由于速度场的空间不均匀性而引起的一项，这个等效力场的作用是改变中子在运动中的速度分布，对这问题加以研究。结果表明，对于具速度场 $\bar{u}=\bar{u}(\bar{r}, t)$ 的流体，在随流体运动的坐标系（其中中子的运动速度为 V）中，中子就好像是在一等效力场（记住 m 是中子质量）作用下输运一样。

"半导体"

为了加强原子弹和氢弹预研工作的联系,从 1961 年年底起,黄祖洽被要求用一半时间在核武器研究所兼职,一方面参与设计原子弹研制所需的"状态方程",一方面仍继续参加氢弹预研。黄祖洽开始抽时间到核武器研究所兼职,他在核武器研究所任理论室副主任,1964 年 3 月起随着核武器研究所建制的改变,任理论部副主任(后理论部改为研究所的建制,改称副所长)。当时的核武器研究所在城内,而原子能所在房山,于是黄祖洽就只好在两边来回跑。这样的安排虽然加重了黄祖洽在体、脑力两方面的负担,但的确有利于核武器研制工作的加速进展,所以他精神上很愉快,总想多做一些工作。实际上,在我国战略核武器研制非常紧张的时期,黄祖洽还在中国科技大学近代物理系兼职,亲自指导学生做毕业论文,由于平时找不到时间为他们授课,就只好在星期天请学生们到他家里来讨论。当时黄祖洽的家和两个工作地点分三地,要花很多时间乘公共汽车来回奔跑。其实,在那段时间里,许多参加这项工作的同志都是这样废寝忘食地扑在工作上的。过度的疲劳最终影响到有些人的健康,而黄祖洽也在过度劳累和过度紧张的情况下,得了腰痛、胃溃疡和高血压等疾病[①]。

而工作任务的紧迫却不允许黄祖洽有片刻的懈怠。1962 年,钱三强告诉黄祖洽,需要他联系核武器研究所和原子能所两方面的工作,他必须把原子能所的工作提供给核武器研究所,进而来促进他们的工作;但是核武器研究所的工作,却绝不能对原子能所有丁点透露。于是大家开玩笑说,要黄祖洽作个"半导体"。既要从事原子弹的研究工作,同时又要从事氢弹的研究工作,两边跑来跑去,任务十分繁重,其劳累程度可想而知。当时在具体的工作人员中,黄祖洽是唯一一个同时参加氢弹和原子弹研究的

[①] 黄祖洽访谈,2013 年 3 月 17 日,北京。资料存于采集工程数据库。

弹思求火种　深情寄木铎　黄祖洽传

图7-2　1962年，黄祖洽一家（左起：黄萌、黄祖洽、黄葵、张蕴珍、黄硕）

科研人员。

黄祖洽到核武器理论研究所兼职后，成为了核武器物理研究设计的主要负责人之一。他与邓稼先、周光召等人，以及后来的于敏一起，各自分管一个方面的研究工作。他开创性地完成了带中子的辐射流体力学方程组的推导和确立，研究了核武器数值模拟计算中必不可少的材料的状态方程及中子多群参数，研究了原子弹中点火中子源的设计和中子产额的问题，探索研究了加强型原子弹，分工领导了含热核材料的加强型核弹的理论设计工作，并亲自到核武器研制基地，向核武器的生产、实验部门交付理论方案。这一试验装置在1966年5月9日进行了核试验并获得成功。在探索氢弹原理过程中他负责一条技术途径的试算工作，还参与了二机部一个三线核工厂临界安全规程的研究和制定。在氢弹原理突破后，黄祖洽参与领导了多种型号核试验装置（包括氢弹原理试验装置和第一颗空投氢弹核试验装置）和第一代核武器的理论研究设计工作，为加强我国的国防力量作出了贡献。此外，黄祖洽在热测试理论研究方面做了许多工作，为以后的核武器研究起了积极的作用。

在核武器研究所，当时在原子弹设计理论研究中，有许多重要的环节，其中之一，就是提供中子源的金属如何确定，这个问题难住了大家。苏联专家曾经提供过一个原子弹的教学模型，其中有些环节是略去不提的，例如这种中心中子点火器的外壳到底是什么金属？这在苏方的资料中都没有说明。几经讨论，都没有结果。黄祖洽就把问题装在脑子里，整天琢磨，最后还是一次偶然的机遇，让他找到了解决这个问题的方法：有一次坐公共汽车的时候，他脑海中灵光一闪，尝试着推导出一个条件，他断定这种中心中子点火器的金属外壳必定具有一种外面的能量能够最方便地穿透进去的性能，即这个金属应符合这个条件。而符合这个条件的金属，当然就是所需要的金属。这种逆向思维成功了，黄祖洽找出了中子源所需的金属。

在氢弹的预研工作中，黄祖洽充分发挥了他的数学才华，是他最先推导出氢弹理论的第一套总体方程的。热核武器是怎样把起反应的物质组合起来，使之达到高密度、高温度的？针对这个问题，黄祖洽做了认真的分析，他发现，其中最基本的反应组质是氘和氚。氘是分离出来的，而氚则是造出来的。要想制造氚，就只有用中子打击锂－6，一个中子打击一个锂－6可以出一个氚。从锂－6里产生氚来，再跟氘起热核反应又产生高能中子，这高能中子又使铀－238裂变放出几个中子，这几个中子又与锂－6反应产生氚，如此连环反应造出越来越多的氘和氚在高温中反应。然而炸弹爆炸所维持的时间是很短的。所以氢弹理论设计中的关键问题是炸弹在爆炸又未散开的那一瞬间使其自身的循环多进行几次，让氘和锂－6尽可能多地消耗掉，氘和氚起充分地反应，产生出更大的爆炸威力。要造成这一条件，一是要温度高，另一个则是需要高密度。黄祖洽在理论设计中始终提出高密度最关键、最重要，是绝对的条件。因为中子与锂－6起反应时，密度高了，中子就会在很短很短的时距间碰撞到锂－6，这样造氚的速度就大大提高了。[①] 黄祖洽强调高密度的意见，开始也有人表示了疑义，但在实验中大家逐步达成了统一的认识。

1962年，在《轻核反应装置中轻核的能谱和有关的问题》一文中，黄祖洽探讨了热核弹中轻核的能量分布（能谱），发现可以合理地定出一由高能能谱过渡到麦克斯韦分布的过渡能量 E_c，建立了决定高能区（$E>E_c$）中能谱的微分方程（能量输运方程的一种简化形式），得出了该方程的通解，并讨论了定态和指数上升单能源两个特例。结果表明：

（1）缝合能的引入在有兴趣的实际情况下是合理的。一般 Ec 为 10-20kT；

（2）热能的反应率（和平均寿命 θ 成反比）和温度关系很大，而高

[①] 郑绍唐：核弹功勋科学家—黄祖洽院士。《中国科学院院刊》，2005年第1期。

能区的平均反应时间 T 则几乎是一个和温度无关的常数；

（3）与 T 基本上是常数相应，氚核在慢化过程中引起反应的概率基本上和慢化时间 ε 成正比，它们又随着温度的升高而加大（比成正比稍微慢一些）；

（4）在定态情形下，氚核在慢化中引起反应的概率相对于热能区的反应概率来说不过百分之几；

（5）在指数上升源的非定态情形，慢化区中反应的相对重要性却大为增加；

（6）由于氚核的慢化时间 ε 约比高能区的平均反应时间 T 小两个数量级，因此平均在几十到上百个氚核的慢化过程中才有一个能引起反应。

在那段不平凡的岁月里，在那最紧张又最激动人心令人难忘的日子里，黄祖洽献出了自己的全部才智，也消耗了他旺盛的精力。他思考缜密以及专注的习惯，使其常常为某一难关绞尽脑汁、寝食不安。在某型号氢弹试验发射前，黄祖洽提出，理论论证上还不够牢靠，后来被实践验证的确需要再做一些理论方面的论证工作才可以进行试验，避免了重大事故的出现，这种在几个不寐之夜后思索出来的判断，是黄祖洽工作时的常态。

1958 年年初，第二机械工业部九局（后改称九院）局长李觉根据中、苏两国政府签订的《国防新技术协定》，为我国第一个核武器研制基地选择厂址，他带领苏联专家和勘察设计人员几乎跑遍大西北。经过再三选址，最后，选定了青海省海晏县的金银滩，这是一块四面环山、幅员约 1170 平方千米的平缓草原，平均海拔 3350 米。站在草原任何地方向远处望去都是连绵不断的山峦，它的北侧、东侧是绵延的达坂山，西、南面是日月山，再往西不远就是烟波浩渺的青海湖。据说，这一环境非常符合美国原子弹之父罗伯特·奥本海默制定的核武器研制基地要求，即外人难以进入，但内部必须自由，可以进行严密的控制以防泄密。

1959 年 5 月 31 日，中央批准了 221 厂选址报告。李觉率领大批科研人员、技术工人从北京、上海等地研究所、东北军工企业开进这块草原。

基地开始建设前，外迁了1700余户、近9000名牧民和25万头牲畜，只留下300多户经过政审的牧民掩护基地。居住在金银滩上的千余户藏、蒙等少数民族为核试验基地建设毅然卷起铺盖，拆下帐房，赶着牛羊，离别故土远迁他乡。这是为了民族利益，为了国家安全，舍小家保大家的民族牺牲精神、无私奉献精神，他们为祖国核工业同样作出了不可磨灭的伟大贡献。最初基地的禁区只有1000余平方千米，设8个哨所和若干哨点。后来，随着基地工作的展开，兰州部队高炮13师将警戒区扩大到周边2000平方千米。有人形容说："那是没有通行证，连鸟都飞不过去的地方"。①

基地大规模建设是在1959年苏联单方面撕毁帮助中国研制原子弹合同并撤走专家之后。至1963年，基地500多平方千米的核心区建成七个功能不同的分厂和总厂生活区，代号为221厂。李觉亲任221厂第一任厂长，他的三位副手是吴际霖、郭英会和朱光亚。221厂总面积570平方千米，一共21个厂区，4个生活区。这里是我国第一个核武器研制基地。在金银滩这片1170平方公里的茫茫草原上，国营221厂基地的建设者们在党的领导下，发扬独立自主、自力更生、自强不息、无私奉献的创业精神，头顶蓝天，脚踏草原，创建了中国第一个核武器研制基地。该核武器研究基地倾注了毛泽东、周恩来等老一辈无产阶级革命家和钱三强、王淦昌、彭恒武等新中国科学家的心血，凝聚了全国各族人民的大力协同、无私奉献；树立了不畏强权、艰苦奋斗、奋发图强、团结拼搏、保家卫国的爱国主义精神。221厂基地名为核武器研究设计院，对外称青海省机械厂筹备处、青海矿区等，掩护名称青海省第五建筑工程公司。基地分为甲乙两区，甲区在今天的西海镇，是基地政治、科研、生产、文化中心，乙区在海晏县城，主要是生活区。当时在诸多分厂中，七分厂所负责的是原子弹核物理研制和放射性化学试验，四分厂负责发电，二分厂负责火工和组装，与辐射打交道，每天都要穿一次性的防护服，六分厂则是一个爆轰试验场，直至1987年，这个靶场总共进行过数十次核试验，因而又被称之为靶场。

---

① "两弹"背后的无名英雄——记中国科学院院士、物理学家黄祖洽．《科学中国人》，2005年第5期。

当时，美、苏等国曾策划用卫星和间谍飞机到兰州一带侦察，更有国家扬言要摧毁我国的核设施。为预防不测，军委调来工程兵部队在基地内建造了多处地下掩体。例如一处地下指挥所深达 9.3 米，能承受 1000 磅炸弹直接袭击，并有载波电台与北京联系。这个中心是一个以通信支撑和保障为基础的地下掩体，用纯钢筋混凝土浇筑而成。在核武器研制期间，这个地下指挥中心承担着整个基地最重要的通信联络保障和指挥职能。进入基地只有两条路：公路必须从六号哨进入，铁路则须经过五号哨。当时从西宁到海晏后，需要换乘专门的火车或汽车，统一开到原子弹研发厂区，上车都需要看证件，一般人不许上。基地层层设卡，各厂有各厂的通行证，不同的车间有不同的证件，不同身份的人也有不同的证件，全通行证是红色，只有少数人有。工作证是咖啡色，家属证是绿色，普通出入证带点紫色的。

　　基地内车间、工号、实验室、哨所等区域的安全警戒、骑兵巡逻任务由青海独立师 6 团负责。所有厂、车间、产品、实验任务等一律使用代号。这里的分厂、车间、楼房，都有代号。在所有的代号中，叫得最响亮的就是"596"。1959 年 6 月，苏联致函中国政府，拒绝提供对核武器研制援助，而当时新中国的核武器事业刚刚起步。时任二机部部长的刘杰宣布：把原苏联毁约的时间作为我国第一颗原子弹的代号，激励研制人员造"争气弹"。在基地，没人提"原子弹"三个字。即使是时任中国人民解放军副总参谋长的张爱萍将军，和周总理通专线电话提到原子弹都用"瓜熟"来代替。除了极少数人，基地没人知道自己在搞原子弹。中国第一颗原子弹爆炸成功的消息传来，工人竟互相询问：这颗原子弹在哪儿生产的？

　　当时每个工号门口都有荷枪实弹的解放军站岗，如二分厂的 102 核材料车间，只有出示盖有"102"字样图章通行证的人才能进去；甚至个别工位旁都有解放军站岗。新人进厂第一天都会发给一本保密手册并接受保密纪律的谈话。哪些该说、该问，那些不该说、不该问，都有严格规定；即使在同一间办公室、同一车间工作的同事也不能过问对方的工作；技术人员下班时要把记录一天科研工作的笔记本等所有资料装在帆布包里，用线绳系好封上娃娃泥，盖上印章交到保密室保管，第二天上班时再取回；夫妻多年，在家的妻子不知道丈夫在哪儿上班、从事什么工作也并不奇怪，连双方来往的信件都要经北京检视一番后才能送到对方手里。在三年自然灾害时期，基地建设面临了巨大的困难，为了保证研制和试验计划按时完成，全国人民都纷纷伸出援助之手。仅仅在1960年，粮食部门从全国各地调拨基地数百万斤黄豆，青海省、海北州政府为基地调拨牛羊4万头，使基地建设度过了最困难的时期。

1963年，原子弹爆炸前，因为工作的需要，黄祖洽和他的同事们前往青海的核武器基地211厂交付武器设计理论方案，在严酷的环境条件下，继续为中国原子弹、氢弹的研制工作贡献力量。冬春季节里，金银滩风雪弥漫，气候寒冷。基地建设者们以三顶帐篷起家，建设地下窝棚，地下室宿舍，为了让基地建设者及黄祖洽这些两弹科研人员御寒，国家也仅仅配发防寒四大件：棉帽、棉大衣、"大头鞋"、床毡子。在基地里面，他们自己动手开荒种青稞、土豆，打猎捕鱼，饲养牛羊，补充生活物资供应不足。基地建设规模大，技术复杂，条件艰苦，建设者们战严寒、斗风沙、抢时间、争工期。到1964年，一个水电暖路齐备，集科研、生产、生活为一体的研制基地基本建成，为第一颗原子弹的研制提供了必要的基础条件。黄祖洽同邓稼先、郭永怀、于敏等一大批著名科学家及来自祖国各地的科学骨干，怀着"受命于危难之时"的责任感，隐姓埋名，夜以继日，废寝忘食，无私奉献，为我国核事业的发展做出了巨大的牺牲。①

两 弹 爆 炸

1964年10月16日北京时间下午2时59分40秒，新疆罗布泊，中国第一颗原子弹爆炸进行试验，点火10秒钟后，只见强光闪亮，天地轰鸣，

---

① 袁孝金、孔庆东、吕贤年：隐姓埋名的科学研究赤胆忠心的报国情怀——敬贺我国著名理论物理学家、核武器事业的开拓者黄祖洽院士85华诞.《物理教师》，2009年第12期。

图 7-3　1964 年 10 月 16 日，中国第一颗原子弹成功爆炸

巨大的蘑菇云翻滚而起，直上蓝天。我国成功地爆炸了第一颗原子弹。众人欢腾，举国欢庆，世界震惊，中国终于有了自己的原子弹，这对确立我国在国际上的大国地位有着非凡的意义，从根本上冲破了以美国为首的西方国家对中国实行的封锁制裁及核威慑。而试验爆炸的背后却有着许多不为人知的艰辛和担忧。起初，国家领导人并不是很确信这颗原子弹能否成功爆炸，10 月 15 日，也就是原子弹爆炸的前一天，周总理打电话给核武器研究所询问成功概率，理论部共同讨论如何向中央报告。核对数据看是否有误差，对这次爆炸非常关键。由于研制原子弹所做的各种数据计算，是黄祖洽亲自组织人进行推导的，他对于数据已经烂熟于心，仅仅用了一个多小时的时间就给出确认，此次原子弹爆炸的成功率为 99% 以上。于是黄祖洽与周光召、秦元勋等三位理论部副主任一同在确认书上签了字，并报呈给中央，之后才有中国第一颗原子弹的成功引爆。有些报道，常常只说周光召找了两个同事，最后的核对用了整整一天多的时间，才把这个数据确认无误，最后周光召签字报告中央。事实上是黄祖洽只用了很短的时间来确认数据，最后是三人一同在确认书上都签了字之后报告给中央的。

在第一颗原子弹试验成功后，周恩来立即指示二机部要加速研制氢弹。周恩来问时任二机部的部长刘杰："研制氢弹是怎样安排和考虑的？"刘杰回答："现在还有许多问题吃不透，大约需要三五年时间。"周恩来说："五年是不是太慢了。"此后，二机部经过反复论证，向中央专委报送了

《关于加速发展核武器问题的报告》。1965年2月3日和4日，周恩来主持第10次中央专委会，审议并批准了二机部的报告，决定"力争1968年进行氢弹装置爆炸试验"。当时，法国对氢弹已经研制了4年多，但还没有搞成功，广大科技人员下决心抢在法国的前头实现氢弹爆炸试验。原子弹的理论设计是整个原子弹试验系统工程的"龙头"。同样，更为艰难的氢弹的理论设计是更为复杂的整个氢弹试验系统工程的"龙头"。周恩来清楚由原子弹到氢弹的飞跃，关键是理论上的突破。他指示二机部要把氢弹的理论研究放在首要位置上，并注意处理好理论和技术、研制和实验的关系。氢弹的研制，在理论和制造技术上比原子弹更为复杂。在当时的国际环境下，各国对氢弹的技术严加保密。美国曾有一个记者在一个科普杂志上发表了一篇文章，讲到了氢弹的问题，结果那个记者受到美国当局的审查，认为他泄露了氢弹的秘密。实际上文章引用的资料全部来自公开出版物。一位专家曾说，不能否认我国第一颗原子弹的研制曾借鉴了苏联的一些东西，但是氢弹的研制则完全是依靠自力更生，从头摸索。自成功爆炸我国第一颗原子弹后，科学技术人员激发出向研制氢弹奋斗的极大热情，但当时也只知道氢弹的一般原理，即用原子弹当扳机，先将原子弹起爆，爆炸产生的百万度以上的高温，将使氢弹的热核材料产生剧烈聚变，释放出更大的原子能，使温度和压力极度升高，因而产生更大当量的爆炸。但更深层次的原理和方案当时还不知道。科学家们在讨论中认为，美国人自1952年10月31日爆炸了第一颗湿式氢弹装置；苏联人自1953年8月21日爆炸了第一颗干式氢弹装置；英国人自1957年5月15日爆炸了第一颗实验氢弹原型，距当时已有10年左右，在当时的资本主义社会的学术技术报道中，总会出现某些讨论和炫耀的文章。哪怕是从侧面的点点滴滴的报道，对我们都会有所启发。于是科技人员对国际上有关的论文、杂志、学术报道等刊物进行全面搜索。功夫不负有心人，线索终于在一篇有关氢弹的科学技术报道中出现了只言片语。字是不多，但启发价值很大。专家们在此启发下，进行大量的理论研究和无数的计算，终于将氢弹原理方案的奥秘揭示出来。当然，只言片语的启迪，不能作为成功的主要方面。最主要的是，当时我们的研究队伍称得上是人才济济，大家为此付出的艰辛是后人难以想象的。

  1965年1月,上级领导将原子能所"轻核理论组"的30多个人调到核武器研究所,两股力量拧成了一股绳。黄祖洽的组织关系也在这年5月转到了核武器研究院。[①] 在1960年底至1965年1月的四年多时间里,原子能所的"轻核理论组",在黄祖洽和于敏的领导下,共同协作,发挥各自的长处,在原有对原子弹研制和氢弹预研认识的基础上,共同探索实现氢弹的途径,解决了一系列有关热核材料燃烧的应用基础问题,也对氢弹的设计原理作了一些初步探索,提出了几种设计思想。这些工作为我国氢弹的快速突破起了重要的作用。黄祖洽在这一时期完成的工作,一部分以"中华人民共和国科学技术委员会原子能科学技术文献"的形式内部出版。重要的有:"ALU系统中中子的增殖、慢化、扩散和有关的问题""关于起反应的粒子混合系统的运动论""关于轻核反应装置中通过高能中子作媒介的链式反应机构""关于轻核反应装置中轻核的能谱和有关的问题""关于高温高压热核反应系统中的中子输运方程"等。氢弹的设计原理,各有核国家都把它列为最高机密,不可能在文献资料中找到。因此这些工作都是开拓性的,从无到有完全靠自己一点点摸索。

  1967年6月17日,在只经过一次含有热核材料的加强型弹核爆的试验后,中国首次全当量氢弹空爆试验取得圆满成功,这是中国核武器发展的又一个飞跃,创造了世界上从原子弹试验成功到氢弹试验成功最快的纪录。值得一提的是,这一成就是在史无前例的"文化大革命"中取得的。黄祖洽这些科学家是在遭受大字报围攻和群众组织批判的同时去做的研究。黄祖洽在这期间,参加了加强型弹的设计和将设计方案提交生产部门的工作,以及进一步突破氢弹的理论研究工作。那个时候在研究所的外边就一直有所谓"革命群众"在用大字报等方式来批判科学家,甚至在中南海周恩来宴请科学家的时候,也有部分"造反派"在外面抗议。好在国家保证了这群科学的骨干力量不受斗争,也保证了我国的两弹能够保质保时的完成。与许多人一样,黄祖洽在那个极度困难的年代里废寝忘食,一心

---

  ① "两弹"背后的无名英雄——记中国科学院院士、物理学家黄祖洽.《科学中国人》,2005年第5期.

一意扑在工作上。两弹研制，成为中国科技史上的奇迹。时隔两年零八个月，我国第一颗原子弹和氢弹相继爆炸成功，全世界为之震惊，中国人创造了世界上从原子弹试验成功到氢弹试验成功的最快纪录。这一辉煌成就，无疑凝结着黄祖洽和他的同事们日夜为之奋斗的血汗。后来，每当

图7-4　1967年6月17日，中国第一颗氢弹成功爆炸

有人称黄祖洽是两弹功臣，他就淡淡回应道："搞原子能、搞核武器都跟机遇有关，那是时代的需要，国家的需要。作为学理论物理的人，理所当然要参与进去。"

临界安全规程

为适应对临界安全性能作出快速估计的需要，1965年他写出了《铀水系统安全质量的简易估算法》一文，其中介绍了一种估算铀水系统（或铀与其他含氢介质的均匀混合系统）的"安全质量"，即不会产生临界安全事故的铀-235质量的简易方法。这一年，黄祖洽还在一次核物理学界的会议上第一次提出，要加强对在反应堆和核武器研究抽中有重大作用的核数据的实验测量和理论计算工作，他提出核数据在反应堆和核武器研制中有重要作用，需要加强此方面的实验测量和理论计算。这个提议在当时引起了一些科学家的重视，但很快因为"文化大革命"的浪潮而被搁置了，直至1972年才被黄祖洽再次提出。

1966年4月，黄祖洽带领临界安全小组的一批年轻人为处理临界安全问题进驻四川峨眉山报国寺，研究一个原来由苏联援建的工厂建设中遇到的临界安全问题。该厂是一个新的核燃料工厂。当时黄祖洽每天都需要从

第七章　原子弹氢弹研究　　99

山下的报国寺走到山上的伏虎寺,只走路就需要花费半个小时,更别提是陡峭的山路了。当时,厂里的工程师们每天给黄祖洽他们介绍工厂原有设计的情况,这就花了半个月的时间。黄祖洽等人听得格外专注,遇到有疑点的地方便提笔记录,听完后又花了半个月进行研究计算,得出了为防止可能出现临界安全事故应当注意的一些环节和处理办法。整整一个月,黄祖洽和同事们早晨上山工作,晚上下山休息,对设计的每一个工艺单元、每一个设备都认真细致地进行临界安全检查。黄祖洽提出了保证临界安全的一系列措施,并制定了操作规程,他把这些成果整理为"临界安全规程",这个规程已由二机部正式形成文件,付诸实施。这在黄祖洽的论文《铀水系统安全质量的简易估算法》中有着较集中的体现,黄祖洽运用了一种估算抽水系统(或铀与其他含氢介质的均匀混合系统)的"安全质量",即不会产生临界安全事故的铀-235质量的简易方法,利用了带全水反射层的球形抽水系统的最小临界质量的实验数据和最佳的 $\frac{N_H}{N_S}$ 比值,在估算中采用了反应堆理论的单群模型,利用带全水反射层的球形铀水系统的最小临界质量和 $\frac{N_H}{N_S}$ 的已知数据来消去单群理论中临界条件的误差。此"规程"修补了苏联专家的设计,后按修补后的设计,重新建厂。

图 7-5 1966年,黄祖洽在四川报国寺

第八章
从"五七"干校到核数据中心

被干扰的工作与生活

1966年开始的"文化大革命"大大冲击了人们的正常工作和生活,研究所一开始还处在严密保护之内,保证了我国氢弹的成功研制。但是,1966年8月八届十一中全会之后,红卫兵运动迅猛发展。红卫兵运动由最初的破除"四旧"(即所谓旧思想、旧文化、旧风俗、旧习惯),发展为抄家、打人、砸物。无数优秀的文化典籍被付之一炬,大量国家文物遭受洗劫,许多知识分子、民主人士和干部遭到批斗。红卫兵运动对社会秩序和民主法制的破坏,引起各地党组织和许多干部群众的不满和抵制。但是,这种不满和抵制当时却被认为是执行了"资产阶级反动路线"。1966年夏天,黄祖洽的家被红卫兵抄了,结果证明只是个误会。当时黄祖洽的家住在塔6号楼,对门住着一个地主成分的人,周围邻居都叫她"地主婆"。有一天红卫兵因为她的地主成分便要抄她家,当天就来敲门,结果"地主婆"并没有开门,或者压根就不在家。红卫兵们一看不开门,也不分青红皂白，直接敲对面的黄祖洽家。黄祖洽当天不在家，只有黄萌和黄硕还有一个保姆在家，当时的黄硕还小，根本不知道不要给陌生人开门。红卫兵进来后不管三七二十一，直接把黄祖洽家翻了个底朝天，还拿走了两箱东西，把扑克牌都拿走了。当时孩子都吓傻了，后来这事情还是张蕴珍托人告诉的黄祖洽，黄祖洽就赶紧从工作的地方回来看，可是也没有办法，抄了就是抄了，东西都被人拿走了。虽然过了几个月东西给退回来了，但是其中还是少了很多东西。①

"文化大革命"造成的混乱越来越严重，1969年，核武器研究所也进驻了工宣队、军宣队，知识分子的日子越来越不好过，而黄祖洽和他的同事们也深受冲击。当时的黄祖洽是研究所副所长，在"文化大革命"如火如荼之际，组织上找黄祖洽谈话问他去不去"五七"干校。"五七"干校是"文化大革命"期间，为了贯彻毛泽东《五七指示》和让干部接受贫下中农再教育，将党政机关干部、科技人员和大专院校教师等下放到农村，进行劳动的场所。这类干校一般选址在偏远、贫穷的农村，去干校的人被称为"学员"。无论资历深浅、级别高低，所有人都叫"五七"战士。他们中间有机关干部、大大小小的"走资派"、科技人员、大专院校教师、"反动学术权威"，有的还拖家带口，有的把未成年的小孩被托给城里或家乡的亲友代管。在"知识分子成堆"的地方，如中国作协、中国科学院哲学社会科学学部等单位，连老弱病残除外的政策也被置于不顾，统统撵进干校；年纪最长的有六七十岁以上的人，丧失劳动力的、体弱的、深度近视的人就更多了。他们被不分年龄、性别，统统按照军队编制，编到划定的连、排、班去，由军宣队或工宣队管理。他们被规定过军事化的生活，出工、收工，必须整队呼口号，唱语录歌；要"早请示、晚汇报"，一日数次集体齐声"敬祝毛主席万寿无疆"；甚至参加野营拉练。他们的学习内容是体力劳动：种田、挑粪、养猪、做饭、挑水、打井、盖房等，要求自食其力。有很多人因不堪重负，被劳累折磨诱发的疾病致死。本来黄祖洽还有其他氢弹型号的研制工作，完全可以借口不去。但是黄祖洽为人谦

---

① 师承关系专访——黄硕访谈，2013年7月12日，北京。资料存于采集工程数据库。

逊朴实，他没有多想就服从了组织的安排，组织上随后便把他送往河南去"学习"。

在干校劳动

1969年，在完成了某种型号氢弹的设计之后，黄祖洽被送到河南上蔡县的"五七"干校去"学习"，实际上是去劳动改造。此时已经45岁的黄祖洽携家带口坐火车前往河南上蔡县。他们乘坐的火车窗户很高的闷罐车，虽然有窗户，但是很小，空气流通不好，让

图8-1 1969年，初冬去"五七"干校前黄祖洽与儿子黄硕

人感觉十分压抑，只有偶尔踮起脚尖才能看看外边的景色，呼吸一下新鲜空气。火车开动时，妻子张蕴珍说："我们这一走就不知道何时能回北京，或许今后回不来了。"而大女儿黄萌十分兴奋，对于一个小女孩来说，很多同学随家去了五七干校，出远门是个值得高兴的事情。而黄祖洽知道自己来此"学习"，事实上是再次远离了科研，不知道何年何月才能回到研究所。此外，自己被迫下乡劳动，还使得自己的妻子、儿女来陪自己受罪，想到这里，黄祖洽十分不甘。妻子张蕴珍是个很乐观的女性，"文化大革命"中，她因为担任支部书记，也遭受过批判，但从未有过抱怨，也未向家里人提起过，到河南以后，也是积极地生活，尽量想办法让黄祖洽和孩子们吃得好些。事实上，张蕴珍所在的化学所并未打算让她下乡劳动，只是身为妻子，她主动要求单位放她下乡去陪丈夫和儿女。

开往河南的这列闷罐车走得极慢，基本上见站就停，还要给快车让道，在一些站上又拉上前往各地去"学习"劳动的人们。起初黄祖洽还乐

于在各个站台上走动走动,活动活动筋骨。随着旅程的无聊与乏味,便也不愿意再出来了。经过一天一夜的漫长车程,终于到了目的地——河南上蔡。上蔡是蔡氏祖地,河南省十大古城,也是秦朝著名丞相李斯的故乡,隶属于河南驻马店地区,人口不是很多,但是有很多全国各地来此劳动的人。当时,黄祖洽一家被安排在下地韩村的一家农户中,条件很艰苦,那户农家是个四合院,黄祖洽一家就住他们家的厨房里。那户人家住了两间屋子,他们住的厨房边上就是猪圈。房子是土坯房,房顶上只是铺了一层茅草,下雨的时候还需要拿盆子去接水,睡觉的时候会有老鼠在身边爬来爬去,时不时会吓醒孩子们。院子里还有猪在肆无忌惮地散步,黄萌吓得都不敢去上厕所。年少不懂事的黄萌曾经质问过父亲,为何要掌握那么多的知识。在当时的社会背景下,知识分子的境遇甚至比不上最普通的劳动人民。黄祖洽告诉她,"早晚,对的就是对的,历史会证明谁对谁错",历史确实证实了黄祖洽的说法。打倒"四人帮"结束了"文化大革命"之后,大多数受迫害的知识分子最终得到了平反,国家恢复了对他们的尊重和礼遇。[①]

在河南上蔡,白天的时候黄祖洽和妻子去劳动,孩子们去农村里的学校上学。黄祖洽干的都是农活、体力活;妻子张蕴珍的劳动稍微轻松一些,只是负责为村子敲钟。在那里,黄祖洽每天都和农民兄弟一起劳动,从事过播种和收割高粱、收割麦子、种菜、养猪及当建筑小工等工作,样样活都干。好在他年轻时也在农村劳动过,并不以劳动为苦。相反,黄祖洽感到体力劳动对健康很有益处。每天在田野中劳动,出几身透汗,到了晚上洗个澡,然后上床睡觉。虽然这让黄祖洽感觉身体上非常累,但精神上却得到了

图 8-2 黄祖洽与三个孩子

---

① 师承关系专访——黄萌访谈,2013 年 7 月 12 日,北京。资料存于采集工程数据库。

难得的放松。他不仅学习了干农活技能，而且也了解到农民的朴素感情和心底的渴望。他原来有高血压病，到 1972 年年初离开干校的时候，血压已经恢复正常。这也许是那些想以劳动来"惩罚"知识分子的人始料不及的吧。大人劳动，孩子们就很轻松了。去干校对于孩子们也有一个意想不到的好处。那时

图 8-3　20 世纪 70 年代黄祖洽的工作笔记

候，北京的学校根本不会教什么真正的课，整天就是写毛主席语录，然后不是学工学农就是学口号，整天闹革命。但是在河南上蔡，由于远离政治中心，农村学校受到"文化大革命"的影响就稍微少些。乡下不管当时的政治形势，只是认为学校就得学知识，在那里大女儿黄萌、儿子黄硕和农村的孩子，一起学了英语和数学。他们刚上学时恰好在教英语 26 个字母，教书人也是从城里发配到上蔡劳动的，本身的教学能力不差，而教平面几何的老师又很会教学生学习一些好的习惯，让孩子们很是受益。由于这些环境和老师的因素，在河南学习的孩子们并不会因为跟随父母背井离乡而落下学业，反而把那些基础的东西学得比较扎实。后来他们返回城市，发现城里教的代数几何，都是他们当初在河南学过的，成绩一下变得比其他学生好了。在干校里，黄祖洽从事过各种劳动。乡下农民过年时每家都要杀一只猪，而后炸油条，将炸好的油条从地上一直堆到房顶那么高，还做些小饼干、小点心，要做能够吃一个月的烧饼等面食之类。春节要持续一个月，大家伙儿不用干活。

但从各地去"五七"干校的人却不能这样清闲地过年，黄祖洽每天都需要干农活儿，妻子张蕴珍天天在食堂做饭，还要向食堂的人讨教做饭的办法。黄祖洽虽然身体疲惫，却也豁达乐观，他借助这难得的放松思维的机会，从新的角度对中国核武器研究工作进行了反思。黄祖洽坚信困难的生活以及恶劣环境不会把他和家人打垮，他经常教导孩子们要有乐观和永不放弃的精神，希望一家人都在这种环境下有所发现、有所收获，能发掘

第八章　从"五七"干校到核数据中心　*105*

到在北京无法获取的精神力量。

心怀乐观的黄祖洽治好了他的高血压,而孩子们也享受了北京所没有的教育条件。然而简单清苦的田间生活很快就被子女们的教育和就业问题所困扰。大女儿黄萌也快15岁了,在上蔡已读到初中三年级,面临着毕业和工作分配问题。小姑娘开始犯了愁,眼看着以前的同班同学都在北京分配了工作,自己还在河南,而户籍在北京又无法在河南地区安排到工作。黄萌经常和那些一起游荡在河南的北京小伙伴们讨论未来,大家都觉得长期等在河南前途无望,想着如何一起提前回北京接受工作分配。于是,在黄祖洽认可的情况下,黄萌与另外两个女孩,收拾着准备离开河南,三个十几岁的小女孩就这样坐上了提前回北京的火车。

然而,回到北京的黄萌并不能直接回家住,家里的房子早已被其他单位的人员占住。当时北京政治气氛还很紧张,四处乱糟糟一片,以前九院的工作人员连同家属都去了所谓的"三线"四川,很多从"五七"干校回来的人也去了那里。单位被挪用了,家里的房子也被别人占住了,黄萌一时间居无定所,不知所措,最后想办法与两位同学暂住在了邻居家。好在中学已经复课,班级经过重新整合之后继续开课,黄萌和两个伙伴重新回到中学课堂。

黄祖洽是一位不愿意"走后门儿"的父亲,坚信一个人想要有所成就,还得依靠自己。女儿黄萌眼看着又有很多同学在父母的帮助下轻松地找到了工作,很是羡慕,再想想还在"五七"干校里尚未回京的父母,心里有说不出的滋味。黄萌想着自己户口是北京的,在河南没有工作,就只能种地;想着不能做农民,得回京参加工作,又因为"出身"不好,学校总不分配,能分配的都是那些家庭出身好的,比如当兵的、来自工厂的;同届的同学陆陆续续都有了工作,就剩下她一个还没有工作,越想越苦闷难过。

难过之余,黄萌也只能走一步看一步。恰逢一个远房表姐夫来北京,正好是负责招兵工作的。黄萌随即去找表姐夫,表明她想当兵解决工作问题。但此次不招女兵,表姐夫托人将黄萌介绍到飞机场去当工人,至此才算找到了落脚点。黄萌工作的地方虽然离家远,但好歹解决了工作,心里蛮高兴的。机场还给职工们分配了集体宿舍，女儿开心地给黄祖洽夫妇写了信报喜。听到大女儿自己找到工作的消息，黄祖洽觉得作为一个15岁的孩子来说，真是一个莫大的进步，也是他一贯秉持"独立自主"的家教原则的结果，黄祖洽很支持黄萌的工作。

第二年，儿子黄硕也回到了北京，同样面临着工作分配的问题，这回是赶上空军部队在招兵，那时半导体仪器、飞机维修等方面急需有技术的人员，黄硕天生聪颖，有过一些基础知识的接触，招兵的负责人也看出黄硕是有一些基础知识和技能的，想直接招其入伍。然而在进行黄硕的政治审查时，九院管行政的军代表表达了对父亲黄祖洽的不满，多是些"反动学术权威"、家里有海外关系之类的不利情况，黄硕应征入伍的事因此被搁置。之后，黄硕只能听从学校的安排，被分配到工厂去做搬运工，每天扛东西，做一些苦力活。

一家人都在艰苦地劳动，但在工作之余，孩子们与黄祖洽一样，并没有放弃学习，他们自学物理、化学，有条件时，还自己动手做一些无线电之类的科学实验，黄萌还自学了电工学。孩子们当了几年工人，动手能力增强，体格也得到锻炼，直到迎来恢复高考制度政策，他们又重新参加高考进入大学。

核数据中心

在干校劳动之余，黄祖洽常对过去的工作进行反思，觉得虽然尽力完成了应当完成的任务，但在培养年轻人方面却做得不够。1972年回研究所后，他更是感觉到"文化大革命"造成"人才断层"问题的严重。"干校"劳动也促使他思考，启发了他另一方面的志向。他真切地认识到"文化大革命"已经耽搁了中国的很多人才，将会造成"人才断层"的现象，这将严重影响祖国未来的建设大局，这一思索又使他精神有了阵痛。他反省得越多，越发感到自己有更重要的工作要做，有一种难以推却的使命感。这种使命感使他想做培养人的工作，致力于硕士生和博士生的培养，希望培养出超过自己的一批人才。

黄祖洽为两弹事业奋斗的实践，使他深深体会到核数据编纂与科研的重要性。早在20世纪60年代黄先生就在一次核物理学术会议上呼吁：加强对在核反应堆和核武器研制中有重大意义的核数据的实验测量和理论计算工作。

1972年初，黄祖洽劳动结束回到北京，在二机部九院九所任副所长，他正式向第二机械工业部呈送报告，促成中国核数据中心的建立，黄祖洽就任该中心的顾问。核数据工作的起步阶段，基础薄弱，困难很大。好比是开荒，从开头的艰苦创业时期，到发展的每一重要环节，黄祖洽都为它倾注了心血。1978年他在庐山举行的第三届全国核物理大会上做了《核三体问题研究进展》的评述性报告，当时正值"文化大革命"结束不久，无论是大学的老师，还是研究所的研究人员，都渴望寻找研究课题来做，他的报告引发了高等院校和研究所的许多学者对核少体问题的关注，黄祖洽自己也着手深入于这方面的研究。随后又发表了《少体问题和相变》一文，从统计力学出发讨论了相变现象及其中所涉及的少体问题。以氢分子为例，具体讨论了氢物质存在的各种相（仲氢、正氢、固态氢的 fcc 与 Pa3 结构以及金属氢）对氢分子间相互作用的依赖关系。在黄祖洽的倡导、支持下，从20世纪70年代末到80年代，核数据中心每两年召开一次会议，

图 8-4 1986 年 12 月，核数据委员会成立大会（前排左四为黄祖洽）

这对活跃学术思想、交流成果起到非常积极的作用，此后有不少学者在核少体理论方面做出了很好的工作。

为了适应我国原子能事业发展对核数据的需要，根据国内相关用户的要求，第二机械工业部组建了"第二机械工业部核数据中心"。由它在国内开展核数据评价核建库，并组织协调全国有关大学和研究院所组成的核数据协作网工作。中国核数据中心下设4个组：核数据评价组、核理论组、群常数制作和基准检验组（简称宏观组）、核数据库组。核数据评价组主要从事实验核数据的编撰和核数据评价工作。核理论组主要从事核数据计算有关的核反应理论研究和在上述理论工作基础上研制相关核反应理论程序。宏观组主要工作是将评价核数据库处理成群常数和对评价核数据库进行宏观基准检验。1984年中国加入国际原子能机构，同年国家科委、外交部和核工业部共同会签决定，核数据中心以"中国核数据中心"的名义对外进行交流和合作，执行国家核数据中心的职能。

80年代初，核数据中心的编辑部想策划出版一本反映各协作单位在第一期核数据理论方面的研究成果的文集。关于此文集的名字在编辑部里引起了很多的争议。有的名字太空泛，名不符实；有的又过于狭义，不能涵盖各方面研究成果的内容。征求了许多意见，也没能得到大家满意的名字。后来征求黄祖洽的意见，他在了解了文集内容后建议用《核反应理论方法及其应用文集》，这一名字提出后，大家都认为再贴切不过。1981年《核反应理论方法及其应用文集》在原子能出版社出版，至今仍是核数据理论工作者的一本重要参考书。

这一时期，黄祖洽还发表了《中子弹是怎么一回事？》，他在文中首先认为美军部署中子弹是假缓和，真备战，是一种企图全球争霸的表现。但是中子弹并不是什么"神秘武器"，"它不过是一种经过特殊设计，减弱了它爆炸时的冲击波和热辐射的破坏作用，加强了有高度贯穿能力的中子辐射的杀伤作用的核弹"，中子弹有时又被称为"强辐射武器"。

黄祖洽从核弹的基本物理过程讲起：

> 一般核武器的破坏作用是由于大量核能在极短时间释放出来引

起的。不同核弹爆炸时放出的能量，相当于从千吨级到千万吨级TNT炸药爆炸时释放的能量。释放核能的基本物理过程，对于原子弹来说，是中子在（达到了超临界状态的）可裂变物质（如铀-235、钚-239等）中所引起的快速裂变链式反应；而对于氢弹来说，则是氘、氚等热核材料在原子爆炸所提供的高温作用下，以极快速率进行的聚变反应（也叫热核反应）。不管是核裂变反应还是核聚变反应，由裂变和（或）聚变反应产生的中子，一部分将泄漏出来，其余则将被弹体中的各种原子核所俘获。被可裂变核吸收的中子可以释放出更多中子，同时也释放出 γ 射线。而在非裂变反应中被俘获的中子却只引起 γ 射线的辐射。所有产生的各种 γ 射线，和中子一样，除在弹体中被吸收的以外，一部分将漏失出来。这些在核弹爆炸过程中漏出弹体的中子和 γ 射线通常被称作核爆炸中的"早期核辐射"。

早期核辐射中，中子和 γ 射线的相对比例，随核弹的类型而有所不同。裂变能中约有85%转化为爆轰冲击波和热辐射的形式，大约5%构成了在爆炸时放出而在爆炸后不到一分钟就发射到杀伤距离的早期核辐射，最后10%左右则以剩余核辐射形式，出现在爆炸烟云和沉降物中。对于一般氢弹来说，由于总能量中大约只有一半是由裂变产生的，所以剩余核辐射的能量约占总释放能量的5%。早期核辐射具有很强的穿透力和对人体的杀伤作用。而中子弹并不仅仅是一种附带的早期核辐射，要想进一步减小爆轰冲击波和热辐射的能量份额，增加中子辐射的破坏范围，可以采取下列几种措施：尽量增加弹中热核反应放能的比重，使能通过较小能量的释放产生较多的中子；使高能中子不在弹体中被吸收或大幅度减速，所带能量就会继续保持为中子的动能而不转化为热能；使得热核反应中产生的高能中子通过某些反应转化为更多的能量较低的中子而不释放或只释放很少热能；通过适当的结构设计，减小力学能与热能形式爆炸能的释放而不减少中子辐射。经过论证，黄祖洽告知"中子弹只是一种经过特殊设计，减弱了它的爆炸力（估计应减到千吨以下）特别是更多地减弱了它以爆轰冲击波和热辐射形式表现出来的破坏作用，而相对突出了

图 8-5　黄祖洽与核数据中心同仁参观白洋淀（前排左六为黄祖洽）

或加强了它所放出的中子辐射的核弹。估计中子弹中，热核反应的成分应当远超过裂变反应的成分。这样，它所产生的剩余核辐射应当远小于 5%"。最后，黄祖洽指出中子弹的作用是有限度的，也是可以防御的，并且绝不是像国外所宣称的是一种"干净"的武器，中子弹会使土壤中的各种元素，特别是钠和锰因俘获中子而感生放射性。另外，空气中的氮也会因俘获中子，通过反应而产生放射性的碳 -14，土壤中的感生放射性可能在空中爆炸后、最初沉降尚未发生之前就在地面出现了，虽然这种感生放射性的衰减比沉降要快得多，但也使爆炸后某段时间要进入感生区的人员有遭受辐射的危险。①

---

① 黄祖洽：中子弹是怎么一回事?《物理》，1977 年第 5 期。

第九章
北师大低能核物理研究所

转身执教

　　1978年12月，中国共产党召开了十一届三中全会，重新确立了马克思主义实事求是的思想路线，抛弃了以"阶级斗争为纲"这个不适用于当下社会主义社会的口号，决定把全党工作的重点转移到社会主义现代化建设上来，批评了"两个凡是"的方针，高度评价了关于真理标准问题的讨论。会议明确指出党在新时期的历史任务是把中国建设成为社会主义现代化强国，十一届三中全会揭开了社会主义改革开放的序幕，中国人民从此进入了改革开放和社会主义现代化建设的新时期。以十一届三中全会为标志，端正了党的指导思想，重新确立了马克思主义的思想路线、政治路线和组织路线，并以此为起点，坚定地依靠广大干部和群众的集体智慧，从各个方面深入总结了历史经验，通过拨乱反正和全面改革，勇敢地走自己的路，在探索建设中国特色社会主义道路的实践中开创了党的事业新局面。

　　也正是这个时期，由于"文化大革命"的冲击而中断了十年的中国高考制度也得以恢复，中国由此重新迎来了尊重知识、尊重人才的春天。1977年5月24日，第三次复出的邓小平发表《尊重知识，尊重人才》的讲话，他强调："我们要实现现代化，关键是科学技术要能上去。发展科学技术，不抓教育不行。靠空讲不能实现现代化，必须有知识，有人才。没有知识，没有人才，怎么上得去？"① 在会上，邓小平一直在强调人才的重要性，并指出知识才是未来的关键，告诫全党全国应当尊重知识，尊重人才。1977年8月4日，中央召开了一次普通的科学和教育工作座谈会，与会的教授包括吴文俊、邹承鲁、王大珩、周培源、苏步青等名师，还有时任教育部部长的刘西尧。与会者开始并不知道邓小平要来参会，后来，他们发现邓小平几乎每场必到，基本上都是坐在那里认真地听大家的发言，很少插话。会议开始时，大家发言都很谨慎，但谈了两天后，很快就变成对"推荐制"的批判。当时很多教授提出在当年就恢复高考，这个建议立刻得到与会科学家的一致赞同。

图9-1　1976年10月，母亲张孝恂

1977年8月13日开始，教育部根据邓小平的指示，召开了第二次全国高等学校招生工作会议，由于各方意见不统一，头绪太多，会议创造了一项开会时间的纪录——历时44天。会议的主要争论点，还是如何突破"两个凡是"。对此，焦急不已的邓小平在9月提出了他的招生标准："招生主要抓两条：第一是本人表现好，第二是择优录取。"最后，马拉松会议终于在10月初得出一个可行性方案，这就

图9-2　1977年3月黄祖洽在哈尔滨

---

① 邓小平：尊重知识，尊重人才。《人民日报》，1977年5月24日。

是《关于1977年高等学校招生工作的意见》。按照这个《意见》，决定恢复已经停止了10年的全国高等院校招生考试，该《意见》决定凡是工人、农民、上山下乡和回乡知识青年、复员军人、干部和应届高中毕业生，年龄20岁左右，不超过25周岁的未婚者，都可以报考。对实践经验比较丰富，并钻研出成绩或确有专长的，报考年龄可放宽到30周岁，婚否不限。高考制度的恢复，使中国的人才培养重新步入了健康发展的轨道，同时教育部决定高等学校招生实行统一考试，颁布《关于高等学校招收研究生的意见》，开始恢复招收研究生。1977年冬和1978年夏的中国，迎来了世界历史上规模最大的考试，报考总人数达到1160万人。1977年恢复高考制度，不仅改变了几代人的命运，尤为重要的是为我国在新时期及其以后的发展和腾飞奠定了良好的基础。恢复高考，不仅仅给予了中国年轻人深造求学的机会，也给予了中国文化延续和发扬的希望。[1]

高考制度得到了恢复，但高等学校教师队伍却存在着无法适应教育任务的情况。教师数量严重不足，师资队伍的质量严重不过关：广大教师在"文化大革命"中荒废了业务；由于不对外开放，教师对国外科学技术发展情况了解甚少，同国外先进水平差距进一步拉大；许多青年教师缺乏严格训练，勉强应付教学。"据统计，1979年，全国高等学校教师23.6万人，年龄老化，结构也不合理。教授仅占教师总数的1.3%，平均年龄65岁；副教授占3.6%，平均年龄55岁；讲师占37%，平均年龄45岁；教员占24.8%，助教占33.3%，平均年龄35岁。根据统计，在这支队伍中，有41%的人是'文化大革命'期间补充的新教师，他们之中的很多人不仅没有达到本科毕业程度，而且缺乏严格的教学和科研工作的训练。"[2] 在这种情形下，高校的师资力量受到了很大考验，许多大学因为招收了大量学生而教师资源不足而无法正常上课。在这种新的历史条件下，知识分子又大量地从科研机构向大中专院校转移。许多科学研究领域的工作者，也纷纷转而从教，将精力放到为国家培养更多人才上。

1980年，黄祖洽当选为中国科学院学部委员（院士）。不久，作为

---

[1] 纪念中国高考恢复30年。人民网，2007-10-18。

[2] 同[1]。

《原子弹、氢弹设计原理中的物理力学数学理论问题》的作者之一，他又获得了国家自然科学奖一等奖。这时候的黄祖洽，在中国的物理学界已经称得上"大家"了。出乎意料的是，就在这年的5月，56岁的黄祖洽却选择了离开他工作奋斗了三十年的核物理科研平台，转身去北京师范大学当一名老师。

图9-3　1980年，黄祖洽在家中

对黄祖洽来说，这个决定下得并不难，他没有多余的顾虑，只是单纯地觉得，我国已经成功研制出了"两弹"，他接下来的主要目标，就是要为国家再培养一批年轻人才，培养一批高级专门人才。十年的"文化大革命"给国家各个方面造成了很大的破坏，物理学的基础研究领域更是"文化大革命"的"重灾区"。经历过这场文化浩劫的黄祖洽，对教育这一行业产生了全新的认识。黄祖洽深刻地认识到，教育工作是关系国家科技和教育事业后继有人、兴旺发达的战略大事，科学家自己在科学第一线工作固然重要，而用自己丰富的科研经验带出一支基础扎实、思想活跃、既有开拓精神又有严谨学风的科技队伍更有深远意义，大力培养科技方面的高级专门人才，是当下全国的知识分子应该积极投身的一项重要任务。①

这种转折性选择，与黄祖洽波折的求学经历也息息相关。黄祖洽少年的教育经历波折不断，一路上遇到了许多良师，这些老师们对他后来的成长成才乃至登上物理学的高峰影响颇为深远，有些还成了他一生的挚友。在这些老师的影响下，黄祖洽从小就觉得老师这个职业又崇高又有趣。在中学的时候，为了躲避抗日战争的战火，黄祖洽的学校辗转到了一个小山村，条件很辛苦，但是有一个老师告诉他，"如今的生活虽然艰辛，但眼前的人才就是天下的人才"，这句话不仅对当时的黄祖洽有很大的鼓舞，而

---

① 师承关系专访——黄萌访谈，2013年7月12日，北京。资料存于采集工程数据库。

图 9-4 1983 年 4 月，黄祖洽在长沙国防科技大学讲学

且他将这句话记在心里，成为他后来人生的格言。爱才、惜才、注重培养"天下之才"成为黄祖洽后半生的主要工作。祖国在高科技人才培养上的客观需要，加上自己对教师行业的热爱，人到中年的黄祖洽离开从事研究工作三十多年的核物理研究，转而去了北京师范大学，拿起了教鞭和粉笔。

对黄祖洽来说，当老师可以有多个地方可选，他可以去北京师范大学，也可以去清华大学，或者是北京大学。北京师范大学的物理系师资力量并不雄厚，尤其是刚刚成立的低能核物理研究所，各方面工作的规章制度还不够完善，正是需要人才来协助完善和发展的时候。而清华、北大的物理系师资相对要完善得多。是"雪中送炭"还是"添砖加瓦"呢？在咨询了恩师王竹溪的意见之后，黄祖洽选择了他觉得更能发挥作用的北京师范大学，而谢绝了北大、清华的邀请。经北京师范大学与核工业部协商，黄祖洽从中国工程物理研究院第九研究所调入了北京师范大学低能核物理研究所。

低能核物理研究所

北京师范大学低能核物理研究所前身是北京师范大学核物理实验室。20 世纪 50 年代后期，在"向科学进军"[①] 号召的鼓舞下，北京师范大学的金永龄、周瑞英先生以及物理系领导和一批青年教师争取到国家科委和教育部的支持，筹建核物理专业。经过五年的艰苦奋斗，于 1963 年建成了 2000 多平方米的以 400kV 高压倍加器为中心的核物理实验室，由此开始了北京师范大学学人向核科技进军的征程。

---

① 1956 年 1 月，中国提出了"向科学进军"的口号，制定出中国第一个发展科学技术的长远规划，即《1956—1967 年科学技术发展远景规划》。

20世纪60年代中期，核物理实验室利用高压倍加器完成了多项国防军工任务，为发展我国的核科学技术做出了贡献。60年代末，核物理实验室参加了电子部组织的"696"会战，承担了离子注入设备和半导体元器件注入工艺研究，研制出了400kV离子注入机，这是我国研制的最早的离子注入机之一。1978年张荟星代表全体参加工作人员参加了全国科学大会，"400kV重离子注入机"和"离子注入研究"获两项科学大会奖。

图9-5 1983年9月5日，黄祖洽（中）在德国慕尼黑访问Sizmann教授夫妇

1979年1月，经教育部和北京市科委批准，以北京师范大学物理系核物理专业为基础，成立北京师范大学低能核物理研究所暨北京市辐射中心，由北京师范大学和北京市科委双重领导，其主要任务是"开展核分析技术、离子注入技术、辐射化学、辐射生物学等核科学技术在国民经济中的应用研究和理论研究，以及低能加速器研究，同时承担北京市工、农、医等方面的辐射服务和应用推广工作"。金永龄先生担任了北京师范大学低能所的第一任所长和北京市辐射中心的第一任主任，周瑞英先生任常务副所长、副主任。所（中心）成立以后，从中国原子能研究院、北京大学、清华大学、工程物理研究院、中科院兰州近代物理研究所等单位调进一大批核科技专家，在所人员最多时达到130人。

20世纪80年代初，黄祖洽来到北京师范大学低能核物理研究所时，发现研究所里的工作制度在许多方面还不成熟，他把过去在原子能所和九院（九所）工作时的成功科研管理的经验介绍给大家，积极帮助研究所搭建正规的科研制度。初创研究所的金永龄和周瑞英两位

图9-6 20世纪80年代初，黄祖洽（左）与同事周瑞英等在会议室研讨

第九章 北师大低能核物理研究所

老师分任正副所长，已意识到黄祖洽的经验丰富，都推举他担任研究所的所长。按照建所制度的规定，低能核物理研究所为北京师范大学管辖下的单位，而北京市辐射中心是北京市管辖下的单位，但实际上这两个单位是由同一班人负责的。金永龄还也在北京市辐射中心任职，黄祖洽便担任起北京师范大学低能核物理研究所所长。此后，黄祖洽一直担任低能所名誉所长和学术委员会主任，成为所（中心）发展的学术掌舵人。[1]

研究所的工作主要为离子注入工艺和材料改性的实验研究，属于核物理应用的范畴。在工作中，黄祖洽发挥自己的专长，通过组织学术讨论会，对所里教师们的研究和工作方向提出一些建议，帮助他们迅速成长为有关学科的学术带头人。在了解了研究所里各研究课题进行的情况之后，黄祖洽每个星期召开一次研究所所务会议，大家一起根据各研究室、研究组工作的进展，商讨需要所里帮助解决的问题和所里需要建立的规章制度和新工作计划的安排，其内容包括了人力的调整、业务的指导、经费的规划以及联系其他兄弟单位共同开展业务。另一方面，黄祖洽组织学术委员会，吸收各研究室的学术带头人参加，在会上探讨培养研究干部、评估人员素质、征订书刊等问题，研究所所报的发行出版以及各课题研究工作中出现的学术争论问题也常在会上出现。与此同时，为调动所里各个成员的积极性，黄祖洽请周瑞英兼任中心常务副主任，主持日常工作；请韩主恩拟定学术委员会的工作流程，经所务会议通过后执行；请熟悉业务的学术秘书马明修负责相关事宜。在黄祖洽的倡导下，学术委员会推动了各研究室成立学术小组，研究本研究室的学术问题，组织内部学术活动。理论室的学术活动刚开始由黄祖洽亲自组织进行，后来理论室的人员逐渐增多，就由室主任贺凯芬负责，通过研究室内部的学术活动，增进了各组之间的工作交流。此外，黄祖洽还亲自负责所里的对外学术活动，定期请各课题组的学术骨干或外来学者做报告、介绍情况、交流学术动态，对一些问题进行探讨并提出建议，大大提高了研究所各成员的业务水平。

在黄祖洽和研究所同仁们的努力下，北京师范大学低能核物理研究所

---

[1] 刘川生：《北京师范大学110周年校庆系列丛书：讲述·北京师范大学大师名家口述史》，北京：光明日报出版社，2012年。

迅速成长为国内前沿的科研机构和教学基地。黄祖洽院士亲自指导的统计物理、非线性动力学、强场物理研究每年都有数十篇论文发表在国内外物理学著名的刊物上。北京师范大学物理学科的教学和科研水平得到了学术界的肯定。在中子物理和核数据测量、低能离子生物学、脉冲辐解和快速反应动力学、微弧氧化技术及其应用、PIXE 技术在大气环境分析中的应用等研究领域也取得了丰硕成果。1981 年低能所（中心）和物理系一起获得理论物理和凝聚态物理两个博士点和硕士点，并独立获得原子核物理专业的硕士点；1989 年和物理系一起合作办了材料物理本科专业；1995 年所（中心）所在的北师大物理学科被批准建立博士后流动站；1996 年北师大物理学科被选为国家理科基础科学研究和人才培养基地；1998 年被批准建立核技术与应用硕士点；1999 年学校批准低能所独立承办材料物理本科专业；2000 年北师大物理学科获一级学科博士点授权；2001 年学校正式批准以低能所为依托建立北京师范大学材料科学与工程系；2002 年初，以黄祖洽为核心的北师大理论物理学科入选全国高等学校重点学科；2002 年 1 月又被批准建立核科学与技术二级学科博士点和硕士点。截至 2010 年，所（中心）已培养博士 32 名，硕士 131 名，出站博士后 10 名，材料物理专业本科生毕业 270 名。黄祖洽一人就培养博士 13 名，硕士 6 名。

图 9-7　1985 年 7 月 10 日黄祖洽在中国驻巴西大使馆内

图 9-8　1986 年，黄祖洽与学生和青年教师们在一起（左起：贺凯芬、刘智平、黄祖洽、李介平、冯世平）

鉴于北师大低能所（北京市辐射中心）在科研和人才培养中的突出表现，1994 年年底北师大低能所（北京市辐射中心）被国家科委选为国家七个基础性研究改革试点单位之一。在三年多的试点改革中，所（中心）坚决执行了国务院关于开展科技体制改革的方针，在吸引人才、稳定队伍、调整学科、改善科研环境、增强调控手段、调动各类人员积极性方面采取了一系列的改革措施，推动了产、学、研的全面发展。[1]

经过近四十年的发展，所（中心）已具有大型仪器设备固定资产 2700 万元，房屋 4300 平方米，在竞争中形成了 X 射线调控、强流金属离子源及材料表面改性、低能离子生物学、等离子体微弧氧化技术、SOI 材料等这些在国内外独具特色的研究方向，加上具有传统优势和实力的统计物理和非线性动力学、辐射效应和辐射加工、中子物理和实验技术，PIXE 技术在大气环境中的应用、光电子技术、核反应堆控制技术等，使得北师大低能所（北京市辐射中心）在国内外核科技领域充满活力。

不辍的科研工作

从事教育工作后的黄祖洽，并没有放弃在科研上的探索，而是一直活跃在理论物理学的最前沿。1980 年进入北京师范大学低能核物理研究所后，他多次获得国家科技方面的奖励：1982 年他作为原子弹氢弹设计原理中的物理力学数学理论问题的主要作者之一，获得了国家自然科学奖一等奖；1991 年他的研究成果"中子和稀薄气体的弛豫和非平衡输运"，获得原国家教委科技进步奖一等奖；1995 年因成果"浸润相变的研究"，获得国家教委科技进步奖二等奖；1996 年获得了何梁何利基金的科技进步奖；同时，黄祖洽还被聘为国务院学位委员会第一、二届物理学科评议组成员。这些沉甸甸的荣誉，正是对黄祖洽身在教育行业仍心系科研、笔耕不辍的最佳注解。

黄祖洽参与和主持的科研工作涉及物理学的多个领域：中子输运理论和玻耳兹曼方程的求解、凝聚态物理（如：金属晶格中的反常扩散、金属

---

[1] 冯世平：我国科学和教育事业的无私奉献者——祝贺黄祖洽院士 80 岁生日。《物理》，2004 年第 9 期。

图 9-9　1987 年，黄祖洽（一排左五）在北师大低能物理所合影

氢的理论以及制备问题）、统计物理学、相变动力学问题、强场物理、分形物理、血液流变学、自组织临界性等，均取得了丰硕的成果。来到低能所后，黄祖洽首先开展的工作就是粒子输运性质的研究，他在《北京师范大学学报》（自然科学版）上发表了《多种粒子反应系统的运动论》[1]的文章。他在文中认为分子运动论把物质系统的许多宏观性质，例如扩散系数、黏滞系数、热导率等和分子间的微观作用通过统计考虑联系起来，从而使我们对这些特性取得了更本质的理解，有助于掌握制约各种物质特性的规律。在气体分子运动论中，应用著名的玻尔兹曼 Boltzmann 方程，原则上可以根据分子的特定模型和碰撞规律导出气体在平衡态或非平衡态的各种输运特性。然而，由于只考虑分子间的弹性散射和要求具体的分子模型，通常的气体分子运动论带有相当大的局限性，无法描写有反应进行时系统的运动论行为。

如果考虑一个多种粒子的反应系统（例如，一个起化学反应的包含分子、原子及自由基的混合气体，或一个在极高温度下起热核反应的包含轻核、中子、电子及光子等的混合等离子体），那么为了研究这些系统的统计性质，搞清楚系统中宏观物理量和粒子间微观作用的关系，就不能沿用

---

[1]　黄祖洽：多种粒子反应系统的运动论。《北京师范大学学报》（自然科学版），1980 年第 21 期。

通常的玻尔兹曼方程，而必需加以推广，使得方程中能正确反映粒子间可能起各种反应的事实。而黄祖洽从这一需要出发，作出了一个可用于多种粒子反应系统的广义玻尔兹曼方程组，对各类反应的影响进行了探讨。

根据《多种粒子反应系统的运动论》一文，黄祖洽作出了一个可用于多种粒子反应系统的广义 Boltzmann 方程组。它可以描述包含轻核、中子、电子及光子的高温热核反应系统。在《关于中子在高温轻介质中的输运》[1]及《高速运动介质中中子输运的新处理方法》[2]中，又特别讨论了中子在高温轻介质中的输运及介质高速运动对中子输运的影响。当中子密度达到介质原子密度的相当分数时，中子除了通过核反应在介质中引起能量释放和成分变化外，还将通过质量、动量和能量的输运，对介质的流体力学运动产生可观的影响。后来黄祖洽又发表了《中子输运对介质流体力学运动的影响》[3] 一文，讨论中子运输对于介质流体力学的影响。

由于不带电荷，中子在系统中具有比轻核和电子长得多的慢化长度和输运平均自由程，因而不像带电粒子那样，能在系统中很快达到局部热平衡，而将在较大范围内引起质量、动量和能量的输运。鉴于中子和带电粒子行为的这一不同，黄祖洽将为带电粒子引入流体力学中的各物理量，并从《多种粒子反应系统的运动论》的普遍结果出发，导出这些物理量所满足的流体力学方程。在这种形式的方程中，可以明显地看出中子质量、动量和能量的输运对介质流体力学运动的影响。其中最值得注意的是，

图 9-10　1983 年，黄祖洽（左）与学生丁鄂江讨论学术问题

---

[1] 黄祖洽：关于中子在高温轻介质中的输运，《北京师范大学学报》（自然科学版），1981年第1期。

[2] 黄祖洽：高速运动介质中中子输运的新处理方法。《北京师范大学学报》（自然科学版），1981年第3期。

[3] 黄祖洽：中子输运对介质流体力学运动的影响。《北京师范大学学报》（自然科学版），1982年第3期。

黄祖洽在与学生丁鄂江合作的"中子输运理论和玻尔兹曼方程的解决"这一问题上取得的创造性工作，正是他在指导学生与科研探索方面的一次完美结合。他指导学生用奇异扰动法解决问题，解决了玻尔兹曼方程求解时久期项难以消除的历史难题，提供了研究非平衡系统中随时间弛豫问题的有效方法。1982 年，黄祖洽指导他的博士研究生丁鄂江对稀薄气体的非平衡输运和弛豫过程进行研究，发现在与速度变量相应的傅氏空间中，玻尔兹曼方程可以通过奇异扰动法求解，而且在所得的对小 Knudsen 数的展开式中，可以找到一种消去久期项的方法，于是，玻尔兹曼方程求解时久期项难以消除这一历史难题被解决。这在他与丁鄂江合著、发表于《物理学报》的一系列文章——《具有小 Knudsen 数的 Boltzmann 方程的奇异扰动解法》《Boltzmann 方程的奇异扰动解法（Ⅰ）——正规解》《Boltzmann 方程的奇异扰动解法（Ⅱ）——初始层解》《Boltzmann 方程的奇异扰动解法（Ⅲ）——边界层解》《Boltzmann 方程的奇异扰动解法（Ⅳ）——向非 Maxwell 分子的推广》《Boltzmann 方程的理论和应用》中有所说明。

另外，这种方法在各级近似中都导致了纳维－斯托克斯（Navier-Stocks）流体力学方程组，而不会引到物理意义上存在问题的伯奈特（Burnett）方程。所以在原则上，他们的这一方法还可以被利用去研究非平衡系统中随时间的弛豫行为。在黄祖洽与丁鄂江发表的论文《球对称无限空间中稀薄气体的一种弛豫》一文中，对这个问题进行了详细的阐述，并且对此方法进行了具体应用，通过一个简单的物理模型，讨论了当气体中某处（取为球面坐标中心）发生一个爆炸过程，以至于产生了大量高速气体分子和热辐射时，气体在初始阶段的弛豫。计算表明，在这远离平衡的初始阶段，许多只是在近平衡处有效的经验定律不再是正确的。例如，按照通常的热传导经验定律，系统中任一处的热流大小应当与该处的温度梯度成正比，而方向则与梯度的方向（从低温到高温）相反，即由高温处流向低温处。但是计算结果却表明，在距爆炸中心点 $r \approx r_c$（这里 r_c 是一个特征长度）处，热流在开始的某一段时间内，其方向与温度梯度的方向一致，都取向心方向，也就是说，热量是从低温处流向靠近中心的高温处。由此看来，这个结果似乎违背了热力学第二定律，其实不然，因为在初始时期，在 $r \leqslant rc$ 的范围内，气体的分布函数远离局域麦克斯韦分布，因此有较小的熵。在热量从低温到高温向心流动的同时，中心部分的气体很快地向局域麦克斯韦分布弛豫，熵有了大幅度的增长，因此就整个系统来讲，熵还是在增加的。在获得了这一领域的重大突破之后，黄祖洽为研究生开设了输运理论课。

1986年以后黄祖洽开始从事浸润相变的研究工作。浸润相变是20世纪70年代发现的一种相变现象，在理论和实践上都有着重要的意义。相关的研究成果可以从他与学生宋岩、丁鄂江合著的《混合流体浸润相变的研究（Ⅰ）——二元系统的两相共存态》《混合流体浸润相变的研究（Ⅱ）——二元系统的三相共存态》《混合流体浸润相变的研究（Ⅲ）——二元系统的四相共存态》《混合流体浸润相变的研究（Ⅳ）——二元系统浸润相变的临界特性》《浸润相变及有关问题》等几篇文章中找到。黄祖洽研究这项课题以来，曾两次被意大利理论物理中心邀请做报告。1990年他在沈阳金属研究所做"浸润相变"的报告后，博士生冼爱平受到了启发，将这一理论应用于金属－陶瓷焊接问题上，做出了《金属—陶瓷之间浸润系统的前驱膜》的研究成果，获得了1992年国际焊接学会授予的首届格

图9-11　1995年8月1日，黄祖洽参加第一届国际华人物理学大会

兰让奖。而黄祖洽本人的研究成果"浸润相变的研究"获得了1995年国家教委科技进步奖二等奖。

黄祖洽相继出版了多部科学著作:《核反应理论堆动力学基础》(原子能出版社,1983),《输运理论》(与丁鄂江合著,科学出版社,1987),《表面浸润和浸润相变》(与丁鄂江合著,上海科学技术出版社,1994);还出版了几部科普类著作:《探索原子核的奥秘》(湖南教育出版社,1994),《射线束与材料改性》(清华大学出版社,暨南大学出版社,2002)。

这一时期里,黄祖洽还有两部文集《黄祖洽文集》(北京师范大学出版社,1994)和《黄祖洽文存》(北京师范大学出版社,2002)出版。

步入花甲之年的黄祖洽,依旧在科研和教育的第一线耕耘着,无论是科研还是教学,他都勤勤恳恳,努力工作。而身为院士的他却始终当自己是个学生,谦虚严谨,不骄不躁。在这种精神的指导下,他的工作和业绩得到了国家和人民的肯定和褒奖。

第十章
亦学生亦子女

培 养 学 生

在科学技术领域成果累累的黄祖洽,在投身教育的几十年里,一心为国家培养物理学尖端科技人才。早在 1956 年,他就和彭桓武合作,在中国科学院物理所举办了为期一年的反应堆理论训练班,为新中国培养了第一批反应堆理论研究人员,即使是在我国战略核武器研制非常紧张的时期,他们仍在中国科技大学近代物理系兼职,亲自指导学生做毕业论文,并于 1964 年秋天正式招收研究生,在原子能所招收了刘寄星和何汉新两位研究生。1980 年到了北京师范大学低能核物理研究所之后,黄祖洽就把更多的精力投入到了为我国的现代化事业培养高级人才的教育工作上来。国家恢复了学位制度,他更是把心血倾注在培养和指导研究生上,并且经常利用一切机会,宣传培养年轻科技队伍的重要意义。

黄祖洽的博士丁鄂江毕业后远赴挪威做博士后,取得了出色的成绩,三年内发表论文 16 篇,并在 *Physical Review Letters* 上发表学术论著,受到

图10-1　1981年11月黄祖洽（前排左七）参加全国原子核少体与核力会议

国内外学者的好评；另一位博士冯世平关于"高温超导"的论文，受到国际同行的好评；他所指导的博士杨洪流的论文被评为1999年全国百篇优秀博士论文，同年杨洪流获得洪堡奖学金前往德国留学做博士后研究工作。[①]

黄祖洽在培养研究生方面有许多深刻的思想、独到的见解和方法。学生冯世平特别强调他能够"培养研究生的理论直觉能力"。黄祖洽自己把导师的指导作用归结为六个字：引导、鼓励、帮助。他把提高研究生的素质、扩大知识范围、活跃学术思想、培养科研能力贯穿于研究生教育阶段的全过程。[②]

黄祖洽一贯主张学术民主，所以他总是和学生们一起讨论，鼓励他们提出新的思想，鼓励他们向别的老师请教。在论文题目的选择上，虽然他会给予很多建议，但也会给予学生相当的自由，以使他们能在自己感兴趣的领域内发展。因为在他看来，一个人成才与否，主要靠的还是自己，环

[①] 丁鄂江：祝贺黄祖洽院士70华诞。《物理》，1995年第3期。

[②] 冯世平：我国科学和教育事业的无私奉献者——祝贺黄祖洽院士80岁生日。《物理》，2004年第9期。

境的影响和师友的帮助固然必不可少，但只是提供条件、帮助和启发。在指导研究生的过程中，导师固然应当着意营造良好的学术氛围、进行正确的指导、帮助解决一些疑难问题，但最重要的还是要启发学生自己对研究工作的兴趣，自己研读相关文献，与导师展开讨论，深入理解。导师只能做把关人和指导者，不能越俎代庖，而是要充分发挥研究生的主观能动性。黄祖洽在培养研究生的过程中，根据年轻人思想活跃、容易接受新事物的特点，注重引导学生去接触前沿课题，熟悉最新的理论与方法，研究具有实际应用前景的理论问题，使他们在学习阶段就进入前沿领域，有能力完成高水平的论文。黄祖洽还十分重视研究生的独立工作能力、表达能力和创造能力的培养与训练，因人而异地提出研究方向以及要求，然后大胆地放手让学生自主地提出问题，独立地思考并解决问题。他与学生一起探讨，从中给予启发式的指导，一旦学生提出新的想法，他就会帮助使之完善。所以黄祖洽培养的学生，在经过了几年的学习之后，其学识和能力都有了较大的提高。

  刚到研究所的时候，黄祖洽带的第一个学生名叫黄维华，他本来是所里另一位老师招的硕士，在了解了黄维华的基本情况之后，黄祖洽建议他研究砷化镓的导热性，以便和离子注入砷化镓的实验研究相配合。两年后，黄维华通过了论文答辩，顺利获得了硕士学位，去了一所军事院校工作。1982 年 3 月，黄祖洽招收了自己的第一位博士研究生丁鄂江；同年 9 月，又招收了三位硕士研究生。在黄祖洽眼里，丁鄂江算得上是他的一名得意弟子。丁鄂江有着比较好的数学基础，且物理概念清楚，做学问的态度端正，是个难得的物理学人才。黄祖洽建议他做 Boltzmann 方程的求解工作，向他介绍了苏联物理学家在这方面的新成果，并通过黄祖洽自己研究输运方程的经验，建议丁鄂江注意主要出现在边界附近的精确解和近似解的差异。丁鄂江也非常努力，经过一段时间的学习和摸索，就用他熟悉并应用过的奇异扰动方法，在傅氏空间求得了具有小 Knudsen 数的 Boltzmann 方程的正规解和初始层及边界层中的解，在他所得的级数形式的解中，消去了久期项，从而解决了多年以来困扰前人的问题（上一节对此有详叙，此处不再赘述），这项工作的成果也成了丁鄂江 1984 年用来通过答辩的博士论文。1986—1987 年，丁鄂江去挪威 Hauge 教授处，做浸润相变的博士后研究工作，后回到北京师范大学低能核物理研究所，起了很好的学术带头作用，协助黄祖洽指导博士研究生，指导他们做浸润相变方面的研究工作，黄祖洽也向他学习浸润相变理论。黄祖洽用当年彭桓武先生带他的方式带自己的学生，常与学生一起讨论问题，互相学习，互相启发，之后合作出版了两本书——《输运理论》和《表面浸润和浸润相变》。丁鄂江对黄祖洽充满感激之情：

> 黄祖洽先生是我最尊敬的导师。他把我引进理论物理的科学殿堂，让我享受了科学研究的无限乐趣。他严谨治学的科学态度、实事求是的科学作风和无私奉献的高风亮节永远是我的楷模……能够成为他的学生是我的幸运。黄先生不仅是我科学研究生涯中最重要的导师，也是对我的人生道路影响至深的人。

黄祖洽先生以及许多德高望重的老一辈科学家，他们之所以能够在科学的历史中、在社会发展进程中能够留下痕迹，是因为他们在学术上的建树、成就，也是因为他们道德情操的高尚和人格的魅力。首先他们有一种对社会的责任感，有一颗正直、善良、仁爱之心，他们不仅仅是学术上的大

图 10-2　黄祖洽（中）在家中给学生讲解问题

图 10-3　黄祖洽（右二）与学生冯世平、吕燕南等在香山

第十章　亦学生亦子女

师，也是道德上的典范，因此才受到人们的尊重和仰慕。

除了丁鄂江之外，黄祖洽也常将另一位学生冯世平挂在嘴边。冯世平是1985年3月考上黄祖洽的博士研究生的，从那个时候起，他就一直在黄祖洽的指导下学习和工作。那时候刚刚改革开放，我国的博士生导师非常少，自正式调入北京师范大学，并且建立了国家首批设立的理论物理博士点以来，黄祖洽就成了北京师范大学理论物理学科博士点的创立者。① 在冯世平看来，当时他能够考上黄祖洽的博士研究生是非常幸运的，因为黄祖洽不仅在科研方面给了他许多帮助，更是他人生的导师。攻读博士学位期间他时常向黄祖洽请教各个方面的问题，并和同学们每星期到他的办公室或者家里去讨论问题、汇报工作。有时候还会留在黄祖洽家里吃饭，得到了学业和生活上的双重照顾。黄祖洽在作为冯世平的导师期间，一直教育他，人的一生应该是不断地学习、提高自身素质的过程，这个过程中要把不好的习惯扔掉，要培养好的习惯。好的习惯就是好的素质，所以要先做好人，再做事。冯世平在以后的生活中，便牢记着这句教诲，指导自己的人生。从做研究到做人，黄祖洽一直是学生们心目中的典范，他从不说假话、套话，也始终实事求是，给了学生们很大的影响。②

学生们都说："黄先生是我国核反应堆理论的奠基人、我国氢弹研制的探路先锋和战略核武器理论的奠基人之一！他一生的研究工作都是与新中国科学与国防事业的发展息息相关。黄祖洽先生为人正直和淡泊名利的处世态度以及治学严谨、深入实际、虚心求实、细致可靠、坚持真理、不盲从、有创新的科学作风是我们大家学习的榜样！通过他的言传身教，对我们这些学生们产生了深远的影响。"

在冯世平成为黄祖洽的博士研究生的时候，一开始黄祖洽建议他研究金属氢及相关的物理问题。但在摸索了一段时间之后，冯世平将兴趣转移到了重费米子系统及其超导特性的研究上，黄祖洽鼓励了他的想法，并介

---

① 冯世平：我国科学和教育事业的无私奉献者——祝贺黄祖洽院士80岁生日.《物理》，2004年第9期。

② 同①。

绍他去参加科学院理论物理研究所关于类似课题的研讨班，后来他在学位论文中采用安德森晶格模型，讨论了重费米子超导系统的低温反常行为，得出了与实验相符的一些理论计算结果，1986年，瑞士一个以柏诺兹和缪勒为首的小组发现，镧钡铜氧化物体系的超导转变温度可高达36K，远高于当时已知的具有最高超导转变温度（23.2K）的超导合金 Nb3Ge，这一发现轰动了物理学界，冯世平很快就投入到了高温超导领域的理论探索，并提出了一个动能驱动的高温超导电性机理，然后在这个机理下完成了一些研究工作。冯世平已于1994年晋升为教授，曾任北京师范大学物理系系主任，1994年入选教育部跨世纪人才，1997年获香港求是科技基金会"杰出青年学者奖"，1998年被评为"国家有突出贡献的中青年专家"，2001年获国家杰出青年科学基金资助。

　　回忆与先生的过往，冯世平说道"从1984年秋季博士研究生考试黄先生对我的面试开始、到1985年3月起正式在黄先生的指导下开始攻读博士学位、再到2014年9月7日黄先生仙逝，这30多年来黄先生始终指导、督促、关心、帮助我的学习和工作。能够在黄先生指导下学习和工作是我最大的福气！"

图10-4　黄祖洽（前排左五）与北京师范大学低能核物理所部分教师、全体博士和硕士毕业生合影

表 10-1　黄祖洽指导的研究生[①]

序号	姓名	入学时间	论文题目	授予学位	备注
1	黄维华	1980 年 9 月	砷化镓导热性的理论研究	硕士	
2	黄雪梅	1982 年 9 月	关于氧化分凝问题的变分近似解	硕士	
3	张　勇	1982 年 9 月	表面氧化堆垛层错的研究	硕士	
4	朱慧珑	1982 年 9 月	金属中空位迁移规律及其应用	硕士	
5	丁鄂江	1982 年 3 月	Boltzmann 方程的奇异扰动解法	博士	
6	吕燕南	1985 年 3 月	高密度氢物质制备新途径的理论探讨	博士	
7	冯世平	1985 年 3 月	重费米子系统及其超导特性的理论研究	博士	
8	朱慧珑	1985 年 9 月	金属材料辐照损伤的理论研究	博士	
9	宋　岩	1988 年 9 月	混合流体浸润相变的研究	博士	
10	杨国健	1988 年 9 月	非线性光学系统不稳定性和非典性的理论研究	博士	
11	吴新天	1991 年 9 月	无序系统中的相变	博士	
12	欧阳华甫	1992 年 9 月	1/f 噪声的理论研究	博士	
13	陈金玉	1993 年 9 月	血液流变特性和流体浸润行为的研究	博士	与丁鄂江合带
14	张书东	1994 年 9 月	关于地震预报和无序材料的断裂	博士	与丁鄂江合带
15	李静辉	1994 年 9 月	关于随机系统中噪声及其对若干输运过程和非平衡相变影响研究	博士	
16	杨洪流	1995 年 9 月	随机噪声对非线性动力学系统行为的影响	博士	与丁鄂江合带
17	周路群	1996 年 9 月	多稳结构和诱导禁带弧子	博士	与贺凯芬合带
18	应阳君	1998 年 9 月	细胞钙振荡模型的研究和一个有关的时滞系统的非线性动力学	博士	

　　在培养研究生的过程中，黄祖洽始终强调严谨治学、严格把关。无论是在学生从事研究的过程中还是在论文完成后，他都对每一个步骤和细节仔细地检验，认真地审查，逐个地推导公式、验算数据，就连文字语法上的错误也不放过。他希望通过这些"小事"，说明什么是认真的态度。他坚持要求不仅要使学生们在学术水平上得到提高，还要培养严谨治学、民

---

① 黄祖洽：《三杂集》。北京：北京师范大学出版社，2004 年。

主讨论的科研作风。

黄祖洽始终将研究生的培养当作一件大事来对待，他在写给家人的信里说道：

> 有人带研究生采取放羊方式，任其自生自灭，我却每人必每周找来讨论一个单元时间，有时候讨论起来，连吃饭时间也误了……但如果不尽心尽力去做，不但于心有愧，智力亦将废退，成一苟且偷生的无用之人。

正是这种认真负责的态度，使得黄祖洽门下多成才之人。近二十年间，他以渊博的学识、丰富的经验、敏锐的科学眼光、民主而又严谨的治学态度先后培养出了 4 名硕士、15 名博士，许多学生毕业后成为教授、博士生导师，并成为许多单位科研和教学的骨干和学术带头人。

黄祖洽不仅关心学生的学业，对学生的生活同样关照。他的学生杨洪流说：

> 我非常幸运能够成为黄先生的博士生，受教于先生多年。黄先生治学严谨、为人谦和、淡泊名利。先生对我的熏陶影响，不仅体现在科学研究方面，更重要在做人方面。先生的教诲将让我受益终生。回想起与先生在一起的点点滴滴，不禁潸然泪下。记得先生告诉我，谈恋爱找对象，要速战速决。还记得当初申请洪堡奖学金时，先生搬着字典帮我确认几个德文词的含义。

图 10-5　1985 年黄祖洽（左一）与物理学家周培源（左三）夫妇合影

黄祖洽的学生吕燕南说：

黄先生不仅是个大家，而且非常平易近人，关心晚辈，富有童心。我还记得黄先生讲过的一个小故事。他当学生的时候，曾在四川西昌呆过。有一天，他独自划小船到邛海的对岸。不料天气突变，风雨交加，无法返回。他就一个人在荒郊野外过夜，第二天早上才划回去。可见黄先生年轻时就敢闯敢干。

学生朱慧珑说：

我在读博士时，先生作为科教一线的院士、低能核物理所的所长和《物理学报》的主编，工作十分繁忙，但他仍然设法抽出宝贵时间精心地指导和具体地帮助我们。他有意识地给我们营造一个自由的学术气氛，每周与我们讨论，积极鼓励提问，同时把因获得自由而需付出的代价——责任，也压在了我们身上。这些对我们独立研究能力和创新意识的培养与提高起到了非常积极的作用。例如，他对学生的研究选题基本不设限，这从他指导过的博士论文研究方向上可略见一斑：Boltzmann方程、超导、辐照损伤、氢物质相互作用、非线性光学、浸润相变等理论研究。这一方面反映出黄先生尊重和保护学生的兴趣爱好，另一方面也体现出他极深的理论物理造诣、广泛的研究兴趣、超凡的学习能力及愿意在培养学生上倾注大量心血的崇高精神境界。又例如，当时我得知一篇俄文文献可能对我研究有帮助，但苦于不懂俄文，也没有像先生那样几周内就可搞定一门外语的天赋，所以很为难。先生得知后，就把那篇文章要了去。一周后当我再找他请教和讨论问题时，他把写得整整齐齐的、那篇俄文文章的重点摘译递给了我，当时我非常吃惊和感激。我现在自己也带学生，工作也忙，更能体会到先生拥有的爱心和坚持了一辈子的责任心是多么的难能可贵。黄先生是著名的理论物理学家、核物理学家、中国氢弹研制的探路先锋和核武器物理问题研究的主要负责人之一。老先生治学严谨、淡泊名利、刚正不阿、是一位真正的爱好和追求科学的大师，也是一位以身作则的教育家。他所获得的尊敬和信誉更多的是建立在人人转送的口碑之上。

张勇说："'我到现在为止还觉得自己是个学生，学生的心态。'黄先生这句话映照了他这位伟大的学者的一生。这也是当我做他三年的学生对先生所感受到的最深刻的一面。记得有一次我们学生三人到他家里汇报工作的时候，一开始，他拿出他中学时代的一篇日记（毛笔小楷书写，竖排从左至右），记述了他自学微分方程的进程和体会，读给我们听。先生好奇好学的精神希望能激励学生的心思，那时无知的我又怎么能体会得到呢……"

学生刘寄星说："我于1964年北京大学毕业后成为黄先生在中国科学院原子能研究所的研究生，和我同时考取的还有中国科学技术大学近代物理系毕业的何汉新同学。1965年10月下放劳动锻炼回来，我们才第一次见到先生。那时我生病住院，先生来看我，给我开了一个书单，上面列了三本书：Longmire 写的 *Elementary plasma physics*、Landau–Lifshitz 写的《连续介质电动力学》和 Panovsky 及 Philips 写的 *Classical electricity and magnetism*。先生鼓励我，说'生病没有什么了不起，我大学毕业后被汽车撞了，昏迷了好几天，现在不还是好好的'。因为他当时已调到核武器研究所，指导我们不便，他和彭桓武先生决定，把何汉新、我及彭先生的研究生张锡珍三个人当成他们两个人的研究生，研究方向是等离子体理论，由他们共同指导，每一个月来原子能所一趟，听我们做读书报告。两位先生很谦虚，说'我们也不懂等离子体物理，你们先学，再教给我们，大家一起学习。'记得先生给我提出的具体题目是《高速飞行体在稀薄等离子体中产生的物理效应》，让我们自己读文献。期间发生的一件事令我对先生钦佩不已。事情是在他来指导的一次报告会上，我报告阅读 Kenneth Watson 发表在 *Physics of fluids* 上的一篇文章的体会，讲到半截，他打断我，说我通通错了，我坚持自己是对的，结果相持不下。最后他说：'你把那篇文章的坐标给我，我自己读一下再和你讨论。'我把文章的卷期页写给他，他就回九所了。他走后，想起下放劳动时何祚庥曾告诫我说，'你的老师脾气很大，你一定不要给他提意见，否则他不会好好教你，'心里有点不安。不想过了一个星期，原子能所二道门的收发交给我一封信，说是一位老先生留下的。打开一看，是黄先生写来的，信的内容是12个字：'刘寄星：你对了，我错了。黄祖洽。'此事令我感动一生，先生的科学精神，就在12字中。以后"文化大革命"爆发，研究生制度取消，他和彭先生就没有再来指导我们了。不过先生交给我的题目，我一直做了十几年，原来那个问题是反导系统目标识别的一个重要理论问题，这是我后来分到七机部二院时才知道的，感谢黄先生和彭先生，他们总是为国家国防建设预先谋划，把最关键的问题想在前头。先生献身国防，为国家战略武器的研制立下不朽功勋，令我敬佩。先生指导后辈，严格体贴，高瞻远瞩，实是我辈楷模。1983年我在美国得克萨斯大学学习，听人说先生从九所调到北师大，刚好有一位叫Jeffres的天文学教授闲暇时请我辅导中文口语，说要去北师大访问。我请他把我的一篇论文和新出版的 Landau Lifshitz《理论物理学教程》第十卷《物理动理学》带给先生，并写了一封短信，表示自己做先生的学生多年，毫无建树，深感愧疚。不意先生收到书信后，给我来了一封长信，对我夸奖有加，并说我捎给他的《物理动理学》对他讲授输运理论极有参考价值，使我有受宠若惊之感。1986年我回到中科院理论物理所工作，黄先生是理论物理所建所后聘请的两位所外研究员（另一位是胡宁先生），因此常能与他见面请教，特别是与他一起担任研究生答辩的答辩委员，对他在学术上的一丝不苟深有体会。令人难忘的是，1999年由欧阳钟灿、谢毓章和我写的 *Geometric methods in the elastic theory of membranes in liquids crystal phases* 一书出版后，送给他一本，过了不到一个月，黄先生来所里参加学生答辩，结束后交给我一张纸，写满了正反两面，对我们那本书里出现的大错小错列出好几十条，黄先生治学之严，可见一斑。黄先生生前曾讥笑过我，说'你的字写得太难认，当年改你的研究生考试卷子可费了大劲。'黄先生也夸奖过我，说我'敢于和歪风邪气斗争，有胆量、有正气。'2004年他八十大寿时，我给他写过几首诗，他说我'有诗人气质'。"

黄祖洽一直将自己的师生情谊平缓地传递着，无论是做人、做事，还是做学问。

"洽洽爷爷"

黄祖洽热爱教育事业，因为曾经他从老师那里学到很多，他愿意将学到的、感悟到的分享给学生。当他站在讲堂上时，他也相信授人以鱼，不如授人以渔的道理。他会将这样的哲理讲给学生们听，有时还会慷慨激昂地吟诗一首。他想以鼓舞士气的方式感染更多人。

图 10-6 1999 年，彭桓武（左）与黄祖洽（右）

教书育人是黄祖洽后半生最为关注的事情，所以除了带研究生，他还十分注重本科生教育。自 1999 年北京师范大学低能核物理研究所开始独立承办材料物理专业的本科班以来，黄祖洽就对此十分重视，多次组织所学术委员会对培养方案进行讨论。他认为，要为国家培养更多的人才，必须从基础抓起，教授、院士不为本科生上课的现象不正常。虽然那时他已 75 岁高龄，但还是主动提出为物理专业和材料专业的本科生开设"现代物理学前沿"和"人类生存发展与核科学"两门课。

黄祖洽上课的时候，台下坐着的是一些年轻的大学生，恍若五十年前的黄祖洽兵团，每次两个小时的课程，对于一位老人来说并不是件轻快的事情。学生们在讲台边上放了一把椅子，让黄祖洽累了的时候可以坐下来讲课。每次上课之前也要准备许多的资料，因为这门课的内容主要是介绍 20 世纪物理学家在宇观、微观和宏观三大领域所取得的重大成就，选讲的题目包括：时空概念的变化、相对论浅释、膨胀的宇宙和宇宙的演化、量子物理学的发展、微观世界的层次、基本粒子的标准模型、对称性和守恒量、微观物理学和宇观物理学的联系、宏观物质世界的复杂性、量子流体、激光冷却和捕获原子、分数量子霍尔效应、高压物理学。讲授的目的是想让刚开始接触物理学科的大学生能对物理学的全貌有一个鸟瞰，引导他们注意，物理学的前沿有许多意义深远的、十分有趣的

图10-7 2000年4月20日，黄祖洽和彭桓武（左）、何泽慧（中）回到位于北京东皇城根北街16号的近代物理研究所旧址

问题，值得人们用毕生精力去探讨和追求。这门课开设之后，物理系的新生选修的很多，一百多人的教室坐得满满当当。考虑到同学们大多数是刚开始学习高等数学，在开始的几讲中，黄祖洽只着重介绍每节课所涉及的主要物理内容和所蕴含的物理概念，介绍物理学家取得有关成就的历史背景，避免使用高等数学方法进行枯燥的讲授，同学们听课就像听故事一样有兴趣，也不知不觉地受到了科学精神的熏陶和科学家人格的感染。为了加深同学们对讲课内容的理解，黄祖洽给同学们留一些习题，让他们通过做题来培养自己解决问题的能力。到了期末，他就指定同学们读一篇英文文章，要求读完之后写篇小论文，培养学生自主阅读英文文献的能力。黄祖洽讲课爱拖堂，恨不得把肚子里的东西全倒给学生，他讲课爱讲故事，让许多枯燥的物理现象在故事中让学生心领神会。黄祖洽的语言风趣，大阶梯教室里一二百学生没有一个不耐烦的，反而用掌声欢迎先生拖堂，下课了还要围着先生问这问那。

讲中子的发现和原子核组成的确定时，黄祖洽讲了一个个科学家因固守前人的定论而与真理失之交臂的遗憾，讲了查德威克为什么能发现中子并获得了诺贝尔物理学奖。他告诉学生，只有用正确的观点，用创新的精

神，才能在同样的现象面前独具慧眼。① 曾经上过他课的学生，尤其是大一的本科新生，回忆起他当时上课时的情景，还是历历在目。一位叫张腾大一新生说："还记得老爷子最喜欢讲他在摇摇晃晃的公交车上突发灵感想到的那个重要的 idea 的故事，给多少大一的孩子对物理新鲜世界的憧憬，虽事隔多年，却仿佛昨日光景。最难忘先生诗中'雏燕离巢去，良材异国挪，相依唯老伴，同唱白头歌'，每读此处，心中便难过万分。学生一生一世不忘恩师，不忘祖国。"北师大 2006 级学子说："我们这届同学之中从没有人叫'黄先生''黄教授'或是'黄老师'，大家都亲切叫'黄爷爷'，记得'黄爷爷'步履蹒跚地走上讲台，记得那慈祥温暖的笑容，记得那并不响亮的声音重复着 gniumiu，记得课堂上津津乐道王国维之三境界……"一位叫马宇翰的学生说："黄爷爷，刚进学校就有幸听了他的《现代物理前沿选讲》……还送我了八字帖，'勤以修身，俭以养德'，我一直挂在家中永远勉励自己。"

以黄祖洽多年的科研经历，他对这些课的内容非常熟悉，可每次课前，他都会积极收集资料，有时哪怕是为了核对一个年份或一个基本的物理单位，他都要查好几本书，直到找到确凿的证据为止。每节课的讲义他都要仔细地检查几遍，其中的公式都亲自推导，即使是最简单的公式也要演算一遍。黄祖洽在给本科生上课的这段时间里，也切实体会到了"教学相长"的道理，他在备课、讲课的过程中也收获了不少新知识：一方面备课时的认真查阅、推算，有时还要请教他人，让他得到了许多新的机会去学习；另一方面，同学们在讨论中提出的问题也往往促使了黄祖洽自己的进一步思考和研究。同学们

图 10-8　2002 年，黄祖洽（左）出席研究生学位论文答辩会

---

① 李晨：黄祖洽"我现在还是个学生"。《创新科技》，2005 年第 11 期。

对课程的要求和建议，黄祖洽都会虚心听取并积极采纳，一旦他们遇到不懂的问题，他都会耐心讲解，一遍不懂就讲两遍，直到弄懂为止。黄祖洽讲课深入浅出，能够把很困难的问题用简单的语言表达出来。

2002年，黄祖洽又给大三和大四年级的同学开讲了"粒子物理基础"专业课，介绍近三十年来粒子物理所取得的重大成就——能综合解释粒子物理中现有实验事实的"标准模型"，此外他还参与讲授"核物理和人类生存"这门课的概论部分，同时，黄祖洽还承担了为研究生开设的"诺贝尔物理奖专题选讲"的一部分课程任务。为了深入浅出地讲好这些课程，黄祖洽积极收集最新信息，在出国期间也念念不忘，一有时间就去图书馆查找相关资料。学生的作业和论文，黄祖洽也是非常认真细致的批改，哪怕一个符号错误和错别字也不轻易放过。

黄祖洽的敬业精神在学校里被传为佳话，成为青年教师学习的榜样。他的课幽默风趣，逻辑性强，物理概念清晰，受到同学们的热烈欢迎。2000年和2002年黄先生两次荣膺"北京师范大学最受本科生欢迎的十佳优秀教师"光荣称号，并于2000年获得"北京师范大学教育教学成果一等奖"，2001年还被授予"北京市优秀党员""北京市师德先进标兵""北京师范大学师德先进标兵"称号，2004年他还获得了北京市高等教育教学成果一等奖。

近年来，黄祖洽每年还利用学校假期时间，不顾年事已高，亲自到学生们中间，言传身教，给学生们讲述自己少年求学的历程和物理学的前沿知识，对学生们的世界观和科学观的形成产生了积极深远的影响。在如今个别学校出现"教授不教，讲师不讲"的不良风气时，北京师范大学物理系的学生们深感幸运。他们不仅听到了教授的课，听到了

图10-9 2013年，年近九十的黄祖洽依然站在讲台上

院士的课，更听到了物理科学巨匠的课。2013年，89岁的黄祖洽依然站在讲台上，为学生们授课，学生们都亲切地称他为"洽洽爷爷"。

教 育 理 念

黄祖洽常常思考和回忆他所受的教育，加上长期以来教学的经历，总结出许多教育方面的经验和学习上的方法。他提倡学生应该边学习边思考，不可读死书。他认为，大自然赋予人高度发达的头脑，本来就是为了让人能够更好地学习和思考，人的头脑也遵循生物界"用进废退"的发展规律，如果因为主观或者客观的原因而不去学习和思考，小时候的学习兴趣和好奇心无法得到满足和培养，甚至受到不正当的引导或者压制，那么即使天赋禀异，也会逐渐退化和丧失。光学习不思考的人，只是对他人的经验进行生搬硬套、对书本知识死记硬背，就必然会迷失在知识的海洋中不辨方向，不会运用，更无法创新；而反过来，一个只会思考却不学习的人，缺乏基本的知识，就必然会受到思维的局限，而掉到空想主义的泥坑中不可自拔。

近三十多年来，黄祖洽渊博的学术、丰富的经验和敏锐的科学眼光，民主而又严谨的治学态度带出了一批基础扎实、思想活跃，既有开拓精神又有严谨学风的人才队伍，可谓桃李满天下。他撰写的《核反应堆动力学基础》《输运理论》等专著和许多高水平的论文成为相关专业常备的参考文献和教材。黄祖洽更愿意和同学们打交道，跟年轻人在一起好像自己也变年轻了，他乐意把自己人生的经验和学习方法跟孩子们交流。他认为成功无外乎这么几个因素，一个是勤奋，一个是求实。他告诫年轻人要勇敢地面对生活，珍惜时间。他认为，科学探索的过程中充满着失败，常常要尝试几百次才能得到一项成果。只有不怕挫折，不畏险阻的人，才能享受攀登科学高峰的快乐。这是我们在面临生活时，特别是从事科学工作时不能不有的思想准备。在顺利的时候，固然最好认识到机会难得，抓紧时机，快速前进；在遇到困难的时候，也应当不惊不慌，不失信心，利用面临的困难来磨炼自己，增长自己的才干，以便克服困难，继续前进，直到取得最后的胜利。而在实践的过程中一定要善于学习，善于学习的人总是把学习和思考结合起来，对前人或旁人的知识和经验进行认真地质问、论证并在头脑中思辨分析加工，变成自己能够掌握运用的智慧和本领，用来解决自己遇到的实际问题。此外，黄祖洽告诫青年们，时间是最不讲情面的，不因为任何人的主观愿望而稍稍停留。我们必须抓紧时间，否则便会虚度年华。如果不能实实在在地利用时间来取得效益，充实自己，反而自认潇洒，悠然自得，或愤世嫉俗，自生闷气，时间就会悄悄地溜走，生命也就白白地浪费了。

除此之外，黄祖洽还非常重视基础教育，他曾在"国际中小学科学与技术教育课程的改革与发展"讨论会上，作了《对中小学科学教育的一些看法》的报告。他认为中小学科学教育要使孩子们在知识方面、学习习惯和学习方法方面以及对科学精神的理解方面都要打好一个坚实的基础，并因此需要着力培养学生的学习兴趣。由此黄祖洽提出了一些重视基础教育的措施和方法。黄祖洽认为，为了做到这一点，启发和培养学生的学习兴趣是教育者首先要注意的事情，科学教育更是这样。学生对科学有兴趣，能真正钻研进去，是从小培养出来的，是从培养孩子对自然的爱好中一点一滴积累起来的……从事科学研究是一项很艰苦的事情，需要一个人付出很多的艰辛和努力，如果一个人对科学有兴趣，认为科学研究能带来精神上的愉悦，是人生的一种需求，能弥补其他许多方面的不足，他就愿意献身科学。黄祖洽曾经说过，"打好全面基础更利于学生成才"，他认为，为社会培养健全的、适合需要的人才是教育的目的，随着社会的发展，科学技术日益进步，生产力不断提高，社会劳动的分工越来越细，对人才也提出了越来越高的要求，社会上也出现了各种类型的学校，设立了许多学科、系和专业，但学校将专业和教学内容的区分绝对化，对于培养高素质的人才十分不利。黄祖洽认为，自然科学和社会科学都是研究现象和规律的，这是二者相同的地方，而且自然界和人类社会实际上应当是统一的。其实在古代，学者对自然和人文的区别并非截然，例如中国古代就有"天人合一"思想，强调人和自然互相协调的关系，并未把自然和人文严格区别开来。他认为，自然科学工作者和社会科学工作者应当在以下四个方面加强合作：

（1）互相学习：首先学习双方的语言。自然科学家对社会科学的语言和概念要弄懂，反过来，社会科学家也要弄懂自然科学的术语和概念。[①] 华罗庚教授曾说过，如果把语言了解了，各门科学都是相通的。黄祖洽还拿自己在西南联大学习的经历作为例子："我在西南联大读书时曾经听过陈岱孙教授的《经济概论》课，课后分班讨论，有人用边际效应理论分析问题，我提出用微积分可以解决，得到专家的认可，此后经济学的发展证明这个思路是对的。"现在有数理经济学、经济物理学等交叉学科，也证明黄祖洽的思路是对的。

（2）优势互补：20世纪物理学方面有很多新发展，如相对论、量子力学等。除了有实验基础以外，最根本的一点就是受哲学思想的影响。爱因斯坦和玻尔对哲学都很感兴趣。黄祖洽认为要关注哲学，今后的许多发展可能会建立在更深刻的哲学基础上。社会科学也要学习自然科学，特别是自然科学的科学精神，重证据，重实验，重定量化，与实验不符的，不能成立，即"实践是检验真理的唯一标准"。

（3）密切合作：自然科学和社会科学工作者要开展合作研究，要发现这类课题，研究这类课题。此外，黄祖洽认为在教学方面也可以开展合作，社会科学工作者也希望了解自然科学的知识；同样，哲学社会科学方面的学者也可以为理科学生开讲座。他认为，未来两方的工作者甚至可以联合带研究生，文理科联合培养的研究生，知识将更全面，研究成果也会更深入。这就是创新。

（4）共同进步：黄祖洽认为前面讲的三个方面就是自然科学和哲学社会科学工作者共同进步的前提，不论是自然科学还是社会科学工作者，离开了对方，要想取得创新和根本性的突破，都是很困难的。

各个专业间虽然有着具体学习对象和着重点的差别，但却有着广泛的共同基础：文科基础教会学生懂得如何表达自我、与人交流、认识自己在

---

① 黄祖洽：像华罗庚那样学习和思考.《中学生数理化：初中版·中考版》，2012年第10期。

时空中的位置和在社会中的责任，提升人文修养；而理科基础则有利于培养学生求真务实、实事求是的科学精神，是他们具有理性思维，掌握研究事物的科学方法。所以全面基础的奠定不但有利于本专业的深入，还可以提供必要的共同语言和共识，便于不同专业间的相互了解、相互交流、相互启发和相互合作，促进新概念的产生和交叉学科的出现，才可以培养出更高层次的人才。

在这种教育理念的指导下，黄祖洽在北京师范大学为学生们授课过程中，就非常注重对基础知识的普及。除此之外，他还很重视基础教育的科普工作，为了向青少年普及原子能的知识以及原子能技术在材料科学中的应用，黄祖洽花费了大量的时间和精力撰写了《科学家谈物理：探索原子核的奥秘》，这本书由湖南教育出版社出版，还获得了湖南省委颁发的精神文明建设"五个一工程"优秀作品证书；另一本科普读物《射线束和材料改性》在 2002 年由清华大学出版社出版，这本书作为科普项目《院士科普书系》（共 100 本）之一，获得了 2005 年国家科学技术进步奖二等奖。

步入教育界之后的黄祖洽，除了在非平衡统计物理和输运理论等方面做出了开拓性的研究发展之外，还为中国物理学的基础教育和基础研究发展殚思竭虑、锐意开拓，培养了大量人才，并不断启发后学之辈，作出了重要贡献。也许在旁人看来，教学显得太过平淡无奇，然而黄祖洽却在这份平淡中寻找到了同样的满足和快乐。二十年过去了，一批又一批的学生从这里走出，成为这个领域的精英，黄祖洽依然守望着北京师范大学这片宁静的校园。跟物理打了一辈子交道的黄祖洽擅长诗词，他用两句诗概述了自己一生的求索："殚思求火种，深情寄木铎"。殚思求火种，就是他前半生费尽心思来求发展原子能，利用原子能；深情寄木铎，就是把感情用在培养年轻人上面。一位学生曾经寄诗黄祖洽："先生诲人谆谆语，弟子报国拳拳心。一路插下枝无数，回首望去已成荫。"[①] 黄祖洽说道，"山花今烂漫，何须绘麟阁"。祖国的核事业接班人已栋梁成行，我本人还需要什么名和利呢？

[①] 周宏余：殚思求火种，深情寄木铎——祝贺黄祖洽院士 75 岁生日.《现代物理知识》，1999 年第 6 期。

谈 读 书
黄祖洽

读书是求知、探索、明理、解惑的重要手段。书籍是精神的伴侣、永恒的朋友、无声的老师、常备的顾问。通过读书，人们可以突破时间和空间的限制，了解到自然界或社会上许多值得注意的现象及其内在的规律，满足与生俱来的好奇心和探索性、获得心理上的享受，并利用这些规律来提高生活质量。通过读书，我们可以研究历史上发生的重要事件和它们留给后人的教训。通过读书，读者更可以与古今中外的作者们进行心灵的交流、思想的碰撞，从中得到有益的启发，"站在前人的肩膀上"进行创新。

读书是一种精神劳动，它的直接回报也是精神上的。当然，精神也会转化成物质，前人早已认识到"知识就是力量"和"学以致用"，进入知识经济的今天，这一点更加明显。不过，读书的乐趣首先是精神上的：从无知到通达（知识长进、情操洁化），疑难问题的解决，理性的随机顿悟，认识的豁然开朗，感情的今昔共鸣，见识的异域默契，读幽默隽语而窃喜，吟诗词佳句以抒怀；凡此种种，莫不是从读书得到的良性精神回报。"读书之乐乐无穷"，正是爱读书也会读书的人感觉到的一种无比享受。

会读书的人很注意读书的方法，用不同的方法去读不同的书。有的书只要翻翻目录、看看前言，就可以知道它的大致内容，不必细看。有的书篇幅浩繁，但有用的部分不多，只要用笔记本简略择录就可备用。有的书情节引人入胜，像天方夜谭！《西游记》和武侠小说一类读物，可以当作"成年人的童话"，闲时看来消遣；阅读时可以"一目十行"，很快翻过去，只要了解大致情节，不必也不宜过于认真。基础性的书则必须精读，不能贪快，而要细细品尝、反复思考；必要时可以多读几遍，务求逐步领悟书中内容的精神实质，掌握和牢记其基本要领；对一时不能完全理解的地方，也要先作为疑问存放在脑海里，不时加以思索；经验证明，遇到适当的机会，在考虑别的问题时，往往能联想到原来存放在脑海里的疑问，突然得到启发、触类旁通，进入疑云尽释、豁然开朗的境界。宋代学者张载治学"贵疑"，我想也是因为脑子里有了"疑问"，可以促使人们多多思考，形成比较正确的观点，更能"悟"出事物内含真理的缘故。只有下这样细嚼慢咽的工夫，才能好好消化基础性的书，真正收到"运用自如"和"举一反三"的效果。

和作者进行思想、感情的沟通，是深刻理解作品的前提。读经典的文学作品，只有认真领会作者的心意、了解写作的背景、投入自己的感情，反复吟诵，才能欣赏到它的叙事之妙、言情之挚、行文之美、立意之深。不管是读司马迁所写《史记》中的一些名篇，还是读朱自清写的《背影》一文，读者都会有这样的感觉。读理论性的书籍，应当注意书中有哪些新鲜的内容和观点，和自己原来知道的比较，有什么不同？是否可靠？经过一番思考和分辨的工夫，才能加深理解，融会贯通，使新的、正确的理论知识形成自己脑海中知识结构的一部分，可以随时加以运用。

为了研究特定问题而读书，不妨根据所研究问题的性质，查一查有关工具书或请教专家，先拟定一个"调研提纲"，根据它来收集资料。对资料初步翻阅后，确定重点要读的部分。读的时候更要注意分析，勤于思考，敢于怀疑，勇于创新，去粗取精，去伪存真，由此及彼，由表及里，得出自己对所研究问题的见解。有了自己的见解，还要到实践中去检验，看它是否符合实际，是否真能解决问题。不然就要再分析原因、找出症结，重新加以研究。在实践中检验和修正自己的认识，实际上是在读自然或社会这本"大书"，而调研资料，只不过是在读写成文字的"小书"，为读"大书"做准备。读"小书"必须和读"大书"结合，才能得到真知。这一点是我离开学校后从事多年科研和教学工作的切身感受。我想，这也是所有认真读书的人千万不可忽略的。

在北京师范大学的几十年，黄祖洽对教育的敬业，对年轻人培养的认真，表达着他对后辈寄予的厚望，也是他"深情寄木铎"的最好诠释。黄祖洽还希望年轻人能养成不昧世俗，自强不息的品格。在物质生活日益富的时代，黄祖洽写了这样一篇文章：

谈谈"有什么，别有病！没什么，别没……！"①
黄祖洽

"有什么，别有病！没什么，别没钱！"这两句话，听了好像是醍醐灌顶。"文化大革命"期间，我那初中毕业就被分配去当了6年搬运工的儿子，曾听他的老师傅跟他讲，回来又跟我说起过。50多年后，时过境迁。儿子离开了北京，我也成了一名老教师，每天面对着天真活泼的孩子们，分享着他们的快乐，早已把这两句话忘得干干净净。

不巧，上个月得了感冒转肺炎，住了20来天医院。整天躺在病床上等着输液，什么也不能干。卧病中，不禁又想起这两句话来。感到"有什么，别有病！"这话真实在：得了病既难受，又不能工作，还费时费钱，真不该有病！其实，不仅是生理上的病不能有，心理上的病更不能有：心理上的病不仅会损害自己的身体，影响工作，还会祸害到他人和社会。所以更不能有。至于"没什么，别没钱！"这话呢？乍一听好像也挺有道理：在市场经济条件下，没有钱真还办不了什么事！不过，难道没有比钱更重要、更可贵的吗？我看也不见得！有钱确实好办事，但是，它往往也会成为一种腐蚀剂，消磨一个人的锐气，导致腐败和堕落。相反，"人穷"固然可能会让人"志短"，但是，也有"穷且益坚"和"人穷志不穷"的有志者。只要有了志气，朝着合理的目标努力奋斗，没有钱可以挣到钱，最后总可以抓住机会，取得成功。有道是"有志者事竟成"。所以，我觉得不如把"没什么，别没钱！"这话修改成"没什么，别没志气！"更加合理。对于年轻人，尤其是面对人生抉择时，"志存高远，脚踏实地"是必须坚持的态度和必须培养的品质。

---

① 此文是黄祖洽于2013年10月所写，暂未公开出版。黄先生为采集小组专门手写一份文稿，现存采集工程数据库。另有手抄版留于黄先生女儿黄萌处。

教学之外的新角色

黄祖洽对学术前沿的东西十分敏感,这使他在教学之余也不断研究和思考新问题。虽然已经成为一名中国著名的核物理和理论物理学家、一名德高望重的物理学工作者,他依然要求自己多做实事,并同时兼任了多个学术职务。

1984 年,黄祖洽改任北京师范大学低能核物理研究所名誉所长。此后不久,又兼任了中国原子能研究所副所长,并被聘为国务院学位委员会第一和第二届物理学科评议组成员。1983 年 1 月,他接替重病住院的王竹溪担任了中国物理学会主要刊物《物理学报》的主编,直至 1999 年离任。《物理学报》创刊于 1933 年,原名 Chinese Journal of Physics,创刊初期用英、法、德三国文字发表论文,是中国出版的第一份物理类综合性学术期刊,1953 年改名为《物理学报》,成为一本物理学中文期刊,首任主编为我国著名物理学家严济慈与丁燮林,随后担任主编的有吴大猷、王竹溪等人。如今,《物理学报》已成为目前中国历史最悠久、在国内外发行量最大、影响面最广的物理类学术期刊,赢得了国内外物理学界的普遍认同,受到许多著名物理学家的高度评价,被认为是"中国权威性的物理刊物"。王竹溪曾经主持《物理学报》近 40 年,功绩卓著。

图 10-10 2012 年 9 月 16 日,黄祖洽与周毓麟(左)和于敏(右)合影

黄祖洽承继先师,循王竹溪办刊"坚持原则,处事秉公,奖掖后进,平易近人"之道,使《物理学报》得到进一步发展。在他主持学报的 16 年间,先于 1984 年创办了英文版 Chinese Physics Letters

（中文名为《中国物理快报》），其宗旨是迅速向国内外传播我国物理学界在理论和实验物理方面的最新成果，并介绍与物理学科有关的交叉学科和应用方面的新成就。这本杂志坚持国际上高级快报类刊物的选稿原则，强调研究成果的首创性及对推动其他研究的重要性，内容包括：理论物理，核物理，原子与分子物理，电、磁、声、光、热、力学及其应用，流体、等离子物理，固体物理，与物理学交叉学科及地球、天体物理等。

1992年，创刊《物理学报》的英文版"*Acta Physica Sinica*"（Overseas edition），黄祖洽先生担任主编并亲自用英文撰写了两个刊物的发刊辞，为中国物理学研究成果及时与国际同行交流开辟了新阵地。对于一些学术不端行为，黄祖洽是极为反感的。一次有位投稿人找到他，想通过前期联络让黄先生选用他的文章。而他的文章黄先生是看过的，如果没有来找，可能还有改进空间，可一来找，黄先生拒绝了此稿。黄祖洽坚持学术刊物出版的严格道德标准，要抵制各种违反科学道德的行为，以保证刊物的学术水平和健康发展。[①]

这种刚正不阿、秉公处事的风格，是在淡泊宁静、不求名利的高洁品质下形成的。黄祖洽曾经《说莲实》一文以莲喻人，盛赞"莲实淡泊、宁静、不忘济世"的精神品质，他说道：

> 对于有花植物，花和实本来代表着生长的两个自然阶段，有着创因和成果的关系。"华而不实"被借用来讽刺那些披着光彩照人的外表、却没有实际内涵的无用之徒和害人骗子。可是，由花到实，着实要费一番生长发育和积累的工夫：花中雌蕊受粉成孕之后，植株必须得到阳光照耀、雨露滋润，通过自己的根系从土壤、水分中充分吸收养料，借助于绿叶的光合作用，将营养要素变成自己雏果的组成部分。这过程中还要经受种种磨炼，战胜狂风暴雨的摧残，克服病、虫害的侵蚀，不断顽强地成长，经过日积月累的工夫，最后才能结出美味可口的果实。[②] 这其实就是黄祖洽内心对自我的要求和期盼，也是

[①] 刘大乾：《物理学报》创刊70周年（1933-2002年）大事记.《物理》，2003年第12期。
[②] 黄祖洽：说莲实——仿古长廊楹联引.《物理》，2004年第9期。

对他一生高洁品质的写照。在当学报主编期间，他不仅严格要求每一份文稿的审阅和刊发，更致力于端正学术风气，保证刊物的学术水平和物理学界学术风气的健康发展。

图10-11　1996年10月28日，黄祖洽（中）参加何梁何利基金奖授奖典礼

在此期间黄祖洽还担任了中国物理学会吴有训奖评审组组长，并作为"原子弹氢弹设计原理中的物理力学数学理论问题"的主要作者之一，获国家自然科学奖一等奖。1996年，黄祖洽获得了何梁何利基金科学与技术进步奖。

第十一章
皓首穷经，高山景行

永不退休

黄祖洽说"教书育人培养人才是一辈子的事情，只要我还有一口气，就会继续做。"[①] 在黄祖洽的教育生涯中，学生的教育是他最为重视的一方面，就算是在步入晚年，渐渐离开教学第一线之后，他依然把青年人的教育当作是一件大事。黄祖洽1980年当选为中国科学院数学物理学部委员，1994年改称中科院院士。他

图 11-1　黄祖洽参加国际核物理会议期间，与胡济民（左）、丁大钊（右）于意大利比萨斜塔上合影

[①] 王力可等：黄祖洽：核武大家 筑梦杏坛．《光明日报》，2013年8月29日．

笑称当选院士最大的好处是可以不退休,永远工作下去。

1983年,黄祖洽的《核反应堆动力学基础》由原子能出版社出版,这是一部黄祖洽基础性研究成果的总结,荣获全国科技图书二等奖。同年8月,他参加在意大利佛罗伦萨召开的国际核物理会议,并在会议结束之后,在西德慕尼黑拜访了Sizmann教授夫妇。

黄祖洽于1984年开始担任北京师范大学低能核物理研究所名誉所长。同年3月,他参加了上饶地区物理学会第一届理事会第五次全体会议,并就"改革中学物理教学,提高物理教学质量"问题和与会专家进行了讨论。在会议期间,他还专门抽出时间,于3月14日应江西上饶师范专科学校的邀请,前往该校作了"当代科技前沿"、"材料科学和表面科学"的专题报告,介绍了当代生物物理学和物理学的最新成果和发展动态,受到学校师生们的热烈欢迎。

1985年5月16—22日,黄祖洽参加了在安徽省屯溪市举行的全国第六次原子核少体物理会议并致开幕词。同年7月,黄祖洽随周培源教授夫妇去巴西圣保罗州坎皮那斯(里约热内卢附近)参加帕格沃什科学和世界

图11-2 1985年黄祖洽(左一)在巴西参加Pugwash会议时与著名物理学家周培源夫妇(左三和左二)及翻译合影

事务会议第 35 次年会。

1990 年 5 月 10—12 日，黄祖洽参加了在北京师范大学举行的"冷核聚变学术交流和对策"研讨会。同年 11 月，由于对高等教育事业做出突出贡献，开始享受政府特殊津贴。同年 12 月 24—28 日，黄祖洽参加了在福州召开的第七届全国非平衡统计物理学术会议，并在会上做了"相变动力学的几个问题"的报告。黄祖洽认为对相变速率及影响此速率诸因子的研究是相变动力学的课题。经典的相变动力学理论已有半个世纪以上的历史，其中一阶相变是通过成核（nucleation）和生长（growth）过程来描写的：新相核首先以一定速率形成，然后以更快的速率生长。黄祖洽提出了联系相变动力学的宏观热力学理论与微观聚集过程所需解决的若干物理问题：在聚集过程中如何引进粒子间的相互作用能？

图 11-3　黄祖洽（前排右二）出席原子分子物理发展战略评审会

图 11-4　1990 年 5 月 10 日，黄祖洽（前排左十）参加冷核裂变学术交流与对策研讨会

图 11-5 1993 年，在清华大学于训楼前物理学会理事会合影（前排右二为黄祖洽）

如何定义系统的自由能、熵、表面和表面能？如何引进温度和热激动的影响？如何考虑这些效应所引起分维的变化？并尝试做出解答。

1993 年 6 月 1—2 日，黄祖洽参加了由国家科委高技术和基础研究司、国家自然科学基金委员会数理科学部在北京主办的"常温核聚变讨论会"，一同出席的还有著名科学家王淦昌、杨立铭、周毓麟、王乃彦等人。黄祖洽所工作的低能核物理研究所于 1994 年被科技部选为我国首批基础性研究改革试点所，同年在北师大低能核物理研究所建立了射线束技术与材料改性教育部重点实验室。在黄祖洽 70 岁生日前夕，北京师范大学、中国科学院理论物理研究所、中国原子弹科学研究所联合召开"核物理与统计物理学术讨论会"，100 多位专家学者出席会议。与会代表高度评价了他的科研成就及他对国防科研事业的杰出贡献。11 月 4 日，为祝贺他执教 44 周年暨《黄祖洽文集》出版，北京师范大学出版社举办了首发式。科技界和教育界的专家学者 100 多人出席首发式，并向他表

图 11-6 黄祖洽与夫人张蕴珍在何梁何利基金颁奖大会上

示祝贺。

1999年75岁的黄祖洽开始为北京师范大学物理系和相关院、系、所一年级本科生开设选修课"现代物理学前沿选讲",主要介绍20世纪物理学家在宇观、宏观和微观三大领域所取得的重大成就。课程用书亦由他本人编写。来听课的除了本校学生以外,还有外校来的进修教师和旁听生。

图11-7 1999年,黄祖洽在何梁何利第二届学术报告会上做报告

2005年1月31日,黄祖洽出席在北京中国核工业集团公司召开由中国科学院数学物理学部牵头组织的"核能科技发展战略研究(裂变能部分)"专题咨询组研讨会。2005年2月,黄祖洽在《北京师范大学学报》(自然科学版)发表了《软凝聚态物理研究进展》一文,黄祖洽在文中简单介绍软凝聚态物理不同领域的共同特点和一般规律,并对聚合物和胶体作一些进一步的讨论。

2005年3月14日,黄祖洽参加了在北京师范大学英东学术会堂举行的"2005——世界物理年"首都高校物理文化节开幕式并致辞,对由首都高校大学生发起的这次活动表示充分肯定和鼓励。5月28日,在中国科学院文献情报中心,黄祖洽就"人类生存与可持续发展"这一主题应邀做了专题报告。他从科技发展给人类社会带来的变化入手,结合一系列数据、图表、图片,详细阐述了坚持可持续发展的重要意义。2009年5月20下午,在中国科学院成都分院主办的"科学与中国、天地人大讲堂"院士报告会上,黄祖洽做了题为"软物质的物理学"的报告。会上,黄祖洽向听众们介绍说,软物质是指处于固体和理想流体之间的物质,如液晶、聚合物、胶体、膜、泡沫、颗粒物质、生命体系等。人们日常生活中使用的胶水、油漆、墨汁、牙膏、肥皂等都属于软物质。在报告中,他还着重介绍

图 11-8 黄祖洽（中间）参加首都高校物理文化节开幕式

了软物质的相关特征，软物质物理的研究方法、研究模型以及目前特别受人关注的胶体、聚合物、表面活性三个互补领域的研究情况。他指出，软物质物理作为物理学和生物学交叉领域中的重要学科分支，在合成涂覆树脂的制造、陶瓷制作、聚合物加工、腐蚀现象、环境污染、食品加工、药物工业、生物相容材料及生物工程等诸多工程技术领域有着十分重要的应用前景，必将在 21 世纪得到广泛注意和重大发展，值得我国物理学工作者关注。之后，中科院成都分院院长、成都教育基地管委会主任彭宇行向他颁发了教育基地客座教授聘书。①

除了科研，黄祖洽对于教育的发展也是不辞辛劳，甘愿为祖国教育事业的发展而献计献策。他曾于 2001 年在山西大同参加雁北师范学院举行的"教育改革与发展院士报告会"，并发表演讲，探讨教育改革。还于 2005 年，来到长沙市六中，与来自全国各地的 3000 余名校友共庆母校百年华诞，并应邀为母校的学弟学妹们做了一堂关于"笃志好学"的专题演讲。同年 10 月 30 日，黄祖洽与众多院士和教授一起参加在北京师范大学英东学术会堂召开的"求答钱学森之问：中国如何培养创新人才"为主题

---
① 资深院士黄祖洽报告会在成都举行。中国科学院网站，2009-5-26。

的首届"创新中国论坛"。黄祖洽还多次参加北京师范大学的学生活动、开学典礼、校庆等等，此外黄祖洽母校九江一中的 100 周年校庆、110 周年校庆也都邀请黄祖洽前去参加。黄祖洽对于青年人给予了很大的希望，总是给予他们鼓励，希望他们能够珍惜时间，多学些知识，成为祖国的栋梁之材。

晚年的黄祖洽，依然积极参加对教育问题的各种讨论，不断地有教育方面的文章发表，他不仅鼓励学生坚持不懈的进行科学研究，而且对科学研究中的很多问题提出建议和方法上的指导。与此同时，他

图 11-9　黄祖洽参加长沙六中百年校庆

也经常与青年科研工作者们探讨专业问题，老骥伏枥，黄祖洽对科学的追求和对教育的重视可以说是从不停息。所以，虽然已经进入耄耋之年，他依旧处于不退休的状态，成为名副其实的"永不退休"的教授。

文 理 兼 修

黄祖洽在数理方面有着很好的天赋，加之对知识的长期渴求及不懈钻研，使其在所学专业方面不断创出新的成就，成为著名的理论物理学家和核物理学家。除了物理，黄祖洽对化学和数学也很感兴趣。受中学老师的影响，他很爱上化学课，总能与老师形成问题交流和互动。为了记住那些枯燥的化学公式，他不断寻找一些相关书籍研习，懂得寻求化学公式的规律，以代替死记硬背的学习方法。黄祖洽还很注重数学的学习，他曾高

图 11-10　2004 年的黄祖洽

度评价数学在科学研究中的作用,甚至在日常生活中也不停止对一些数学问题的探究和思考。80 岁以后,为锻炼自己的思维反应能力,黄祖洽时常会做一些"数独"游戏,遇到困惑时还会与儿子黄硕讨论对策。所谓"活到老,学到老"正是多年来黄先生笃行的箴言。

而"学好数理化,走遍天下都不怕"成为一个时代的流行语时,更让黄先生成为 20 世纪 50 年代之后中国知识分子中的佼佼者。尤其是改革开放以后,良好的社会环境让黄先生神清气爽,无论是科学研究还是教书育人,黄先生干劲十足,陆续发表学术论文四十余篇,物理学方面的专著 5 部,文集、文选和选讲各 1 部。其文章被整理成册,经过多次出版,至今仍很紧俏。专著《输运理论》一书也是在 1987 年出版后,2008 年再次出版。而《现代物理学前沿选讲》因内容精彩丰富,已成为授课教材,并被拍摄成学校的精品课程。

知识总是相通的,无论哪一学科,善于丰富且运用规律的人,总能对所学知识呼风唤雨。走在科学前沿的黄祖洽,诗词歌赋及笔墨也毫不逊色,他身上有着科学家所需要的不服输、不信邪的倔强秉性,却也修养得兼具恬静文雅的文人气质。由于记忆力好,小时候背诵诗词对他来说是很容易的事,而且一旦会背总也不会忘记。当学习积累到一定程度,黄祖洽也乐于创作,这一点在他的中学语文作业中有着很好的体现。70 年前一位国文老师曾在他的作业

图 11-11　黄祖洽的著作

本上写下了这样的批语:"骈散一炉,文情俱胜,使季绳而专研文学,不难出人头地也,勉之望之。"但这位国文老师没有想到的是,他所期望的在文学上"出人头地"的黄祖洽,后来竟成了一位为我国原子能事业做出突出贡献的核物理学家。

多年以来,黄祖洽笔耕不辍,并对儿时记下的诗词总能朗朗上口。有时与子女外出时,常即兴朗诵一些很长的古诗词,女儿黄萌常惊讶父亲是如何记得那么清晰的。在与同学、同事或朋友的交往中,常常是一气呵成,作诗词互赠。自己偶尔也会触景生情,吟诗一首。1996年,在与高中同学程珊分别多年后,又再次取得联络,黄祖洽为他作诗一首:《七绝·赠老友华夏(程珊)》。①

<blockquote>
三年共饮杨村水,
万里偕行赣贵程。
殊域耕耘逾半世,
方知二卉本同根。
</blockquote>

一首七言绝句描述了当年长途跋涉前往贵州参加高考的情境,感叹时间过得太快,各自在不同领域奋斗了半辈子了,才发现是当年同在一个中学的好同学。

2003年,黄祖洽得空参加中国科协组织的去东北休假、考察活动。来到镜泊湖时,他即有感而发,写下五言绝句《镜泊湖畔望"伟人山",即兴感赋》:②

<blockquote>
泊坠仙姬镜,山横伟人形。
如何腋肘畔,二鳄夺关津。
</blockquote>

因为湖边有一座山,形似伟人朝天仰卧,被群众称作"伟人山"。旁

---

① 黄祖洽:《黄祖洽文存》。北京:北京师范大学出版社,2002年,第203页。
② 黄祖洽:《三杂集》。北京:北京师范大学出版社,2004年,第142页。

边有两个小山脊，引向一条河面上的小桥，形似两只鳄鱼在争夺关口。黄祖洽又用一首小诗形象生动地描绘出所见风景的情境。

除了诗词，黄祖洽也写写散文和杂文，他总是能言简意赅地将一类现象或一种精神淋漓尽致地体现在他的作品中，如《一本好书》《谈读书》《谈谈学习和思考》《对中小学科学教育的一些看法》等。黄祖洽用多年来积累的学习经验和感悟来引导人们树立积极向上的学习和奋斗精神。

2004年，黄祖洽将过往的一些作品，集成一本册子出版，名为《三杂集》，其囊括了2004年以前黄祖洽对往事的杂忆和他写过的一些杂文、杂诗（词、联）。而将这本书命名为《三杂集》，黄祖洽这样解释道，"'三杂'的意思可以这样理解：一是成文的时间杂，有少年时期的，有成年时期的，也有老年时期的；二是文体杂，有文言，有白话，也有半文不白的书信体；三是题材杂，涉及多方面的题材，只有少量涉及我的专业——理论物理和核物理。"[1] 他认为里面的内容几乎都是与学习和教育有关的，并说：这也许正好说明，终生学习和终生教育的过程，实际上早已客观存在。每个人都自觉或不自觉地在实践着。现在加以提倡，当然是希望人们能把这一过程从"自在"的提升到"自觉"的高度，以便更好地提高总体国民素质。[2]

这部《三杂集》以黄祖洽个人的经历与回忆为主，一定程度上反映了他那个时代的人，随着时间推移、社会变迁、知识增长，精神面貌的变化和发展。这本文集中，除了黄祖洽对往事的回忆，还有他少年时的作文、写给母亲的信件、散文、写给他人的序、杂诗、即兴所

图11-12 2004年，黄祖洽（左）与杨振宁（右）讨论作品《三杂集》

---

[1] 黄祖洽：《三杂集》．北京：北京师范大学出版社2004年版，自序页。
[2] 同①。

作的辞赋，内容丰富。这样一位卓越的物理学家，竟有着如此高的文学造诣，实在让人赞叹不已。

年近九十岁高寿的黄祖洽居然像年轻人一样，使用计算机制作课件，用电子邮件与人联络，这在中国应该是为数不多的。他能够思维清晰地讲一堂物理课，也能够提笔书写题词。黄祖洽的书法也堪称大家，他的毛笔字也成为很多人珍藏的手稿。形成文理兼备的修养，很大程度上源于他对科学与人文的理解和理念。下面这篇文章正是他对这一理念的深刻阐释：

科学人文本同根

什么是科学？什么是人文？查一下《辞海》：科学是关于自然、社会和思维的知识体系；人文却关系到人性和人的教养。科学这个知识体系的范围很广，包括有关自然规律的物理、化学、天文、地理和生物，有关社会现象的政治、经济、历史、教育和法律，以及有关思维和认识规律的数学和哲学。按照唯物论的基本观点，物质具有统一性，客观世界各个领域的基本规律是相通的。人类本身也是物质发展过程中出现的一特殊形态。因此，自然科学和人文社会科学的区分只不过是研究对象的不同，从根本上说都是应用科学方法去探求客观真理的。就这个意义来说，人文科学是科学的一部分。另一方面，不管哪门科学，都需要人去研究，也只有人能加以应用。人之所以能去研究、应用，正是因为人有灵性、有自觉，能够积累经验、掌握方法、传递知识、形成文化。人的灵性，不单表现在寻求真的理性上，也表现在对亲人、朋友、同胞、同类乃至周围环境和自然界的浓厚感情（好、恶、爱、恨和喜、怒、哀、乐）上；表现为人文关怀。从这个观点看来，科学又是人文内涵的一部分。人文关怀使人能在分清真、伪，追求真理的同时，追求善和美，摒弃恶和丑。人类的长期实践经验证明，真的（真实、真诚、真挚）往往也就是善的和美的。科学也好，人文也好，都植根于对真、善、美的追求。

科学、人文虽然同根，但是性质还是有区别的。它们有互相补充、互相促进的作用。科学家研究客观事物时（即使研究对象是人的生理或心理状态），总是把自己放在旁观者的地位，寻求对象的客观规律。人文却不然，强调以人为本，把人自己作为关怀对象，研究和表现人在自然界的地位和社会中人与人的关系，以及人类的可持续发展等问题。从某种意义上说，科学是在研究对象之外研究，人文则是把自己放在研究对象之中研究和表现。同一事物，从科学或人文的不同角度，会有不同看法。妙的是，它们并不矛盾，而是互相补充，都符合真、善、美的标准。举个例子，牛顿发现了万有引力和力学规律，很好地解释了许多自然现象，如地球绕太阳的公转决定了四季的气候，地面的风雨形成了江河湖海，月亮的盈亏圆缺引起了潮涨潮落等；使人体会到科学的真实和美妙。文学家却从同样一些现象看出了另外一种真切、另外一种美。如张若虚的《春江花月夜》："春江潮水连海平，海上明月共潮生。滟滟随波千万里，何处春江无月明……"不也是从春水、江流、海潮和明月引发出来的吗？给予我们的却是另外一种境界的美感和实在。又如柳宗元写的《江雪》："千山鸟飞绝，万径人踪灭。孤舟蓑笠翁，独钓寒江雪。"前两句是对雪景的描写，后两句却使人进入另外一层意境，产生另外一番感触。经过诗人的渲染，大自然的真更加浮现了，美更加深化了。

　　科学是不断进步的，它提高了人类的生活质量，但也可能带来危害。如科学进步减轻了人类的劳动，但加大了能源的需求，导致越来越重的环境污染。预计到2020年时，我国将需要30亿到40亿吨标准煤的能源。煤燃烧所产生的二氧化碳等温室气体和酸雨的环境污染是可怕的。人文关怀使我们不得不提出可持续发展的问题。其实，人文关怀不仅涉及人与自然和人与人之间的关系，更涉及人的素质。就拿进行科学研究来说，要提高研究工作的水平，不仅要求工作者具备科学知识、掌握科学方法；还要求他们弘扬科学精神、传播科学思想、提倡科学道德、坚定探索意志、进行团队合作。这些都是优良的人文素质，它们对于促进整个科学事业的发展是至关重要的。如果没有人文关怀，缺乏良好的人文素质，科学不一定能沿着正确的道路发展，更谈不上为人类、为社会造福。另一方面，缺乏科学精神，不尊重科

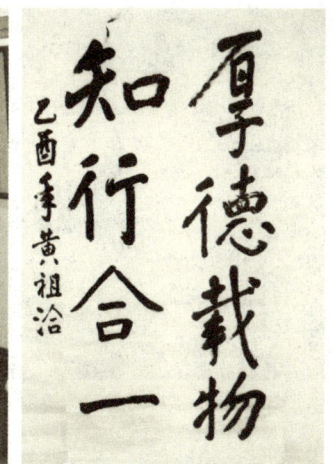

图 11-13　1996 年 8 月，黄祖洽与夫人四川之行——杜甫草堂

图 11-14　2005 年，黄祖洽为安徽省寿县安丰高级中学题字

学规律，人文关怀也很难到位，无法顺利实现。所以，我们要的是：人文化的科学和科学化的人文。

由此看来，文理兼修是黄祖洽追求的学问境界，也将留给后人深刻的影响和感悟。

大 家 云 集

2004 年 10 月 9 日，50 多位白发苍苍的院士相聚在北京师范大学英东学术会堂，这些老人中既有中国的物理学领袖人物彭桓武、何泽慧，又有两位诺贝尔物理学奖得主杨振宁、李政道，他们是黄祖洽往日的老师、同学、好友，也是国际知名的物理学家，前来为黄祖洽祝贺八十岁生日。北京师范大学举行了七场物理学前沿学术研讨会，以此来祝贺黄祖洽院士八十华诞。除学术报告会外，还有为黄祖洽举办的庆祝八十华诞的祝寿会，黄祖洽的老师、和黄祖洽一起工作、学习过的同事和战友、受过黄祖

第十一章　皓首穷经，高山景行

图 11-15　八十岁生日会上黄祖洽夫妇

洽先生教诲和指导过的学生以及黄祖洽先生的好友，聚集在一起，心情十分激动，不仅为黄祖洽祝寿，也是为很多年难得的一次相聚而激动。

很少有这样一个场合，这么多老科学家同时出现在同一聚会上，尤其是杨振宁与李政道能同时出现在黄祖洽的生日会上，出乎了大家的意料，这在过去是少有过的。而这场生日会不仅是黄先生的特殊日子，也是物理学界的特殊日子，众多科学家会聚一堂，老友相见，也是百感交集。

生日会主持人表示，通过先生生日会，一方面是学习和弘扬他的高尚的优秀品质，另一方面也是肯定黄祖洽为祖国的科学和教育事业所做的贡献。黄祖洽在我国的原子能事业、核物理实际应用方面有着不朽的功勋，他和彭桓武院士一起奠定了我国核反应堆理论和设计的基础，他也为我国

图 11-16　2004 年，黄祖洽八十大寿暨物理学学术前沿研讨会（右二为杨政宁，右三为黄祖洽，左一为李政道）

原子弹氢弹的原理探索和理论设计鞠躬尽瘁。黄祖洽在非平衡态统计物理和适用理论方面做出了开创性的发展。会议开场导言说，黄祖洽一心为国、刚正不阿、淡泊名利、奖掖后进的高尚品德在物理学界有口皆碑、广为人知，同时他治学严谨、虚心求实、细致可靠、不盲从重创新的科学作风又是科技工作者学习的榜样。参加会议的还有朱光亚、何祚庥、于敏、陈德光等50多位中国科学院、中国工程院的院士以及黄祖洽的同事和朋友们。此外还有教育部副部长吴启迪，中国工程院副院长杜祥琬，国家自然科学基金委员会前主任陈佳洱，清华大学党委副书记杨振斌，北京师范大学校长钟秉林，北京师范大学党委副书记、副校长郑师渠。

　　教育部副部长吴启迪代表教育部祝愿黄祖洽健康长寿，祝愿他在学术研究和培养人才方面取得更多的成就。她认为，黄祖洽是我国核反应堆理论的奠基人和开拓者之一，在五十多年的科学研究和教学生涯中，黄祖洽为我国的科学事业和教育事业作出了重要贡献，是我国科技界和教育界的楷模。同时，她认为当前时期，我们更要发扬老一辈科学家艰苦奋斗、爱国奉献、团结合作、开拓创新的崇高精神，而在黄祖洽的身上集中体现了老一辈科学家献身科学、献身教育事业的高尚品格和治学风范，值得学习、继承和发扬。她还总结学习黄祖洽有三点。第一，要弘扬黄祖洽精忠报国、献身科学的精神。从1953年以来，黄祖洽开始从事反应堆的理论研究，在原子弹氢弹的设计原理中物理理论研究方面黄先生是主要的负责人之一，黄祖洽作为一名科学工作者刚正不阿、坚持真理、淡泊名利、艰苦创业，以国家需要为己任，献身祖国的科技事业。第二，要弘扬黄祖洽献身教育事业、甘为人梯的精神。黄祖洽心系教育事业，把教育事业作为关系国家兴衰以及科技事业后继有人、兴旺发达的大事，在我国的核科技事业取得了长足发展之后他就把自己主要的时间和精力转到了教书育人工作上来，为我国的现代化事业培养了大批高水平的人才，黄先生在教书育人方面有许多深刻的思想，独到的见解和独特的方法。他坚持学术民主，把导师的指导工作作用归结为引导、鼓励、帮助，把帮助提高学生的综合素质，扩大知识范围，活跃学术思想，培养科研能力和竖立良好的学风贯穿于全过程。近二十年来黄祖洽以渊博的学术和丰富的经验、敏锐的科学眼光，民主而又严谨的治学态度带出了一支基础扎实、思想活跃，既有开拓精神又有严谨学风的人才队伍，可谓桃李满天下。第三，要弘扬黄祖洽坚持唯物论，坚决与唯心主义伪科学做斗争的精神。始终坚持唯物论，自觉和形形色色的唯心主义伪科学、反社会反科学反人类的邪教做斗争。黄祖洽还坚持给青年学生做讲座，教他们如何用科学的态度和方法识别伪科学，以实际行动推动科学普及工作。殚思求火种，深情寄木铎——吴启迪认为这是对黄祖洽高尚情怀和崇高精神的准确概括，集中展示了科技工作者献身科技的精神追求。

中国工程院资深院士，中国工程院原院长朱光亚也在会上说：

图11-17　2004年，朱光亚在黄祖洽八十岁生日庆典上讲话

"祖洽同志是我国核反应堆理论的奠基者和开拓者之一，是我国原子弹氢弹理论研究与设计的重要领导者和参与者，他功底扎实、治学严谨、深入实际、善于创新，为我国国防科技和国家科学事业的发展做出了重大的贡献。

祖洽同志不仅是一位杰出的理论物理学家，也是一位开拓进取的教育家。1980年他离开核武器研究院以后在物理学科的基础研究和人才培养方面取得了新的成就，我听说直到现在祖洽同志仍然坚持讲授大学本科的课程，风采不减当年，让我这一位老同志老朋友感到无比地钦佩。20世纪50年代开始，我有幸与祖洽同事同志一起共事，得到了他的很多的帮助和启发，结下了深厚的友谊。他胸襟开阔，淡泊名利，非常值得我们学习。在祖洽同志80华诞之际我衷心地祝愿他健康长寿、全家幸福。"

黄祖洽的导师彭桓武说道：

"在新中国建立前后一段时间内，我国先后受外国的野蛮蹂躏和敌意封锁，为了在一穷二白的基础上建立起科学事业，新中国召唤并造就了大批优秀人才，而黄祖洽就是在这个时期

图 11-18 2004 年，彭桓武在黄祖洽八十岁生日庆典上讲话

成长和建树的一位理论物理学家。经过高中的几年刻苦锻炼，具有很强自学能力的黄祖洽步入大学后，受到钱三强教授的亲自指导和赏识，所以研究生时就为钱三强教授所器重。1950 年硕士论文答辩后，他被吸收到中国科学院近代物理研究所，于 1954 年潜心钻研中子的输运理论。而后，随着我国原子能事业的发展，他带领一批青年钻研核反应堆的理论和设计，其中一大部分人和黄祖洽本人后来都转到核武器的理论探索和设计研究。从 1980 年，黄祖洽进入北京师范大学低能核物理研究所，致力于培养研究生，从学术方面提出问题指导论文。黄祖洽为人正直，治学严谨，工作中虚心求实，主动认真，细致可靠，判断审慎，不盲从有创建，并善于启迪后学发挥众人所长。他的各个时期的论文也反映出他开拓进取的风格。他的所有这些，他工作所取得的优秀成绩为科研作出的重要贡献都不无影响（缺少宾语内容）。我和黄祖洽从 1949 年他在清华大学做研究生开始相识和共事二十余年，以后也经常沟通和相互切磋。为祖国的繁荣昌盛，愿黄祖洽教授在教育和科学事业上有更大的成就。这是他七十岁生日十年前写的，这首诗就将我和他的关系体现得很清楚了：

廿月师徒，多年战友，逢时顺势同行走。

科研设计育人才，尖端理论咬龙首。"

第十一章　皓首穷经，高山景行　　*167*

著名的美籍华裔物理学家，诺贝尔物理学奖获得者李政道，说道：

图 11-19　2004 年，李政道在黄祖洽八十岁生日庆典上讲话

"从美国回来恰好赶上了今天祖洽八十岁华诞的庆祝会。祖洽是我 1945 年、1946 年西南联大的同学，1946 年我离开祖国到美国去以后，差不多有几十年没有见到祖洽，让我很高兴的是几十年以后我回来见到祖洽，祖洽已经为了祖国做出了这么重要的贡献，对核反应堆的理论、对原子弹跟氢弹的研究都有和重要和历史性的贡献。这里面我也许可以讲个故事，1946 年在西南联大我们的老师吴大猷教授，受当时中国政府的委托，选了今天刚才也讲的朱光亚院士和我去美国学习，准备在中国做原子弹。但在 1946 年光亚早已是大学毕业了，就是比我们早，他是比我们前几辈，在西南联大已经是最出色的年轻物理学家之一，光亚在美国学成以后就回国，为了祖国在原子弹氢弹作出了历史性极重要的贡献，这是大家都知道的。在 1946 年我跟祖洽还是大学二年级的本科生，当时我就非常佩服祖洽对物理的了解跟他的能力，当时吴大猷教授选了我。我就跟吴先生说，我说我在物理方面的见解很肤浅，吴先生应该选更优秀的学生，选黄祖洽同学那样的人去美国。现在回忆起来，当时我向吴大猷老师推荐祖洽是很对的。吴老师虽然是选了我去美国，而我在美国我跟的是菲尔米教授，菲尔米教授在 1942 年他的确是全世界核反应堆的创建人，而以后也是在美国对原子弹成功的主要的领导人之一，可是我对原子弹什么都没学，辜负了当初吴大猷教授选我去美国学原子弹的目的。可是祖洽呢？祖洽留在祖国，完全靠他自己的能力和他的努力，成为祖国的核反应堆理论奠基人开拓者之一，在祖国对原子弹氢弹的

理论研究方面做出了历史性的贡献,是完全靠他自己的才能努力和祖国的环境。1945年到现在快六十年了,回忆当初我和其他联大的同班同学,对祖洽的物理能力十分钦佩,对祖洽的高度的期盼现在都能实现了,非常高兴能够参加祖洽的八十华诞。"

杨振宁说:

"中华人民共和国物理学界几代的领袖人物,今天很多都出席了,方才各位描述了一下黄院士的许多贡献,我想我也许可以从另外一个角度讲几句话。我们都知道20世纪是中华民族复兴、中华民族崛起的

图11-20　2004年,杨振宁在黄祖洽八十岁生日庆典上讲话

一个世纪,这是全世界的人们都承认的。而这个崛起之间重要的一个环节,也许是最重要的环节就是中华民族对于国防方面所做出来的重大成果,而在这个重大成果之中黄院士扮演了一个非常非常重要的角色。黄院士跟我们都八十岁了,我想一个人到了八十岁不免要回忆一下子,我这一生到底做了些什么事情,我想黄院士会想到他对于中华民族子子孙孙的重要的贡献、对于今天中国在世界的地位的贡献,我相信他会感觉到骄傲与欣慰的。"

此后,还有中国科学院院士何祚庥的讲话,何祚庥与黄祖洽也是老相识,从年轻时就结下了深厚的友谊。清华大学的师兄弟,到"轻核理论小组"共事,二人一直保持着同学和同事的合作关系。何祚庥认为,除了反应堆理论以及原子弹氢弹理论研究之外,黄祖洽还在其他方面有着重要的贡献。他认为黄祖洽在核的临界安全问题上起到了开拓的作用。如果反应堆工厂不小心超过安全临界，将会酿成非常严重的事故。而黄祖洽做的一个非常重要的事情就是到核工业部的有关工厂，去现场看大小，裁决安全距离，判断安全临界。何祚庥认为黄祖洽的治学十分严谨，他注重一步一步地打好基础，搞学术需要有过硬的基本功。搞研究不是拍脑袋去猜，而是扎扎实实、一步一步去做科学工作。黄祖洽主张这样一种做法，并坚持一以贯之，身体力行，给年轻人做出榜样。

"黄祖洽在出国期间，学的是宇宙线，宇宙线就是基本粒子，因为那个时候大家最有兴趣的是粒子物理的问题。但是一旦国家有需要，需要他做反应堆，他就去做反应堆；一旦有需要他去做核武器，他就去做核武器；等着核武器的理论完成以后，他又自己给自己提出新的任务——转到教学工作培养后一代；不仅培养后一代，他在统计物理方面还做了很多新的工作。所以在这个意义上讲可以说这个黄祖洽同志是战斗了一生。"

中国工程院院士杜祥琬在会上说了很多关于对黄先生高尚品德的体会："黄先生是我们数理学部 1980 年的院士，数理学部发展到现在健在的有 126 位院士，黄先生在数理学部的发展当中做出了重要的贡献，对学部的工作非常关心，对学部的发展非常热情，下面我想借此机会谈一下我对黄先生的品德，这个他从事科学研究教学的这个高尚品德的三点体会：

第一点体会，黄先生是从事理论物理研究的，因为祖国事业的需要他就从事应用研究，最早是从事应用研究的反应堆，黄祖洽与彭桓武先生一起有过非常仔细地研究，然后才到苏联学习，他们的工作为我国反应堆的热核裂变能的发展作出了很大贡献，而且培养了一批人。现在部里面很多人与原子能相关的像我们这一代的年轻的都是他的徒子徒孙，都是由他的心血培养出来的。

第二是黄先生在科学研究当中非常严谨、踏实，物理概念非常清楚。提到黄先生在九院的时候突破原子弹氢弹的工作，当时他是我们九部的理论部的副主任之一，主任是邓稼先院士。彭桓武先生是总的学术领导者，在黄先生突破氢弹的时候，是由彭桓武先生组织的三个研究方向之一的负责人，也就是说突破氢弹当时分三路进行，黄祖洽领导的那个组做了重要的贡献。像我们这样年龄的人应该是他的学生辈，从他那里学了很多，不光是科研道德，还有很多科研思维的方法，我们大家经常讲，如果是黄先生做的工作，他的计算的结果，可信度是非常高的，几乎找不出错误，这是大家都公认的。他对繁琐的复杂的系统，可以非常仔细地推导出来，比如说非常复杂的中子输运方程式。中子能量很高，这个物质的运动是可以忽略不计的，所以在静态情况下物质是静态的，但是对核武器的爆炸里面低能中子，物质处于静态的这个概念就不能用。黄先生特地推导了流体力学情况下中子适用的方程，这个方程很复杂，至今仍然是我们研究中子输运方面的基础。从这些工作可以看出，黄先生对我们后期的贡献，他这种严谨的思想、踏实的作风，的确使我们这一代人受到很大的启发。

第三点我想要提到的就是，改革开放以后，因为国家需要大量的建设人才，黄先生就转到教育岗位上，到北京师范大学从事研究生培养以及低能所的科学研究工作，同时又兼教学工作。黄先生说他要给大学生讲课，不能休息，还要准备讲课的课件。黄先生对教育事业的热爱，为教育事业培养人的热情是很浓厚的。

综合以上这三点，我们应该向黄先生学习，他是我们很好的榜样。黄先生八十高寿，但严格遵循日常的生活规律，加上心境非常平静，正是他长寿的保证。"

除了到场的各位院士，黄祖洽的学生之外，中国科学院院长路甬祥、中国科协主席周光召、中国工程物理研究院院长朱祖良、中国原子能科学研究院院长赵志祥、清华大学清华校友总会以及国家自然科学基金委员会都发来贺信，祝贺黄祖洽八十华诞。贺信均表示黄祖洽是我国核反应堆理论方面的奠基人和开拓者之一，为我国原子弹和氢弹理论研究做出了重要的贡献，为反应堆事业、核物理和统计物理学科的持续发展倾注了大量心血。同时对黄祖洽几十年来所取得的卓越成就表示衷心的祝贺。此外对于黄祖洽孜孜不倦、毕生以求的科学探索精神，严肃认真、一丝不苟的工作作风，谦虚谨慎、诲人不倦的治学态度提出了高度赞扬。

黄祖洽的八十华诞庆祝大会也引来诸多媒体。他们没有想到一位大学老师的祝寿会可以惊动这么多院士，李政道、杨振宁也一起到场。而黄祖洽本人为人低调，不好宣扬，只想做好自己的本分工作，甘愿让自身行动服从国家的利益，只要国家需要他就会出力。"不是因为可以当功臣，我才去做这件事。它是国家的需要，也是我个人的兴趣。"这句平静如水的回答总是黄祖洽最为朴素的注脚。

图 11-21　2004 年，黄祖洽八十岁生日庆典与子女合影

这些老同事们、老朋友们知道黄祖洽在核事业的成就，更明白他为"两弹"所做出的贡献，他们肯定和赞扬他所做的贡献，更是肯定他的为人。但是谦逊的黄祖洽在生日宴会的答谢上却这样说，"我是今天到场所有人的学生"，在场的人们年龄虽异，却都无不为黄祖洽谦虚淡然的高风亮节所折服。也正是这种内在的人格魅力，吸引着这些学界最顶尖的老科学家们前来参加这位老战友的华诞，为他祝福。

顺其自然

八十岁生日会后，黄祖洽也常被一些媒体追逐，无论在科研贡献还是在同行评价中，他已经被越来越多的人关注到。然而他并不习惯于这种关注，对一些采访也是尽量婉言谢绝。无论外界给了他怎样高的赞誉，在他看来都是不值得一提，他觉得只是做了自己该做的事，自己始终还是个学生，有很多东西需要去学习研究。

《北京日报》在采访了黄祖洽之后，曾经这样评价他：

曾为攻关奋战苦，又与后辈铺路勤；一路插下枝无数，回首望去已成荫。

他本是"两弹一星"的功臣,但军功章没有戴到他的胸前。1980年,核事业"人才断层",引起他深深的忧虑。有着30年党龄的他,怀抱为祖国强盛而牺牲名利的使命感,在56岁时毅然从如日中天的科学研究岗位转向教学岗位。他来到了北京师范大学,开始了默默无闻的教书生涯。先生个人少了一枚金光灿灿的功勋章,却为更多的物理人才攀登核物理顶点搭起了人梯。

《北京日报》还写道:黄祖洽是"一生两辉煌",一是中国核反应堆工程和核武器设计的奠基者;二是手执教鞭,为我国理论物理事业培养继承人。黄先生从动荡的少年求学时代一步步走过来,投身理论物理的研究工作,最终又成为一名大学教师,但他仍然笔耕不辍,好学不倦,以学生自居,从他身上能体会到"非淡泊无以明志,非宁静无以致远"的境界。

2005年9月,中央电视台一套《大家》栏目专门为黄祖洽做了一期节目。在节目中,主持人是这样介绍黄祖洽的:"生活当中往往有很多我们想不到的事情。比如,我们要采访的科学大家,在我们的印象当中,他们都顶着耀眼的光环,拥有着特立独行的性格,或者是显耀的地位,他们是我们生活当中万众瞩目的人物。然而现实中却往往并不是这样,他们当中的很多人,并没有耀眼的光芒,他们就像普通人一样,生活在我们身边,物理学家黄祖洽就是他们当中的一位。"节目用平实的语言采访了黄祖洽的学习与工作经历,在说到自己成长成才的要素时,黄祖洽回答道,"我总结一个是勤奋,一个是求实,我想这个主要是靠这两条。怎么是勤奋呢?确实我花在学习上的时间比人家多,我觉得天道酬勤啊!我是认为勤奋很重要。另外一个求实,求实这一点就是说,你要看你学的东西是不是真的符合实际,要求实。"

节目的最后,主持人评价黄祖洽"是一个至今仍充满童心的科学家,对他的采访多半沉浸在对童年往事的回忆当中,但也正是这些点点滴滴的小事,勾画出一个科学家一步步走向成功的轨迹。黄祖洽坚信,成功和素质正是来源于这点点滴滴的小事所积累起来的习惯,我想这也正是今天这位看起来普普通通的老师,最想告诉他的学生们的东西。"

九江电视台也曾经对黄祖洽做过节目专访,在这个节目里,人们对黄祖洽在和物理学界的贡献和付出进行了梳理和了解,评价他有着"不能忘记的功勋"。

2012年1月17日,中共中央政治局委员、国务委员刘延东专程来到北京师范大学看望黄祖洽。在他家中,刘延东代表党中央、国务院给黄祖洽院士拜年,亲切询问他的生活和身体情况,向他献上鲜花,并祝福他健康长寿。刘延东高度赞扬了黄祖洽院士在核物理、理论物理研究和原子核反应堆的设计制造等方面做出的重要贡献,对他在学科建设、理论创新和人才培养等方面取得的突出成就表达了敬意。

2013年8月29日,《光明日报》第13版《走近大家》又刊登了黄祖洽的事迹,文章以"核武大家,筑梦杏坛"为题介绍了他的事迹。在接受采访时,黄祖洽依然秉承了一贯的谦虚态度,他用从教数十年的北京师范大学的校训来表达他的荣誉观,"'学为人师,行为世范',一般理解为我的学问要当别人的老师,我的行为要做社会的模范。但是我的理解是前面'学'字是个动词,要学着去做一个老师,'行为世范'是说行为被社会,被'世'所规范。"文章最后评价道,"历尽人世沧桑后,将自己的人生梦想浇筑在杏坛之上,熔铸于祖国的强盛、中华民族的伟大复兴里,自己甘愿平凡,这在当下本身就是最不平凡的精神。"

黄祖洽为我国的核物理事业付出了一生的努力,祖国和人民没有忘记他的贡献,他的寿辰吸引了全社会的关注,他的健康也被许多人挂心着。正是他倾尽一生所做的贡献,才让后辈铭记,也会让祖国和人民铭记他的功勋。

图11-22 2013年1月29日,黄祖洽、叶铭汉(左)、张焕乔(右)合影

这些采集报道以及领导的看望,并没有改变什么,黄祖洽依然自视为学

生，依然过着恬淡而简朴的生活。已经是89岁高龄了，但精神矍铄，思维敏捷，依旧关注物理学科的学术前沿，依旧关心如何给大学生讲课。当一些优秀的物理学人才流失国外，他感慨万千，痛惜不已；当某些大学培养人才的方式不甚完善，他就回忆起当年他上大学时候的情形，提醒后辈学者们应踏实严谨。学习了一辈子，也简朴了一辈子，"一生两辉煌"的光环对于黄祖洽来说，只是世人对他的一句评价罢了，晚年的黄祖洽回忆起他的一生，有悲有喜：

  人生诚苦短，沟坎复何多。八九不如意，困厄逐逝波。
  忧患与生俱，璞玉赖琢磨。浪涛何惊骇，矢志苦航过。
  殚思求火种，深情寄木铎。山花今烂漫，何须绘麟阁。
  杏坛二三子，起舞亦婆娑。雏燕离巢去，良材异国挪。
  相依唯老伴，同唱白头歌。桑榆虽云晚，心旷不蹉跎。

黄祖洽没有也不愿刻意追求什么，他说一切都要顺其自然，并常拿亲密的导师彭桓武赠予他的话说，逢时顺势同行走。如果让他给自己做一个综合的概括，他说除了觉得自己还是一个学生外，那就是顺其自然。

天 伦 之 乐

2013年，黄祖洽已89岁高龄，尽管年岁已高，但他从未停止过学习钻研，不仅时常给大学本科学生开课讲学，在生活中也常与同行讨论学术问题。当然，在恬静的晚年生活中，最多的陪伴与快乐，多是来自于膝下儿孙们带来的天伦之乐。黄祖洽的三位儿女，大女儿黄萌、儿子黄硕与小女儿黄葵，儿子与小女儿因为工作关系，常年定居国外，只有大女儿留在北京，往来较为密切。夫人张蕴珍虽然只小黄祖洽一岁，但身体还算硬朗，家中饭菜都由夫人料理，有时也去学校食堂解决。然而，2012年起，张老师也感觉有些力不从心，做家务越发困难。大女儿已经 57 岁，身体也不是很好，除了调理自己的身体外，还要常来看望照顾父母。3 月 1 日，黄祖洽出于夫人及女儿身体情况的考虑，与夫人同去北京昌平一家老年公寓，那里不仅可解除夫人做饭、收拾家务之劳，也可让女儿少些顾虑。但黄祖洽仍警醒自己要经常锻炼，夫人身体不好的情况下，很多事尽量要靠自己。

黄祖洽经常会回忆起以前的那些故事，他常会讲给女儿听，女儿黄萌一件件记下来，有些还会发在博客里，她曾这样写道：

父亲兄妹六人，两个哥哥，三个妹妹，他排行老三，家里人称他为"三伢子"，有时喊他"老三"。他 12 岁时离开家，独自在外面上中学。爷爷在当地的司法界谋事，喜欢数学，购有许多中、英文数学及科普图书，闲暇的时候业余自学，晚上还为亲友子弟补习英语、数学等课程，有时在当地中学兼课，以补贴家里的收入。奶奶是跟着外曾祖父和曾祖父学的识字，爱读旧书，看报，读诗，偶尔也将感怀写成小诗，出游时特别留意看前人在景点留下的对联、诗词等文字。她曾经在职业学校学习织袜和会计，但因操劳家务，一直做家庭妇女。

爷爷一人做活，要养活一大家子，同时还要供孩子们上学，因此家境不富裕，1939 年，父亲上初中时，奶奶生了六姑，附近的邻居们看到他们生活那么困难，就劝说爷爷和奶奶把六姑送给别人养，奶奶就说："地上长出一株小草，就有露珠供养她，我既然生了这个孩子，就要想办法养活她。"硬是把六姑拉扯大了。

父亲说，想起小时候，那时他身体很弱，个子瘦小，常常生病，流鼻血，上学时穿的衣服也是破烂带补丁的，很不起眼。但他不仅聪明、爱动脑筋，而且学习也很刻苦。那时他在九江中学读书，早上 4 点就起床，漱洗后，跑步到河边，自己把小船撑到对岸，爬上一个小山顶，在上面先做一遍早操，再练嗓子，大唱抗日歌曲，然后下山，过河，回宿舍，拿出英文读本到田间朗读一阵，这才到了吃早饭的时间。上小学时就把初中的课程读完了，上初中的时候就把高中的课程学完了。而他最得意的时候，就是在考试之后，每次他都是名列前茅，只要写出一篇作文，老师就会贴出来，文言文，写的可好了。全校老师没有一个不称赞的，全校学生没有一个不佩服的。

父亲常说，一个人的成长和学习主要是靠自己，无论处在什么时代、什么环境，自己是掌握自己命运的关键。①

除了教会孩子们如何做学问之外，还要教会他们如何做事、做人。黄祖洽非常珍惜在日常生活中对子女的教育机会，有些方法给了儿女们留下很深的印象。在黄萌和黄硕还很小的时候，一次姐弟俩不小心把温度计摔了，温度计里的水银流到了地上，俩人看着有趣，就玩起了水银，小水银变成大水银，他们觉得十分好玩，蹲在地上玩了一整天，丝毫没有考虑到水银的毒性。俩人正高兴时，黄祖洽回来了，看见他们玩水银便大发雷霆，把姐弟俩叫到一边，并没有先教训他们，而是让他们看着自己做计算，他从一个方程中计算出结果，告诉姐弟俩，一个小水银珠蒸发以后能够有多少分子，能毒死多少东西。黄萌和黄硕听了之后吓坏了，以后再也不敢玩这种能毒死人的东西了。黄萌回忆说，此事让我一辈子都记得住，再不敢犯这种错误。②

黄祖洽还常常将科学的实验方法运用到生活中去，黄萌刚出生的时候，家里没有磅秤，而黄祖洽想称黄萌出生时候的体重，他在家里找了一根较直的木头，自己动手做了一个天平，可是用什么做砝码呢？他到商店里面买了一包方糖，大概有一斤多重，然后先逐步地用书来称重，再根据杠杆的作用跟支点的远近来算出书的重量，再用书作为标准来计算出黄萌的体重。黄祖洽就是这样的一位科学家，他致力于科学，又把科学运用在日常生活中，给家庭生活带来很多乐趣的同时，又会让家人在这种过程中被潜移默化。

儿女们都很崇拜父亲，尤其是黄萌，虽然也年近六十，却兴奋于聆听父亲回忆和讲述过去的故事。在她眼里，黄祖洽不仅是一位严厉而慈祥的

---

① 黄萌：回忆父亲的二三事. 新浪博客，2012-07-27.
② 黄萌访谈，2012 年 10 月 3 日，北京. 资料存于采集工程数据库.

父亲,更是一位值得尊重的长者。"我为父亲而骄傲",提起父亲黄萌总是会这样说,因为在她的眼里,黄祖洽不仅仅是一位优秀的科学家,在生活中的父亲,言传身教,用自己的行动为儿女们做出表率,一些不为外人所知的小事,在黄萌眼里,渗透着黄祖洽作为父亲与众不同的伟大之处。

我为父亲而骄傲 [①]

黄萌

今天是父亲节,提起我的父亲,从心里感到敬佩,不说别的,就说锻炼身体一项,就已经令我佩服得五体投地了。

父亲今年89岁,但记忆力还是很好,那天,我们一起出游,一路上,聊起在国外的弟弟和妹妹,我说,总想着给他们打电话,但因为时差的关系,想打电话时,已经是他们那边的夜里,一忙起来就忘了。过了一会儿,父亲说:"你的话让我想起杜甫的一首诗",于是他念了起来:

> 人生不相见,动如参与商。
> 今夕复何夕,共此灯烛光。
> 少壮能几时,鬓发各已苍。
> 访旧半为鬼,惊呼热中肠。
> 焉知二十载,重上君子堂。
> 惜别君未婚,儿女忽成行。
> 怡然敬父执,问我来何方。
> 问答乃未已,驱儿罗酒浆。
> 夜雨剪春韭,新炊间黄粱。
> 主称会面难,一举累十觞。
> 十觞亦不醉,感子故意长。
> 明日隔山岳,世事两茫茫。

回家后,我用手机里下载的唐诗三百首找到了这首诗,诗名是

[①] 黄萌:我为父亲而骄傲。新浪博客,2013-06-16。

《赠卫八处士》。于是我跟父亲说：您看，我手机里存的什么都有，您刚才背诵的那首诗，我也找到了。父亲笑眯眯地对我说，那还是记在脑子里好，你还要去查找，可记在脑子里要比你查得快多了。我无语……想了一会儿，我又找理由说：您那是童子功，可我们上中小学时，正赶上"文化大革命"，学校都没有好好上课，只会背老三篇和《毛主席语录》。谁想到父亲又反驳说：那也不一定，十多年前，我去昆明住在朋友家，那时我看朋友电脑里有《春江花月夜》这首诗，我就背下来了，到现在我还能背。是呀，几年前，我生了一场大病，在家休养时，父亲曾经让我背诵这首诗，当时我也背下来了，可是时间一长，不复习就忘记了，真是惭愧呀！

父亲背诗也是他锻炼身体的一部分（锻炼脑子），前些日子他还让我给他买了下围棋的光盘，其中一张光盘中有30个关，每个关有20道题，要靠自己的思考做出来方可过关。妈妈告诉我说：开始时，老听电脑说：错了、错了。可没过两天就变成说：对了、对了。两个星期过去了，父亲已经做完了这600道围棋题，现在又返回去重新做……哇，好厉害，真是一个不服输、不服老的老爸。

父亲锻炼身体是全方位的，除了锻炼脑子，他每天还做操，过去一直坚持打太极拳，现在改成做八段锦了。80岁之前，他还每天拉单杠，那时他在门上面钉了一根很结实的木杠，双手握住木杠，吊起身体，前后摆动，用来锻炼臂力。最近他告诉我说，他每天去运动器械场，坐在那里拉杠子，或蹬车，每天吃过晚饭，在楼道里走三圈。

正是因为这种坚持不懈的锻炼，他的精神和身体才能使他到现在都能给大学生讲课，他的毅力让我佩服，更值得我学习。端午节那天，我陪父亲郊游，在顺义减河边上坐了下来，一缕夕阳洒在父亲的脸上，这时一只没有尾巴的小狗跑过来，逗得父亲笑了起来，我赶忙拿起相机，照下了这一瞬间。

2013年10月底，黄先生因胰腺癌住进医院，入院的前一天，他还在北京师范大学给大一学生讲课。女儿黄萌很担心父亲，一直不敢将病情告诉先生，但最终先生还是明白发生什么了。出乎意料的是，得知自己的病情后，黄先生的表现比任何人都镇定，吃饭、睡觉与平日没什么两样，时而还像小孩一样乐呵呵一笑。当问起黄先生为何还这样高兴时，他这样说道："我能这样高兴，是因为我这些天回想了一下我这一生，无论是做人、做事，还是做学问，我都问心无愧。有些人在即将离开时，会想起曾经做过什么坏事，有悔悟之憾，而我没有，所以我很高兴。"他还常说要顺其自然，入住医院的前一天，还在讲堂上给学生上课，他觉得自己没有什么遗憾，想去做的都做了。而谈到对自己的定位，黄祖洽先生始终说自己还是个学生，需要不断地学习。多年来，黄先生就是这样要求着自己，影响着他人。

黄祖洽住院期间，一天用微弱的声音对黄萌说："有一篇文章《马援诫兄子严谨书》，你可以看看"。黄萌问是否在《古文观止》里，他点点头。于是黄萌翻阅手机上下载的《古文观止》，找到了这篇文章。文章是古文，她不太明白，于是又用手机在网上查到译文，文章中提到了两个人——龙伯高和杜季良，马援很喜欢这两个人。但马援告诫他的兄子说：龙伯高为人忠厚、周密、谨慎，口里不谈他人的是非，他谦逊、节俭、廉洁、公正，很有威望，我喜欢他、敬重他，希望你们向他学习。杜季良为人豪爽，好讲侠义，为别人的忧愁而忧愁，为别人的快乐而快乐，品德高洁的人和品德卑污的人都不得罪，他父亲死后，好几个郡的客人都来吊唁，我喜爱他、敬重他，但不愿你们向他学习。为什么马援不愿意他的兄子学习杜季良呢？马援认为：学不到伯高的为人，还可以成为一个谨慎、勤勉的人，雕不成一只天鹅还像个鸭子。学不到季良的为人，便沦落为天下的轻薄子弟，就是常说的老虎没有画成反倒像个狗。至今季良的前途还不能预料，郡将一到任就对他切齿痛恨，州郡里的人都把他当作谈话的材料，我常常为他感到

图 11-23 1995 年，黄祖洽和外孙下棋

寒心，因此不愿子孙们向他学习。黄萌学习了这篇文章也明白了其中的教诲，要像龙伯高学习，做一个厚道谨慎、不随便论人长短、恭谦节俭、廉明公正的人。晚上回家，黄萌又在网上查阅了有关马援的资料，学习到很多历史知识。

2014 年 9 月 7 日，在黄祖洽因病医治无效，不幸在北京逝世，享年 90 岁。女儿黄萌在祭奠网页上写道，"明天就要和父亲告别了，我选了《春江花月夜》古筝曲作为告别曲。因为这是他最喜欢的一首诗，在 80 岁那年，他去昆明时在好友家背下来的，后来不断复习，能流畅地背出。2005 年，我生病住在父母家，他常常陪我散步，让我背这首诗，使我忘记病痛，脑海里仿佛游历在春江花月之中。在他病重住院时，我想也用这种方式解脱他的痛苦，于是就问他，你还记得《春江花月夜》吗？他点点头，就一句一句开始背。竟然背出了全部。就这样，我们常常背诗、'作诗'来分散注意力，就连给他揉背，他都有节奏地说：'摸背摸背，三年富贵，用萌的龙爪，摸爸爸的臭背'，他真是一位慈爱的父亲……"

黄祖洽的儿子黄硕身在美国，回忆起小时候父亲对他们的教育，他总是提到忘不了几件事。有一天晚饭以后，黄硕和黄萌跟着父亲散步，当时是住在花园路的九院家属院里，他们围着院子转圈散步，走过了北医三院快到北航的时候再往回走，每天往返走很长时间，速度不快，散步过程中跟父亲聊天，黄祖洽经常讲一些有关科学的知识，看星星说星星，看树说树，关于分子、原子的概念就也是那时候讲出来的，起初兄妹俩不以为然，到学校课堂上讲到的时才发现，原来这些知识父亲早就给他们讲过了。

黄硕还记得，自己小时候父亲总是会在家里放很多科学类的书，供他们随意翻看，不管是不是他当时所需要的。

图 11-24　黄祖洽与儿子黄硕

第十一章　皓首穷经，高山景行

黄硕清楚地记得，他曾经翻阅过一本小册子，名字叫《力学小实验》，里面全是图画，其中一页画的是一个方块放在桌上，有一个滑轮，吊下来加一个重物，以此说明动摩擦力和静摩擦力是不一样的，静止的时候需要更大的力让它滑动起来，而滑动起来以后就不需要那么大的力了。① 还有一本很旧的、俄文译本书《无线电技术词典》，里面也有很多插图，描述了许多的电子管。黄硕那时正喜欢玩收音机，看着这本书，就学着装矿石收音机，而那时的半导体刚出现，并不是很普及，一般家庭只有电子管收音机。黄祖洽有一次出差去上海，给黄硕买了两样东西：一个是高阻耳机，专门用来装矿石收音机用的，另一个是铁矿二极管（装有矿石的装置，里面有天然矿石，由氧化锌构成，外用铜针压着）。在黄祖洽的帮助下，黄硕凭借着平时在家读的课外书知识，造出一个二极管，再用矿石制作一个线圈，形成一个收音机，可以选台，还做了一根特别长的天线挂在外面。之后，黄硕还曾经参考《机械玩具》做过玩具卡车，这些实践经历锻炼了他极强的动手能力，并在实践过程中学到知识。黄祖洽总是用潜移默化的方式影响和教育孩子，三个子女均在各自的岗位与行业上兢兢业业，且事业有成。

2014年9月，黄硕接连在博客上发表了几篇怀念悼念父亲的短文：

怀念父亲

星期六下午我正在美国家里整理后院，突然接到电话得知父亲去世的消息。回想他对我一生的教诲和影响，甚为怀念。

父亲从我小时候就是一个严厉的父亲。他教导我要诚实做人，认真学习本领。从小学三年级到初中毕业及以后正遇"文化大革命"。全家到河南五七干校。他用种种办法培养我学习的兴趣。不知从何处借来一大本《无线电》杂志合订本。在那些油灯下的农村夜晚，我几乎将这大本的所有文章都读了一遍。这决定了我以后对电子学的兴趣。从干校回北京后父亲借来一本英文文献，需要复制一部分。母亲

---

① 黄硕访谈，2011年12月1日，北京。资料存于采集工程数据库。

从旧货摊买来一台古老的英文打字机，想帮助打印下来。那时的我仅仅知道 26 个字母。父亲鼓励我用这台打字机帮他打字，并教给我基本手法。当时我也没想太多，只是觉得这玩意挺好玩的。无意之中接触到了很多英文字，很多字见得多了就忍不住查字典，慢慢不那么陌生。那时学会的打字的本事让我得益终生。现在在美国公司工作一般老美都赶不上我的工作进度。我想如果不是我父亲的影响，我可能现在就是一个下岗的搬运工而已。父亲给了我一生太多太多。我很感谢他给我人生的指引。我很敬重他的为人。非常感谢这么多老师、同学、朋友对我父亲的关心。

忆父亲（之一）

父亲八十五六岁的某一年，我休假回北京。看到视力不甚好的父亲在灯底下试解一个数独题目。他告诉我，年纪大了要多用脑，才能预防老年痴呆症。想起同学朋友中有不少人父母患病需要儿女照顾，而我的父母那时还很健康，真是幸福。现在知道父亲是在努力争取健康方面的主动权，用好的身体来支持我们儿女的工作和事业。体谅父亲的吃力阅读和演算，我对父亲说，我们搞工程的从来不浪费自己的精力，重复的工作都用计算机替我们做。于是我用了一天的时间，从父亲那里了解了数独解题的基本策略。用这些策略转换成算法，写了一个 C 语言程序，解决了一个数独问题。然后我们父子俩又把算法进一步完善，终于能解我们能找到的所有数独问题，包括网上一个号称最难的数独题目。这件事以后父亲问我如何学习编程，他也想在这方面速成自学。但我告诉他先要学习编程语言，还要学习数据结构和算法基础，不是一天可以达到的目标。晚饭的时候，他感慨地向我讲起一个德国鞋匠的故事。老鞋匠手工做得一手好活，很多顾客都买他做的鞋。工业革命来临，徒弟开始学习机器制鞋，而老鞋匠仍然坚持手工做鞋，并希望他的手工活计仍然得到顾客的青睐。但他的老顾客渐渐地越来越少，而徒弟用机器制的鞋市场越来越大。最终老鞋匠感慨地说了一句话，意思是感慨时代和技术进步了，原来优异的手艺失去了优势。父亲也感慨地说出了那句话。可惜我现在记不清那句话的原句。这以后父亲用我的程序解了不少数独题目，但同时失去了解数独的兴趣。我真后悔给父亲写了那个程序。

还记起一件事。父亲一次去北医三院体检，做脑部扫描。几天以后校医院去取结果，被告知，"你们学校来的三个体检的人，有一个扫描有问题。这个人应该已经丧失自主思维能力了"。仔细对照了姓名后，校医院的工作人员发现这个有问题的患者是父亲。他然后告诉医生，这个人现在一点问题都没有，思维很敏捷。医生脸上出现了一个大大的问号，不相信科学扫描的结果会如此不准确。原来父亲年轻的时候一天从清华骑车进城，在白石桥附近出了车祸，脑部受伤，昏迷了好多天，后来终于康复。可能他的脑子受到了损坏，但身体的自愈功能让脑细胞用不寻常的办法修复并恢复了正常功能。这之后他这个修复的脑子又为祖国做出很多贡献。

忆父亲（之二）

关于父亲的工作，我一直不知道他具体是做什么的，只知道他是搞理论物理的研究人员。从小家里就习惯不问父亲的工作，一点不觉得有什么特别。一直到我读大学的后几年，母亲才渐渐给我们讲一些父亲的工作，那时才知道他参与了原子弹氢弹的设计工作。"文化大革命"时期全家去河南"五七干校"，先住在上蔡县百尺公社下地韩大队，后又搬到西平县叶李庄。记得父亲的干校校友们都各有特点。让我记忆最深的是秦元勋叔叔。那时正赶上我国第一颗人造卫星发射成功，秦叔叔活跃地向村里的乡亲们讲解有关人造卫星的"ABC"。他的大儿子还用数只二踢脚炮仗做了一个"三级火箭"当着众人进行发射演示。秦叔叔还和乡亲们说，他也会设计人造卫星。我当时听了想这个人真会说大话，人造卫星是国家的高端技术，像我们干校的这些普通人怎么能比呢？多少年后我才知道那时干校里这些人还真不是普通人，他（她）们很多都是国家的高级人才。后来在渥太华认识了秦元勋院士的学生，才知道秦叔叔是数学奇才，他也在核武器研制团队里做出了重要贡献，他说能设计人造卫星一点都不夸大。记得父亲刚从干校回北京时，我那时正在外文局纸库干搬运工。一次单位组织看电影《闪闪的红星》，在防化兵大院借的礼堂，因为离我家很近，父亲也来看，借机会和我的搬运工满师傅聊起了我的工作情况。我师傅问父亲是做什么工作的，父亲那时还没有正式开始在北京的工作，就说"我是养猪的"，并告诉师傅他刚从河南干校回来。后来师傅跟我说，你爸看起来一点不像养猪的。

忆父亲（之三）

  祖母去世后，1976年秋，我陪伴父亲回湖南老家纪念祖母。然后顺便去贵阳探望京舅爷爷，去昆明看望父母的好友。回来的路上父亲建议去遵义看一下遵义会议会址。那时"文化大革命"还没有结束，这些革命圣地还是主要的旅游地。我们乘火车慢车到达遵义站。从车站到会址还要走一两个公里。时值毛主席逝世，街上到处看到的是悼念的标语和花圈。到了会址后我们参观并留影。接着就往回赶，因为回程火车的经过时间还有不到一小时。那时父亲已年过五十，而我是个20岁的愣小伙。我把父亲的包背在了背上，拉着父亲一路快走或小跑赶回到火车站，将将赶上回程的火车。在车上，父亲喘着气对我说，要不是我拉着他，肯定会晚的，并赞扬我搬运工没白干，体力真好。看着欣慰的父亲，我一下觉得我们的心拉得更近了。

  远在他乡的孙子黄一木给黄祖洽写下这些话，"当我和我的家人，朋友，同学谈起我的爷爷，我总是充满了无限的骄傲和自豪。在我成长的岁月里，我也常常听到黄家的家史故事。我的爷爷一生成就了很多事业，每每想到他，我就感到作为他的孙子是多么的荣幸和骄傲；但同时，每当想起爷爷和爸爸，就感到一种压力和担忧：是否能达到他们对我的期望，按一个优秀人才的标准要求自己。爷爷是那样的出类拔萃和优秀……爷爷的言传身教将鼓励我、激励我去实现我对音乐的执着和梦想。给黄氏家族带来荣耀。"

孙女黄百卉还记得,"听到爷爷对我说的最后一句话是:'还有更多的问题要问吗?'作为约翰霍普金斯大学二年级的学生,爷爷的这句话一直在我心中回响……尽管我生长在加利福尼亚,太平洋把我和爷爷分开,但从小在我心里,身为爷爷最小的和唯一的孙女,黄家的故事就吸引着我,激励着我对任何事情都要尽自己最大努力。有这样优秀的祖父是我最大的荣幸和骄傲。他最后的话语将激励我在未来的学业中继续努力。爷爷身上的优秀品德和治学精神将激励我去完成自己所热爱和感兴趣的专业,发现新的挑战,最重要的是:'继续问问题'"。

结 语
科学家素养成因考

在我国的核物理科学领域，黄祖洽始终站在科学的最前沿，始终把国家和人民的需要放在首位，兢兢业业，恪尽职守，为国家的核科学事业做出了巨大的贡献，是我国一流的物理学家。科学的精神在于严谨与创新，而科学的传统则植根于科学家本身的素养与研究规范，黄祖洽作为我国著名的科学家，他的成功值得人们思考：一个优秀的科学家，他要拥有什么样的素养，才能在科学的高峰不断攀登，不断进取。在科学技术高速发展的今天，科研工作者们更应该沿着这些老科学家们成功的轨迹，吸取他们的经验，为祖国和人民做出更大的贡献。以下将从家风熏陶、师严道尊、含英咀华、笃学不倦和民族使命五个方面回顾黄祖洽在科学道路上的几个重要节点，探讨影响科学家学术成长的重要因素。

家 风 熏 陶

黄祖洽出生和成长的家庭，是一个知识分子的家庭，从黄祖洽的曾祖父时起，黄家就以知识分子的身份居住在城市里，依靠教书、卖文章和做官为生。黄祖洽的祖父虽然是典型的旧知识分子，讲究道德教化，是典型的封建式家长，但他喜爱钻研学问，淡泊科举和功名利禄，这就养成了黄家严谨、自信、客观、严肃的家风。

黄祖洽的父亲黄迪庆，出生在19世纪90年代末，幼年时接受封建式的家庭教育和私塾教育，有着根深蒂固的旧道德和旧伦理观念。辛亥革命之后，西洋的学术进入中国，使当时的知识分子有机会接触"新学"，黄迪庆在思想上得到了进步与解放，他爱好数学和自然，虽然当时选习了法政专业，但却没有忘怀数理科学，始终在不倦地学习，加上黄迪庆宽松的教育理念，给了黄祖洽很大的鼓励和帮助，让他得以在一个自然科学学风浓厚的家庭里自主的选择。

在发现了黄祖洽学习数理的天赋之后，黄迪庆推荐黄祖洽看刘薰宇编写的《趣味数学》。之后，黄祖洽的兴趣果然转到了数学上。从小学四年级开始，算术成绩也从原来的中游状态上升到全班最好。各种类型的四则杂题，使多数同学茫无头绪，他却能按照老师的要求，先把题意想清楚，必要的时候用图解的方法来分析，一步一步按题中说的条件把算式列出来，这样就能化繁为简，把看似复杂的问题清晰地解出来。

因从小受到儒家仁义礼智信的教育，黄迪庆想让儿子受一些儒家思想的熏陶，于是黄祖洽从湘潭第一高小毕业后，就去当地一个私塾读了半年旧书，就是在这段时间里，黄祖洽念完了四书（《大学》《中庸》《论语》《孟子》)《唐诗三百首》，而这半年读旧书的经历，也使得黄祖洽背诵的能力大有长进。随着以后生活经验的积累和各方面知识的长进，对记住的内容理解得越来越多，有时甚至成为某种感悟的源泉，正是在这样的影响下，黄祖洽在科学研究的过程中常常领悟到传统儒家思想中所说的文化，这也指导着他在科学研究过程中的方法哲学。

严谨、全面的家庭教育，使得黄祖洽获益匪浅，养成了良好的学习习惯，宽松的家庭环境给了根据兴趣来钻研和学习的自由，那个时候读的书也为他后来的科学道路起到了最早的启蒙作用。在家庭的熏陶之下，黄祖洽向着科学道路的方向走好了第一步。

师 严 道 尊

黄祖洽小学时候的算术老师是林康，林老师对于学生的要求很严格，至今黄祖洽还记得在算术课上要求的两条：一是每写下一个式子，一定要在旁边注明它的意义；二是移项或移行的时候，一定要连着前面的符号一块儿移。他之所以到现在还记得林康老师，就是因为他在小学教算术中要求的这两条：第一条帮助黄祖洽养成了注意算式物理意义的习惯；第二条让他习惯了数学运算的一丝不苟。

黄祖洽中学上的是九江乡村师范学校，这所学校的校长缪正非常有远见，虽然这所学校几次搬迁，但是他还是尽可能保留了原有的图书、仪器和有经验的优秀老师，保证了学校的教学质量。黄祖洽中学的物理和化学老师都非常的优秀。物理老师对待学生的态度很好，讲课时让学生提问题，他都尽量回答，如果回答不出来就想办法跟学生一起解决这个问题。有次黄祖洽提了个问题，他没回答出来，老师就让黄祖洽下课后到休息室去。在休息室，物理老师把他在大学时候的物理书让黄祖洽看，让他自己去找答案。这位物理老师是黄祖洽的启蒙物理老师，不但把黄祖洽带入了物理的殿堂，同时也让他学会了自主学习。黄祖洽始终坚持一个观点，那就是学习要靠自己，自主学习，同时要多跟同学、老师讨论，在讨论中互相促进、互相提高。他的这种学习方式一直坚持到西南联大、清华，工作后，也一直采用这种方法。比如搞反应堆、搞核武器，这些都不是现成的，需要自己学习，而中学养成的这种学习习惯对工作帮助很大。

黄祖洽在西南联大和清华大学的时候，接触了当时中国最好的物理学教授。当时的西南联大名师云集，这些大家们齐聚一堂，创造了中国教育史的奇迹。在这种得天独厚的条件下，黄祖洽接受了名师叶企孙、王竹溪等人的教育。叶企孙教授讲课的特点是简明扼要，内容简练，富于启发性，对发挥学生的主观能动性极有好处。他时常给同学们推荐参考书，鼓励学生自学，一是为了培养物理观念，二是为了训练学生数学推导。黄祖洽曾经说过，在清华读大学期间，给他留下最深刻印象的，就是王竹溪教授。因为在昆明的时候，除课堂答疑外，王竹溪还利用假期时间亲自给黄祖洽教法语；回到北平之后，他介绍黄祖洽读了许多数学和物理学的著作。黄祖洽私下和他交往很多，有问题经常去请教他。在黄祖洽的眼里，王竹溪先生不仅是一位学识广博、治学严谨的老师，更是一位和蔼热心的

结语　科学家素养成因考　　*189*

长辈。王竹溪还曾经因为黄祖洽消化不良，让他连续一个多月到自己家吃饭。王竹溪让夫人为黄祖洽做可口又容易消化的软食，直至黄祖洽病愈为止。这份宝贵的师恩，给了黄祖洽很大的鼓励，也坚定了他要在这一领域做出一些成就以报答先生的决心。王竹溪对于他的关心、对于科学的探索以及对于美德的追求，让黄祖洽铭记了一生。1983年，王竹溪先生逝世，黄祖洽在悼念王先生的文章中写道，"在现代中国，像他那样既精通现代自然科学，又精通中国的历史文化、古文字学，并旁及中国的文献、文物、典章制度的学者，实在找不出第二位……他可以称得上是严守中国固有美德的典范，也是我国的科学前辈。"可以说，王竹溪先生是黄祖洽的伯乐，也是他永远学习的榜样。

除了专业课，黄祖洽还选修了中国通史和经济学概论两门课程。中国通史课的老师是吴晗，经济学概论的老师是陈岱孙，这两位老师一位是我国著名的历史学家、社会活动家、现代明史研究的开拓者，另一位则是我国著名的经济学家、教育家，在财政学、统计学、国际金融、经济学说史等方面都有极高的研究成就。"游进了知识的海洋"，是黄祖洽对自己在西南联大的大学生活的精炼概括。在谈到西南联大对他的影响时，黄祖洽回忆道，"西南联大的学习，进一步强化了我的自学能力。掌握学习的主动权非常重要，一步跟不上就步步跟不上，开始没有兴趣不去管它，后来就更没有兴趣了。如果开始碰到一个较简单、能够解决的问题，就会越来越有兴趣；如果开始就碰到一个无法解决的难题，就会没有信心。从教材的角度来说，教材是重要的，但从另外一方面来讲，教材也不重要。因为，如果你是自主学习的话，教材里错的内容你可以去改它，教材上没有的东西可以从其他地方得到补充，关键你要做学习的主人。"

而在硕士阶段，黄祖洽的老师们钱三强、何泽慧、彭桓武，都是物理学界的杰出人物。钱三强是我国著名的核物理学家，拥有法国国家博士学位，是第二代居里夫妇的学生，曾获法国科学院亨利－德巴微物理学奖金，还担任过法国国家科学研究中心的研究员、研究导师，并获得过法兰西荣誉军团军官勋章。他与妻子何泽慧一同被西方称为"中国的居里夫妇"，他后来成为了中国发展核武器的组织协调者和总设计师，是中国原子弹氢弹之父,也是中国原子能事业的主要奠基人,被誉为"中国原子能科学之父"。何泽慧先生是我国杰出的女科学家,她从1946年起就在法国巴黎法兰西学院核化学实验室从事研究工作,和丈夫钱三强先生合作发现了铀核裂变的三分裂和四分裂现象。何泽慧先生为开拓中国中子物理与裂变物理实验领域和中国的科教事业做出了重要贡献,被西方媒体称为"中国的居里夫人"。

黄后来师从彭桓武先生,彭先生师从德国理论物理学家、量子力学的奠基人之一马克斯·玻恩门下,成为玻恩的第一个中国学生。1941年,经玻恩推荐,彭桓武前往爱尔兰都柏林高等研究所做博士后,在著名科学家埃尔温·薛定谔领导的理论物理所工作。彭桓武和海特勒、哈密顿合作发表了一系列综合介子场的成果,对宇宙线理解进行了系统的解释,名扬国际物理学界。在黄祖洽心目中,这位国际知名的大科学家不仅是老师,更像是一位朋友。彭桓武先生还是一个非常有才华的人,除了物理学,彭先生感兴趣的学科很多,涉猎很广,他曾经自学过化学、生物学等,因为受到中国文化的影响很深,所以他的文学造诣也颇高。在这一点上,黄祖洽和彭桓武很谈得来,他们对中国传统文化都很感兴趣。彭先生看了许多诸子百家的书,而且特别爱看荀子,看了之后把其中的道理浓缩成很简单的东西,他推崇法家的思想,注意人世间的规则,彭先生就把这种思想扩展到注意自然界的规则;他还崇尚道家的顺其自然,强调在自然学科领域应该按照客观规律去做事,不勉强,不违背客观规律。彭桓武先生将这些传统的思想与自然科学相联系的方法,深深地影响着黄祖洽,也为他的科学研究带来许多启发。彭桓武先生的教育理念中有一个很重要的观念就是学术民主。他一直遵循着学术民主的原则,时常与黄祖洽交流讨论,他们讨论的范围很广,除了交流一些学术上的问题和看法之外,彭桓武还时常给他讲一些自己在国外学习生活时候的经历。

各位老师的严格要求使得黄祖洽的学术积累极为扎实,从小学和中学开始,就打好了基础;另一方面,各位老师对于真理的追求、务实的学术态度、对于学生的关心,又让黄祖洽在学习中感触良多。他继承了小时候自学的方法,在经过大学和研究生的熏陶之后,更是形成了自己行之有效的学习和研究习惯。在家庭教育之后，黄祖洽向着科学研究的道路跨出了承上启下的一步。

含英咀华

黄祖洽十分爱读书，他认为做任何事情都需要有悟性，成功的人也就是悟性强的人，通过多读书，多思考也可以提高悟性。他曾经说："读书是求知、探索、明理、解惑的重要手段。通过读书，人们可以突破时间和空间的限制，了解到自然界或社会上许多值得注意的现象及其内在的规律，满足与生俱来的好奇心和探索性，获得心理上的享受，并利用这些规律来提高生活质量。通过读书，我们可以研究历史上发生的重要事件和它们留给后人的教训。通过读书，读者更可以与古今中外的作者们进行心灵的交流、思想的碰撞，从中得到有益的启发，站在前人的肩膀上进行创新。"他认为，"读书的乐趣首先是精神上的：从无知到通达（知识长进、情操洁化），疑难问题的解决，理性的随机顿悟，认识的豁然开朗，感情的今昔共鸣，见识的异域默契，读幽默隽语而窃喜，吟诗词佳句以抒怀；凡此种种，莫不是从读书得到的良性精神回报。读书之乐乐无穷，正是爱读书也是读书的人感觉到的一种无比享受"。

黄祖洽从小就爱读书，刚刚认识了一些字的时候，他就喜欢把叔叔、哥哥们以前看过的《儿童画报》《儿童世界》《小朋友》之类的书翻出来看着玩。《薛仁贵征东》《薛丁山征西》《隋唐演义》《水浒传》《精忠岳传》《封神榜》和《镜花缘》这些小说使得黄祖洽对文字的阅读速度和理解能力有了不少长进，同时对其中人物的忠奸、好坏、善恶也有了敬佩、同情或鄙视、厌恶的认识，潜移默化间培养了他同情正义、鄙视邪恶的感情。每学期的新课本，他都迫不及待地翻看，找书中有些什么吸引人的内容。就连母亲放在抽屉里的"黄历"也被他翻出来，看其中阴、阳历的对照，每天"宜"什么、"忌"什么，看每个月前面附的小诗。但是好思考的黄祖洽还是经常会提出一些问题，例如"宜""忌"有什么根据？起什么作用？小时候的黄祖洽仍然喜欢看小说，尤其是武侠小说，他常在看小说中忘掉现实生活的不愉快，沉醉在小说中绿林豪杰、行侠仗义、劫富济贫的故事中。可以说，正是这些小说，培养了黄祖洽最初对于读书的兴趣，这个兴趣让他受益终生。

除了看小说，看一些知识类的参考书籍，还有利于培养黄祖洽的兴趣，让他在看书的时候获得知识和启迪。黄迪庆曾经给他讲了着迷于看小说的害处，也许是由于黄迪庆对于数理的喜爱，也许是由于发现了黄祖洽学习数理的天赋，他推荐黄祖洽看一本刘薰宇编写的《趣味数学》。看了这本书后，黄祖洽的兴趣果然转到了数学上。黄祖洽家中有一个属于父亲的书柜，其中上、下两卷的《数学游戏大观》和一套汤姆森的《科学大纲》先后引起了他的好奇心，他如饥似渴地在闲时取出翻阅，受益良多。暑假中，他要到乡下外婆家去住，他还随身带了一本《幻方》和一本吴在渊编写的《代数》。吴在渊《代数》这本书自学过后，倒确实让黄祖洽得到了代数方面的启蒙知识，使他初中学代数时不觉得陌生。在准备中学入学考试时，他的父亲给黄祖洽买了一本《历年考试试题》，他看后觉得有些内容有问题，黄迪庆得知后在书的前面写了一句：尽信书不如无书！这对黄祖洽非常有启发，让他逐渐学会批判性地看书中的内容。

在中学期间，读书逐渐成为学习的一部分。黄祖洽时常在图书馆和宿舍中穿梭，阅读了大量的专业书籍，他的物理老师给他大学课本让他读，使得他的物理知识远超过一般中学生的水平。不喜欢死记硬背化学方程式，他就去图书馆看《化学解法》。高一时就看书，自学微积分。黄祖洽还在校图书室里借出了司马迁《史记》的选读本，进行阅读。他熟读了其中的一些名篇后，对司马迁的叙事笔法、立论见解和文章气势十分喜爱。后来他又借阅了商务印书馆所出《万有文库》中的《通鉴纪事本末》。在这期间，他养成了良好的读书习惯，粗读第一遍的时候，有许多地方不懂，他便用铅笔在有疑问处轻轻划上问号；第二遍从头仔细阅读时，一边读、一边用笔在草稿纸上自己推算，把原书省略了的过程补出；每搞清楚一处原来有问题的地方，他便用橡皮擦去相应的铅笔问号。这样一个暑假，黄祖洽把这本书读了六遍，总算把所有的问号都擦去了。虽然费劲，但每弄清一个问题，他都感到非常高兴，像得到了什么宝贝似的。等到把全书都看懂，书中的主要内容便转化成了自己脑袋中的知识。从此，他每每在精读一本好书时，都会进行自我思考，并逐渐形成了一种习惯。

到了大学期间，去图书馆借书和看书，更成了黄祖洽学习习惯的一部分。对于老师的授课有什么不明白的就去找老师讨论，再不明白的就去图书馆查找答案。这一时期的老师也希望学生们能够在课余时间多去看一些参考书，扩展一下知识面，挖掘更深层的知识，因而也给黄祖洽布置了一些任务。由于黄祖洽感兴趣的很多都是最为新兴的研究，因而大多数参考书都是外文原版，阅读这些书籍不但提高了黄祖洽的专业水平和知识，同时也大大提高了他的外文水平和阅读速度。他的英语、法语以及德语也获得了突飞猛进的提升。

在研究所期间，读书成了必备项目。无论是反应堆的研究还是核弹的研究，都需要借鉴外国的经验，这就需要从书里找答案。但是，从小形成的敢于打破惯例、不信权威、相信自我的科研精神使得黄祖洽从来不盲从于书中的结果。凡事经过自己亲手的实践或者思索得到的东西，才会表示认同。直到现在，黄祖洽还保持着读书的习惯。他的妻子张蕴珍说："他是一个小说迷，金庸的书一本也不落，他都买。另外就是梁羽生的，他那些小说都锁在一个柜子里头，高兴就拿来看，而且我要拿出来看，他要登记一下，怕我给弄丢了。"

黄祖洽虽然爱读书，但不是死读书，他有着自己的一套读书方法。他认为："会读书的人很注意读书的方法，用不同的方法去读不同的书。有的书只要翻翻目录、看看前言，就可以知道它的大致内容，不必细看；有的书篇幅浩繁，但有用的部分不多，只要用笔记本简略择录就可备用；有的书情节引人入胜，像《天方夜谭》《西游记》和武侠小说一类读物，可以当作成年人的童话，闲时看来消遣，阅读时可以一目十行，很快翻过去，只要了解大致情节，不必也不宜过于认真。基础性的书则必须精读，不能贪快，而要细细品尝、反复思考；必要时可以多读几遍，务求逐步领悟书中内容的精神实质，掌握和牢记其基本要领；对一时不能完全理解的地方，也要先作为疑问存放在脑海里，不时加以思索……只有下这样细嚼慢咽的功夫，才能好好消化基础性的书，真正收到运用自如和举一反三的效果。"再说到文学作品和理论书籍的时候，他认为："和作者进行思想、感情的沟通，是深刻理解作品的前提。读经典的文学作品，只有认真领会作者的心意、了解写作的背景、投入自己的感情，反复吟诵，才能欣赏到它的叙事之妙、言情之挚、行文之美、立意之深。读理论性的书籍，应当注意书中有哪些新鲜的内容和观点，和自己原来知道的比较，有什么不同？是否可靠？经过一番思考和分辨的工夫，才能加深理解，融会贯通，使新的、正确的理论知识形成自己脑海中知识结构的一部分，可以随时加以运用。"而在说到为了研究特定问题而查找相关资料的时候，他认为应当不妨根据所研究问题的性质，查一查有关工具书或请教专家，先拟定一个调研提纲，根据它来收集资料。对资料初步翻阅后，确定重点要读的部分。读的时候更要注意分析，勤于思考，敢于怀疑，勇于创新，去粗取精，去伪存真，由此及彼，由表及里，得出自己对所研究问题的见解。有了自己的见解，还要到实践中去检验，看它是否符合实际，是否真能解决问题。不然就要再分析原因、找出症结，重新加以研究。在实践中检验和修正自己的认识，实际上是在读自然或社会这本大书，而调研资料，只不过是在读写成文字的"小书"，为读"大书"做准备。读"小书"必须和读"大书"相结合，才能得到真知。

读书不仅仅给予了黄祖洽精神上的愉悦、思想上的升华，更多的是专业水平的提升。读史使人明智，读诗使人灵秀，数学使人周密，科学使人深刻，伦理学使人庄重，逻辑修辞之学使人善辩。黄祖洽读书从不给自己限制，无论是人文科学还是自然科学，他都有所涉及，这也解释了为什么他会成长为一名文理兼修的大家。科研道路漫漫，研究成果日新月异，如果不能敢于接受新鲜事物，从书籍中汲取营养，终究要被社会所淘汰。黄祖洽的读书习惯恰恰是他科研道路不断前行的重要保证之一。

笃 学 不 倦

黄祖洽的一生，正是勤勉不懈、不断学习的一生。他在日记中常常写着自己的学习情况，一方面做好当天的学习记录，检讨自己的不足；另一方面是规划好第二天要学习的内容。黄祖洽说，他从12岁开始离开家，有相当一段时间里心理上总觉得自己还是12岁，没有意识到在不断地长大，而学生的任务便是学习。

在中学时，除了跟老师讨论问题之外，他更是学会了自己在书籍中寻找答案。他不愿意死记硬背，更愿意去探索公式背后的意义。他始终认为，只有理解了的东西才能记得牢，也只有牢牢掌握基本的东西，才能得心应手地去学习和理解更广泛、更深刻的知识，并且进一步去创新。进入大学和研究生阶段，他的学习对象又多了当时中国最为著名的物理学教授：叶企孙、王竹溪、霍秉权、周培源、钱三强、何泽慧、彭桓武等。除了向老师学习，他还有很多同学可以一起讨论，共同进步，例如：李政道、何泽庆、陈篪、李德平等人。在物理所，除了同事间的研究和讨论之外，他还曾四赴苏联。当时苏联是世界上核科学最为先进的国家之一，黄祖洽在苏联不仅学习了当时最为先进的反应堆技术和核科学相关知识，同时也扩展了自己的眼界。这种出国经历，对于黄祖洽自己知识的提升、素质的拓展都大有裨益。就连在干校劳动，他也在向当地的农民以及自己的儿女学习。他始终没有放松对自我的要求，在当时困难的年代通过自省的方式来思考祖国的前途和人才的培养。进入北京师范大学，他没有固守自己的专业，而是不断学习，开拓新的研究领域。《礼记·学记》有云："是故学然后知不足，教然后知困。知不足，然后能自反也；知困，然后能自强也。故曰：教学相长也。"面对自己的学生，黄祖洽从来都不会摆出一副学术权威的样子，而是互相学习，教学相长。黄祖洽常说，自己始终是一个学生，他曾经在八十大寿的祝寿会上说："想起来虽然我今天已经80岁了，可是我觉得好像从开始念小学到现在也很快的样子。而且我始终在心态上还是一个学生的心态……所以在座的不管是年长的还是年轻的，我在和他们交往的过程中，总是感觉能够向他们学到不少东西，所以我作为一个学生在这里谢谢大家！"回首黄祖洽的人生路，我们可以真正体会到什么是学无止境、皓首穷经。

黄祖洽的一生一直在学习，他认为学习有各种途径：向周围的人学习，向古今伟人学习，向书本学习，向实践学习。不过，不管通过什么途径，都要注意学习方法。黄祖洽认为在学习中思考具有非常重要的地位。他说到，"乍看起来学习只是接受和记忆已有的知识，而思考却偏重于理解、想象和创新。但是，所有认真学习过的人都知道：善于学习的人总是把学习和思考有意识地结合起来。"他很推崇华罗庚的学习方法，他曾经说过："我国杰出的数学家华罗庚先生介绍早年治学中的经验有四条：一是要踏实，从自己的水平出发，不好高骛远；二是要有周密的计划，经常检查；三是要多想多练；四是要以长期性和艰苦性克服所遇到的困难。"在谈到读书方法的时候，他首先强调要用慢工夫打好基础，把基本的知识弄懂弄通。他形象地用"由薄到厚"和"由厚到薄"的比喻，说明读书时学习和思考相结合的两个阶段：在读一本书的过程中，如果对各章各节都做深入的探讨，在每页上加添注解、补充参考材料，便会把它由薄读厚；等到对书的内容有了透彻的了解，抓住了全书的要点和精神实质以后，就会感到书本变薄了。越是懂得透彻，就越有薄的感觉。这并不是学的知识变少了，而是通过学习和思考的过程，把知识消化吸收了，变成了自己知识结构的一部分。

黄祖洽在学习中正是运用了这种有效的学习方法，加之自身务实、认真的学习态度，才有了他一生卓越的成就。大学同学李德齐评价他说："祖洽为人朴实、正直、热情。一生精力贡献于两弹一星研制和教育事业，老而不休。所以，他不单是一位德才兼备的天才物理学家，也是一位优秀的教师，一位伟大的爱国者，是中国知识界的楷模。"

认 真 求 实

无论学习还是工作，黄祖洽总有一股韧劲，没明白的地方，一定要想办法搞明白。他主张认认真真做事、老老实实做人、踏踏实实地从小事做起，而正是这些点点滴滴的小事，可以勾画一个科学家一步步走向成功的轨迹。

在生活中他也总是"不信邪"，中学时因为身体不好常流鼻血，个别老师当着同学的面曾说他活不过四十。于是他每天跑去学校附近的山上锻炼，直到身体有所恢复；研究生毕业刚参加工作时，他遇到一场车祸，昏迷了数日，醒来后，同事们说黄祖洽惨了，以后不能搞理论物理研究了，可是他出院后照样认真搞研究；直到八十多岁时，黄祖洽去医院做脑部

CT，检查结果说，黄先生大脑情况不好，已处于或即将处于痴呆状态，于是他习惯于每天做些动脑的"数独"类游戏，或者常在网上下棋，以此锻炼脑力，好笑的是黄先生将近九十岁时亦然思维敏捷。黄先生自己也觉得自己是有点"不信邪"的劲儿。

曾有一位记者问黄祖洽："如果让您今天总结您这一生在学术上能够取得很大的成就，能够成为这样一个科学家，您认为最重要的一个要素是什么？"黄祖洽说："我总结一个是勤奋，一个是求实，我想这个主要是靠这两条。怎么是勤奋呢？确实我花在学习上的时间比人家多，我觉得天道酬勤啊！我是认为勤奋很重要。另外一个求实，求实这一点就是说，你要看你学的东西是不是真的符合实际，要求实……我希望不要那么浮躁，我希望能够建立起更加求实的一种风气。"黄祖洽工作、学习都非常认真，他不允许自己在工作中出现错误，每做完一个题、完成一个计算都要准确无误，做到做过的事都要经得起考验。他不但能从失败中总结经验，而且也很下功夫。一方面对学习有极大的兴趣，另一方面也是受到孙中山先生的启发。先行先知，为英雄的论述，他总是能够超前的思考和主动学习。

黄祖洽坚信，成功和素质正是来源于一点一滴的小事所积累起来的习惯。2000年黄祖洽应邀为九江第一中学重修的仿古莲池作楹联，黄祖洽与其学长程珊（华夏）共同合作，为九江一中做成一联："做人当如花之君子；求学要下实的功夫。"

黄祖洽还有感而发写下《说莲实》一文，文中写道："莲花的高洁，得莲实淡泊、宁静、不忘济世的品质。这又何尝不是黄祖洽一生追求的品质呢？正是这种极其珍贵的坚持不懈、求真务实的科研精神才能造就黄祖洽取得的伟大成就。"

说莲实——仿古长廊楹联 [①]
黄祖洽

引北宋学者周敦颐作《爱莲说》，盛赞莲"出淤泥而不染，濯清涟而不妖"的高洁风格，许之为"花之君子"。千年之后，读者仍心

[①] 黄祖洽：《黄祖洽文存》，北京师范大学出版社2002年版，第196-167页。

向往之。我以为，莲花的高洁，得莲实淡泊、宁静、不忘济世的品质而益彰。不然，即使有濂溪先生的名篇加以颂扬，莲这种植物恐怕也不会如此受人钟爱，广为栽种，以至于今日呢！

对于有花植物，花和实本来代表着生长的两个自然阶段，有着创因和成果的关系。华（花）而不实，被借用来讽刺那些披着光彩照人的外表、却没有实际内涵的无用之徒和害人骗子。可是，由花到实，着实要费一番生长发育和积累的工夫：花中雌蕊受粉成孕之后，植株必须得到阳光照耀、雨露滋润，通过自己的根系从土壤、水分中充分吸收养料，借助于绿叶的光合作用，将营养要素变成自己雏果的组成部分；这过程中还要经受种种磨炼：战胜狂风暴雨的摧残，克服病、虫害的侵蚀，不断顽强地成长；经过日积月累的工夫，最后才能结出美味可口的果实。朝花夕实，不过代表有些人美好的愿望，不符合一般的自然节律。

不同植物结出不同的果实，它们都能给人带来必要的维生素和其他营养，发挥健身、美容的作用，充实和美化人民的生活。然而，和各种果实比较起来，我觉得莲实独有许多优点，不仅使它显得特别可敬、可爱，而且似乎能给我们求学的人许多启发。首先，别的果实多半挂在枝头，用它们美丽的颜色吸引着人们的注意，显得有几分张扬；而莲实从它初成实的时候开始，就默默地隐在花蕊，藏身在由花托膨大而形成的浅黄色小莲蓬中；就是等到莲蓬长大变绿后，莲实（莲子）们也依然让莲蓬的粗糙组织包裹着，不急于向人们表露，更谈不上夸耀自己。其次，别的果实没成熟时，味道酸涩，难以食用；而莲实在它尚未完全成熟时，已能贡献出自己的嫩稚身躯，作为人们解暑消夏的佳品；当您顶着炎热的骄阳赶路，感到心烦口燥的时候，如果能在路旁的凉亭中或树荫下暂时息歇，享用一个绿色莲蓬中那初熟尚嫩的莲实，您不禁会感到香生齿颊，暑意顿消，增添了继续前进的勇气。至于成熟的莲子，更是著名的健身食物。难得的是：莲实既可煮作点心充饥，又能用作药膳疗疾，有补脾、养心、固精的功效；当您出行到小城，寄宿在小店，晚上对着昏暗的灯光筹划着明日的行程时，随着街上小贩传来的一声"冰糖莲子！"，您跑去买上一碗，捧在手中缓缓啜食，会给您带来多少温馨和力量！莲实之芯虽苦，却苦得让人恬静；药物学家认为，它富含多种生物碱，是清热、泻火的优良中药。莲实的生命力特强，藏地下多年而不失萌发的机能，有古莲子萌芽实验的成功为证。

问莲实为什么有这些可敬、可爱的优点？我想，除了来自遗传的禀赋，它在成长过程中，通过植株发达的根系（包括藕和藕节）深深植根于大地，借助宽大的荷叶充分接受阳光雨露的抚育，以及它自己淳朴、务实、广吸营养、善于消化、长期潜心积累的工夫，实在是很值得我们借鉴的。

民族使命

黄祖洽文学学得很好，也喜欢数学，但他选择了物理，是因为他认为物理对国家和社会更有用。无论是学习还是工作，面临国家的需要、民族的使命时，他一定会朝着更需要的方向努力。黄祖洽1980年当选为中国科学院数学物理学部委员时，在给中学同学丁访渔的回信中说，"父母之教导，师友之扶植奖掖，社会之需要，时势之际会，实皆弟一生所不敢或忘者。"

恰好，黄祖洽对于物理也有着浓厚的兴趣，这是从中学就形成的习惯，虽然他的数学也很好，但是由于他觉得数学不如物理实用，在选择专业的时候就选择了物理。这是由他的个人兴趣所决定的。他本来对粒子物理很感兴趣，进入物理研究所的时候也选择了这方面的研究，包括第一次前往苏联，也是主攻这方面的研究。可当国家要求他做反应堆的研究时，他就和彭桓武一起开始做反应堆，成为我国反应堆研究的祖师爷。在中国面临世界其他国家的核威胁之时，黄祖洽又和其他科学家一道，为民族振兴而奋斗，义无反顾地投入到两弹的事业之中。他始终站在原子弹和氢弹理论研究的第一线，以民族使命为主要任务，调整自己的专业领域，服务于国家需要，用科学技术解决核科学问题，自觉配合国家任务、民族需要，为中国核武器的研制、"两弹"的成功爆炸贡献了自己的力量。在每次重大选择面前,黄祖洽总是将个人命运与国家需要联系起来。在"文化大革命"之后,黄祖洽心系教育,为祖国人才的断层而痛心,忧心忡忡的他决心前往大学来教书育人,为祖国培养后起之秀。在北京师范大学,他始终不忘强调基础科学研究的重要性,积极倡导,立足前沿科学的发展,开辟新的研究领域。此外,黄祖洽还支持建立中国核数据库,坚决反对伪科学,积极支持提倡风能发电……在他的一生中,除了做出很多科学工作外,还是一位积极关注社会进步的学者。

国家战略需要极大地促进了核物理的发展。当国家困难之时,他义不容辞地以科学为武器,为整个民族而鞠躬尽瘁。而当功成身退之时,他又心系木铎,为民族未来而竭尽心智。黄祖洽为祖国兢兢业业、任劳任怨、辛勤耕耘了六十余年,为祖国的强盛、教育事业的兴旺做出了巨大的贡献。我们不仅为他对科学和教育事业所做出的辉煌业绩所感动,更为他全心全意、献身事业的精神,坚持真理、刚直不阿的品格,严谨治学、不图虚名的作风,甘当人梯、扶掖后进的崇高责任感所折服。

古人有"三不朽"之说,曰"太上立德,其次立功,其次立言,虽久不废,此之谓不朽"。黄祖洽倾全部心血,为国家强大,殚思觅火,杏坛育才,可谓立功在先,且为大功。他于1983年后,在科研教学工作中,勤于写作,先后发表140余篇(种)极有价值的论文或专著,可谓立言在后,堪称大著。黄祖洽之所以能立功立言,是缘于他自少年以来即立下的报国之志以及始终坚持的"自爱"和"爱国"的修身原则。黄祖洽16岁在一篇作文中写道:"人能自爱其德,则民族道德可保;人能自爱其智,则民族文化必高;人能自爱其志,则国家必无败类;人能自爱其行,则国家必有良材,如是而国家不强、民族不大者,未之有也。"黄祖洽这样说,也这样做,他始终把自己的实践与国家需要和民族兴旺紧紧连在一起。对此钱三强和彭桓武均有高度评价。钱三强称他是"随着新中国科学事业的发展,特别是20世纪五六十年代我国原子能事业的迅速发展而成长起来的新一代理论联系实际的理论物理学家。他为我国的国防建设和科学进步做出了贡献"。

即使在处境最艰难的时候,黄祖洽对祖国的爱是深刻的,但他并不张扬，情到深处也会抒怀于诗词。1971年，在"五七干校"劳动时，黄祖洽创作了这样一首词：

减字木兰花·庆祝七一50周年

征途曲折，

烈士鲜血染中国。

二十八年，

民主革命夺政权。

社会主义，

筚路蓝缕创新绩。

又廿二年，

克服困难永向前。

字里行间饱含着黄祖洽对祖国的爱和希望，他对自身未来的研究事业也充满信心，并在劳动期间转变思想、积蓄力量。彭桓武指出："在新中国建立前后一段时间内，我国先后受外国的野蛮蹂躏和敌意封锁，为了在一穷二白的基础上建立起科学事业，新中国召唤并造就了一大批优秀儿女，黄祖洽便是在这时期成长并有所建树的一位理论物理学家""黄祖洽为人正直、治学严谨，工作中虚心求实，主动认真，细致可靠，断审慎，不盲从、有创见，并善于启迪后学，发挥众人所长"。黄祖洽不愧为一名杰出的科学家，是所有教育工作者和科研工作者的榜样和楷模，他不朽的功绩，卓越的成就值得整个国家和中华民族所铭记。

附录一　黄祖洽年表

1924 年

10月2日，出生在湖南省长沙，字季绳，家中排行老三。长兄黄祖干，字孟谦，湘潭电机厂总工程师；二哥黄祖晟，字仲舒，湘潭电机厂工程师；四妹黄祖安，湘潭电机学校教师；五妹六妹因病早年逝世。

父黄迪庆（1897—1976），号"同李"，1923年曾任鄱阳地方法院院长，新中国成立后在长沙政法人员学习班学习，并被派作湖南人民法院作审判员，后在该地任中学教员。子女教育主张根据自己的兴趣、特长发展，对其各种选择少于干涉。

母张孝恂（1898—1984），操持家务、抚养子女，喜阅诗报、诵古诗。

1926—1929 年

自幼喜欢自己动手制作，经常随母亲回乡下，跟随表哥在橘园和竹林中玩耍。

1930—1935 年

入长沙市立十三小学。

小学三年级以前，一直是中等生，算术成绩不理想。读很多小说，如《罗通扫北》《薛仁贵征东》《薛丁山征西》《狄青征西》等，常把书放在衣服兜里，带到课堂上看。

受父亲推荐，读到刘薰宇编写的《趣味数学》，从此对数学很感兴趣。从小学四年级开始，算术成绩从原来的中游状态上升到全班最好，经常获得老师的表扬。利用闲暇时间还阅读与数学相关的科普读物。

1936 年

1月，插入湘潭第一高小，在一次全校性的语文和数学比赛中，分别获得第一名。毕业后，在湘潭私塾读了半年旧书，因记忆力比较好，理解力强，能自学看懂书上的注解，不到半年时间背完《大学》《中庸》《论语》《孟子》，学习进度超过私塾先生的预期，熟读《唐诗三百首》中的绝句部分，对传统文化有了一定的了解。当年随家迁回长沙。

1937 年

1月，入学长沙"平大中学"。利用暑期去南京考学，6月被南京中央大学附属五年制中学录取。又因"七七事变"离开南京，于9月返回到长沙。

9月，考入湖南长沙私立兑泽中学（现在叫长沙市第六中学），读完初一和初二上学期。

1938 年

9月，为躲避日本飞机轰炸，随学校搬迁到湖南省澧县新洲。

1939 年

2月，插入九江中学（现江西九江一中）读初中二年级第二学期（当时迁于江西上饶转河口）。

九江中学原名江西省立九江乡村师范，原校址在九江市甘棠湖畔，1938年迁至江西省铅山显河口镇，1939年再迁至该县杨村，1941年改名江西省立九江中学。

受化学老师蔡希欧的影响，对化学产生很大兴趣，从学校图书室借阅一本从日文翻译过来的《化学解法》，知道各种类型化学反应的进行是有规律可循的。利用业余时间自学《算学小丛书》，锻炼解题能力，从中开始体会到数学的美妙。

1940 年

初中毕业，得到一本父亲念旧制中学时用过的《代数》课本（留法数学家何鲁编写）。利用暑假将这本书通读六遍，努力弄清每一个问题，锻炼自己思考问题的能力。

由于家庭经济不济，向同学韩天荣家借一石米交给学校食堂作伙食费。与其他几位赣、皖籍同学在河边荒地自辟"三省园"，开荒种地，以改善生活。

这一时期在知识水平和学习能力上获得了突飞猛进的提高，培养了很强的自学能力、顽强的毅力和高度的自信心，也体会到了读书求知的乐趣，养成了刻苦钻研的习惯。

1941 年

受语文老师汪际虞的影响，在校图书室里借出司马迁所写《史记》及《万有文库》中的《通鉴纪事本末》进行阅读，提高了对许多历史事件的认识。经常去请教物理老师熊怡，并向其借书自学。

主动自学、注意学习和思考相结合的习惯，一直贯穿在中学、大学、研究生时代的学习和日后的工作中。

1942 年

6 月，日军进犯赣东北，扛着枪与 100 余名无家可归的学生和部分教职员工随学校短暂搬迁至距杨村 40 里外的横江口涂家。

9 月，赣东北战事稍平，日军进攻威胁暂时解除，随学校重回杨村复课。

1943 年

高中毕业，在设在赣县的夏令营受军训一个月。期间中正大学、广西大学和厦门大学联合在营区招考。他参加了考试并被录取（未前往入学）。

前往贵阳投考西南联大物理系。得知西南联大的物理系很有名，有最资深的老师授课，下决心要上西南联大学习。因路途遥远，错过当年的考期，暂住舅舅家三个月。后又随在川滇西路公路局工作的豫庆叔叔到西昌"川滇西路"公路局员工子弟小学任教半年。

1944 年

以总分第一名的成绩考入西南联大。

西南联大（清华大学、北京大学和南开大学为避战乱合并而成）教学科研条件简陋，生活清苦，且远离家乡，得不到家里的经济支援，只能靠学校发放的贷金维持艰苦的生活。大一时经历了早晨饿肚子时光。但大学里集中了一支知识渊博、水平一流的教授队伍和一群充满理想和报国激情的热血青年，使自己有机会得到许多名师的教诲。例如，教微积分的程毓淮、高等代数的蒋硕民、理学老师赵忠尧、教电磁学和物性论的叶企孙、教力学和热力学的王竹溪等等，都给了许多启发和关怀。

在普通物理老师霍秉权教授的介绍下，利用课余时间到图书馆借阅 Grimsehl 的英文版物理教程，供学习的知识海洋比以前开阔许多。

在一次由教育部在西南联大组织的全校物理测验中，获得第一名。

1945 年

8月15日，日本投降，抗日战争胜利，国内发起大规模的反内战运动，组成西南联大的北大、清华、南开三校准备复员北上。

11月27日，昆明市学联决议全市总罢课，并成立了各校罢课联合委员会（"罢联"）。在罢课委员会组织下，参加了宣传小组，向人民解释内战必然毁灭中国的道理。做反对内战、团结抗日的讲演。到五华中学进行讲演宣传，到昆明市中心近日楼去宣传，控诉军警对联大学生集会的武装威胁。

12月1日，发生"一二·一"惨案，昆明爆发大规模的反内战、争民主的学生爱国民主运动，闻一多在西南联大草坪上发表了慷慨激昂的讲演。为支持反内战，与同学一起发放传单，积极参与宣传。罢课持续一个月，12月27日恢复上课。

1946 年

本科二年级，选修数学系的高等微积分和高等代数，高等微积分的授课教师是著名数学家申又枨教授。物理学方面学习理论力学和电磁学，电磁学由叶企孙教授讲解。在叶先生的引导下，细读了分别由 Abraham Becker 和 Jeans 写的两本书。王竹溪建议看 Appell 的法文原著，经过两个月的努力，自学 *Complete French Grammar*，随迁校到北平清华大学复课后，已经能够借助字典看懂简单的法文数学书。

7月初，组成西南联大的三校（北大、清华、南开）分别迁回原址，选入清华大学物理系，随清华大学回北京就读，10月1日清华大学复校开学。

1947 年

9月，大三选修的专业课程有热力学、光学、物性论，分别由王竹溪、余瑞璜和叶企孙教授授课。王竹溪不但关心学习上的问题，还关心生活问题，因见其面黄肌瘦，肠胃不适，经常邀至家中改善伙食，直至腹泻痊愈。

1948 年

7月，清华大学物理系本科毕业。10月考入清华大学研究院。在钱三强和何泽慧的指导下从事核乳胶研制的实验研究工作。

1949 年

5月，随从英国归来的彭桓武先生研习理论物理。彭桓武与黄祖洽亦师亦友，彭先生深入浅出指导思想影响其日后的学习和成长过程；二人经常会同在清华园中一边散步一边讨论知识。

5月，在清华大学加入中国共青团。

7月，参加北京大中学生暑假学习团，任小组长，比较系统地学习了马列主义的基本内容和中国共产党的历史。

11月，任清华大学物理第四团支部组织委员（组织支委）。

1950年

1月，在清华大学经同学何祚庥等人介绍加入中国共产党。

在一年零八个月的时间里，用变分法算出氟化氢分子的各种结构常数完成了题为《氟化氢分子的一个量子力学计算》的毕业论文。

8月，作为新中国从清华大学毕业的第一位研究生。

8月27日，遭遇车祸，昏迷入院治疗。在出院休养期间认识了辅仁大学毕业、学化学的张蕴珍女士，逐渐产生好感，成了朋友、恋人。被分配到中国科学院近代物理所，做原子核理论研究。

1951年

5月，休养好身体后，回到工作岗位，投入到核理论调研工作中。完成了用变分法计算低能区质子－质子散射的相移，并开始调研核理论。

8月13日，第一次前往苏联。由中国科学院派遣去苏联科学院列别捷夫物理研究所，先随福克院士研究场论，后跟随费因贝格研习宇宙线物理。这是中国科学院建立后第一次派遣出国留学生。

9月，与彭桓武教授合作的研究成果《应用忽鲁登变分法决定核子与核子散射的周相》一文发表在《中国物理学报》第8卷第2期。

1952年

8月，由于车祸留下了脑震荡后遗症，在不同场合犯了几次癫痫。大使馆安排提前回国休养。在休养中，翻译了伊凡年科和索科洛夫编写的《经典场论》（该书曾获斯大林奖）。1958年7月由科学出版社出版。

12月26日，与张蕴珍女士结婚。

1953 年

2月，第二次前往苏联，为中国科学院访苏代表团做专业翻译，持续5个月。

6月，在钱三强教授的安排下，开始调研核反应堆的理论。

1954 年

首先钻研中子输运理论。

1955 年

研究了输运理论中无限长黑圆柱情形下的 Milne 问题，并用球谐函数展开法求出了它直到 P5 阶的近似解。

10月，第三次前往苏联。与彭桓武一起接收苏联援助我国重水反应堆的理论设计，结合反应堆结构复杂的实际情况，仔细计算了反应堆中非均匀栅格的中子增殖性能、中子在慢化和扩散过程中和栅格相互作用的特征、反应堆应有的临界大小以及运行中反应堆的组成所可能出现的各种变化。发现苏联原设计中有关临界大小数据的错误，并予以纠正。

1956 年

6月，回国后在中科院物理研究所任副研究员，继续从事核反应堆的理论研究。

与彭桓武一起在物理研究所举办了为期一年的反应堆理论训练班，学员近20人，为我国培养了第一代反应堆理论的研究人员。

参与写作的《原子能的原理和应用》一书由科学出版社出版。

1957 年

4月25日下午3时，副博士论文《应用问题的计算》及《无限长黑园柱情况下的 Milne 问题》在物理研究所答辩，答辩委员会有王竹溪、叶企孙、朱洪元、吴有训、何泽慧、严济慈、周培源、赵忠尧、胡济民、彭桓武、钱三强等11位委员，一致评定为合乎副博士论文水平，并评订得分为82分。

1958 年

领导并参与了核潜艇用反应堆的初步理论设计,又相继参与和组织了用于核燃料生产的石墨堆和用于试验元件的元件堆的理论研究和设计。和彭桓武一起回答了大量有关核反应堆的理论以及实际和决策问题,培养了大批核反应堆方面的科技工作者,在核反应堆工程方面做了许多奠基性质和开拓性质的工作。

3 月,作为核反应堆理论的研究成果之一《关于中子在两种介质中的慢化问题》发表在《物理学报》第 14 卷第 2 期。

10 月,第四次前往苏联。参加二机部部长刘杰率领的代表团访苏,作为专业工作人员,协助提供有关核潜艇用压水型反应堆的初步理论设计的计算结果,持续 3 个月。

以"示水"为笔名翻译出版了加拉宁著《热中子核反应堆理论》,由原子能出版社出版。

1959 年

在钱三强安排下,领导在原子能研究所理论研究室(四室)成立的 4 人小组,探索原子弹的设计原理。根据钱三强先生的要求,从研究快中子堆入手开展原子弹物理问题的研究。首先调研了各国特别是美国快中子堆的发展情况和实验数据,大致掌握了对快堆达到临界所需要的铀 -235 和钚 -239 的数量。为了便于计算,同时还研制了快中子堆的单群参数,并分头调研了快中子堆的临界度计算方法。

用笔名"袁伦"在《科学通报》第 2 期发表《均匀堆的介绍和一些有关的科学问题》一文。

1960 年

6 月,在德累斯顿国际反应堆学术会议上做报告,阐述了为我国第一个重水反应堆的启动和运行所做的大量理论研究和计算工作,为反应堆的建造做了探索性工作。黄祖洽有关核反应堆理论研究,后来总结在专著《核反应堆动力学基础》一书中,该书获 1983 年全国科技图书二等奖。

7月，所领导的4人小组调到核武器研究所。

12月，在二机部部党委安排下原子能研究所理论室成立了"轻核反应装置理论探索组"（简称"轻核理论组"），黄祖洽任组长，从事氢弹理论预研工作。

1961年

在《关于起反应的粒子混合系统的运动论》一文中，写出包含多体相互作用和反应的广义运动论方程组，并在此方程组的基础上导出带中子的辐射流体力学方程和反应动力学方程组，这是核弹理论研究中经常用到的重要方程组之一。

在《关于高温高压热核反应系统中的中子输运方程》一文中，从广义运动论方程组出发，把带电粒子的运动和中子在系统中的输运有条件地分开来处理，从解出的中子能谱因子的形状可以了解到，由于介质的运动，源中子的速度已不再限于反应产生时的那个完全确定的值，而是围绕这一速度有一定分布。反过来，从逸出系统外热核反应中子的速度分布，能推算出产生热核聚变的温度。

在"高速运动介质中中子输运的新处理方法"一文中，提出一种新做法——在随流体运动的坐标系中，中子就如同在一个等效力场的作用下输运一样，等效力场不仅包含普通力学中的"惯性力"项，而且还包含由于速度场的空间不均匀性而引起的一项，这个等效力场的作用是改变中子在运动中的速度分布。

为了加强原子弹研制和氢弹预研工作的联系，用一半时间到核武器研究所兼职工作，一方面参加研究原子弹研制中所需的"状态方程"，探索中子源部件结构的设计，另一方面仍继续参加氢弹的预研。

1962年

任中国原子能研究所（现中国原子能科学研究院）研究员。在《轻核反应装置中轻核的能谱和有关的问题》一文中，探讨了热核弹中轻核的能量分布（能谱），发现可以合理地定出一个由高能能谱过渡到麦克斯韦

（Maxwoll）分布的过渡能量 E_c，建立了决定高能区（$E>E_c$）中能谱的微分方程（能量输运方程的一种简化形式），得出了该方程的通解，并讨论了定态和指数上升单能源两个特例，加深了对轻核能量分布的理解。

负责指导中国科技大学 4 名学生毕业论文的写作。

1963 年

前往青海的核武器基地 211 厂交付武器设计方案，在严酷的环境条件下，为中国原子弹、氢弹的研制工作贡献力量。

1964 年

2 月，二机部九所机构撤销，改为二机部九院，黄祖洽任九院理论部副主任（后理论部改为研究所的建制，改成副所长）。

10 月 15 日，在原子弹爆炸前一天，为答复周总理代表党中央提出的关于核爆炸成功把握的询问，黄祖洽很快对数据进行了核实，并与周光召和秦元勋 3 人一起在送往中央的报告上签字，估计原子弹爆炸的成功率超过 99%。

10 月 16 日，我国第一颗原子弹成功爆炸，震惊世界。

在一次核物理学界的会议上第一次提出，要加强对在反应堆和核武器研究抽中有重大作用的核数据的实验测量和理论计算工作。但由于"文化大革命"的动乱，提议受到影响。直至 1972 年再次被提出。

秋天正式招收研究生。

1965 年

5 月，原子能所的"轻核理论组"被合并到二机部九院。被调至二机部九院任研究员兼理论部副主任（后改北京九所副所长），参与氢弹的理论突破，并领导一些型号氢弹的理论设计。

写出了《铀水系统安全质量的简易估算法》一文，其中介绍了一种估算铀水系统（或铀与其他含氢介质的均匀混合系统）的"安全质量"，即不会产生临界安全事故的铀 −235 质量的简易方法。

1966 年

5 月，在峨眉山报国寺为工程师做报告。

受二机部主管局的委托，作为组长审查四川一个由苏联援助在建工厂的临界安全问题，因苏联临时撤回了专家和关键资料，特别是为防止临界安全事故的操作规程方面遇到困难。组织大家一起商讨工作如何进行，经过一个月的工作，为该厂拟定出了一份确保临界安全的操作规程，并向该厂工程师做了概述，同时作为正式文件下发有关工厂执行。

1967 年

6 月 17 日，我国第一颗氢弹成功地爆炸，创造了世界上从原子弹试验成功到氢弹试验成功最快的纪录。

1969—1971 年

到河南上蔡县"五七干校"下放劳动，持续两年半。

在"干校"里，从事过各种劳动：播种、收割高粱、养猪，甚至干过建筑小工。虽然身体疲惫，但豁达乐观，借助这难得的放松思维的机会，并从新的角度对中国核武器研究工作进行了反思。

1972 年

劳动结束后，回二机部九院九所任副所长。

第二次向第二机械工业部呈送报告。建议组织核数据工作，提出核数据在反应堆和核武器研制中有重大作用，需要加强实验测量和理论计算，引起了有关领导的重视。后来正式成立了中国核数据中心，担任该中心的顾问，稳定和加强了有关核物理工作者的队伍建设。

1978 年

在庐山举行的第三届全国核物理大会上做"核三体问题研究进展"的评述性报告。

倡导并支持每两年召开一次有关会议，对活跃学术思想、交流成果起到积极作用。

1980 年

当选为中国科学院数学物理学部委员（1993年改称为院士）。

5月1日，从二机部九所调到北京师范大学低能核物理研究所（现核科学与技术学院）任教授兼所长，同时兼任中国科学院原子能研究所副所长（王淦昌为原子能研究所所长）。

结合培养青年科学工作者的需要，推进北京师范大学低能核物理研究所的建设，培养有发展前途的年轻学者。

1981 年

受聘为国务院学位委员会第一、二届物理学科评议组委员。

带动本学科建设，北京师范大学理论物理学科被批准为全国首批理论物理学博士点。

1982 年

3月，招收第一个博士研究生丁鄂江等。指导丁鄂江完成用奇异扰动法求解玻尔兹曼方程的博士论文，并以优异成绩通过答辩。之后丁鄂江又去挪威读博士后，做浸润相变的研究工作，回国以后成为该学科的学术带头人。此后师徒二人合作多年，经常一起讨论，互相学习、启发，还合作编写了《输运理论》和《表面浸润和浸润相变》两本书。

9月，招收了三名硕士研究生：黄雪梅、张勇和朱慧珑。

作为《原子弹、氢弹设计原理中的物理力学数学理论问题》的主要作者之一，与彭桓武等科学家一起荣获国家自然科学奖一等奖。

1983 年

担任中国物理学会主要刊物《物理学报》主编，直至1999年。遵循王竹溪先生办刊"坚持原则，处事秉公，奖掖后进，平易近人"之道，使《物理学报》得到了进一步发展。

8月，参加在意大利佛罗伦萨召开的国际核物理会议。

9月5日，在西德慕尼黑访问Sizmann教授夫妇。

作为多年来在反应堆理论研究成果的总结——《核反应堆动力学基础》由原子能出版社出版，荣获全国科技图书二等奖。

1984年

3月14日，应江西上饶师范专科学校的邀请，赴上饶做了《当代科技前沿》《材料科学和表面科学》的专题报告，介绍了当代生物物理学和物理学的最新成果和发展动态，受到学校师生们的热烈欢迎。

在讲学期间，还专门抽出时间，参加了上饶地区物理学会第一届理事会第五次全体会议，并就"改革中学物理教学，提高物理教学质量"问题和与会同志交换了意见。

任北京师范大学低能核物理研究所名誉所长。

为《物理学报》创办英文版 Chinese Physics Letter。

1985年

3月，招收2名博士研究生：冯世平和吕燕南。

3月29日，钱三强先生在《光明日报》发表文章《推荐〈核反应堆动力学基础〉》一文。文中写道："最近我看了原子能出版社1983年出版、黄祖洽著的《核反应堆动力学基础》，觉得这是一本值得推荐的好书……"

5月16—22日，参加在安徽省屯溪市举行的全国第六次原子核少体物理会议并致开幕词。

7月，往巴西圣保罗州坎皮那斯（里约热内卢附近）参加Pugwash Conference第35次年会。

"非平衡系统的动力学研究"项目，获得高等学校科学技术基金。

1987年

与丁鄂江合著的《输运理论》一书，由科学出版社出版。

1988 年

荣获"北京市高等教育系统先进工作者"称号。

1989 年

"室温核聚变新探"课题获得国家自然科学基金。

1990 年

5 月 10—12 日，参加了在北京师范大学举行的"冷核聚变学术交流和对策"研讨会。

12 月 24—28 日，参加在福州召开的第七届全国非平衡统计物理学术会议，并在会上做了"相变动力学的几个问题"的报告。

在沈阳金属研究所做"浸润相变"报告后，该所博士生冼爱平受此启发，将这一理论应用于金属-陶瓷焊接问题，做出了"金属——陶瓷之间浸润系统的前驱膜"的研究成果，获 1992 年国际焊接学会授予的首届格兰让奖。

11 月，由于为高等教育事业做出突出贡献，开始享受政府特殊津贴。

1991 年

作为《中子和稀薄气体的非平衡输运和弛豫过程》的第一作者，获得国家教委科技进步奖一等奖。

1992 年

11 月 3 日，在湘潭大学讲课。

担任创办的英文版的 *Acta Physica Sinica*（Overseas edition）（2000 年起改刊名为 "*Chinese Physics*"）的首任主编。

与丁鄂江合著的学术专著《表面浸润和浸润相变》作为物理前沿丛书，由上海科学技术出版社出版。

1993 年

6月1—2日，参加由国家科委高技术和基础研究司、国家自然科学基金委员会数理科学部在北京主办的"常温核聚变讨论会"，一同出席的还有著名科学家王淦昌、杨立铭、周毓麟、王乃彦等人。

"临界现象和动力学系统中的一些非线性问题"课题获得教育部博士点基金。

1994 年

在北京师范大学低能核物理研究所建立了射线束技术与材料改性教育部重点实验室。

所领导的低能核物理研究所被科技部选为我国首批基础性研究改革试点所。

所著的《科学家谈物理——探索原子核的奥秘》一书，由湖南教育出版社出版。该书获得湖南省委颁发的精神文明建设"五个一工程"优秀作品。

10月4日，与妻子张蕴珍和老师彭桓武、彭同游香山。彭桓武赋词一首：《后庭宴——记10月4日与黄祖洽－张蕴珍－同游香山》，描述了二人多年结下的师徒之情。

70岁生日，北京师范大学、中国科学院理论物理研究所、中国原子能科学研究所联合召开"核物理与统计物理学术讨论会"，100多位专家学者出席会议。与会代表高度评价其所做的科研成就及对国防科研事业的杰出贡献。

11月4日，为祝贺执教44周年暨《黄祖洽文集》出版，北京师范大学出版社举办了"文集"的首发式。科技界和教育界的专家学者100多人出席首发式，表示祝贺。

1995 年

10月27日，在青岛与彭桓武、何泽慧院士一起参观军舰。

作为"浸润相变的研究"的第二作者，获1995年国家教委科学技术进步奖二等奖。

1996 年

获何梁何利基金科技进步奖。

1997 年

被评为北京师范大学共产党员标兵。

"非线性物理的一些前沿问题研究"课题再次获得国家自然科学基金。

1998 年

4 月 26 日，回清华大学参加 87 周年校庆活动。

1999 年

为北京师范大学物理系和相关院、系、所一年级本科生开设"现代物理学前沿选讲"的选修课，主要介绍 20 世纪物理学家在宇观、宏观和微观三大领域所取得的重大成就，课程用书由其本人编写。听课者除了本校学生以外，还有外校来的进修教师和旁听生。

指导的博士生杨洪流获得 1999 年全国百篇优秀博士论文奖。

"强场中的非线性问题"的课题第二次获得教育部博士点基金。

2000 年

在"国际中小学科学与技术教育课程的改革与发展"讨论会上，做"对中小学科学教育的一些看法"的报告。认为中小学科学教育要使孩子们在知识方面、学习习惯和学习方法方面以及对科学精神的理解方面，都要打好坚实的基础，要着力培养学生的学习兴趣。

荣获"北京师范大学最受本科生欢迎的十佳优秀教师"光荣称号，并获得"北京师范大学教育教学成果一等奖"。

2001 年

7 月 7 日，参加在山西大同雁北师范学院举行的"教育改革与发展院士报告会"，并发表演讲。

9月22日，参加在北师大召开的"学习江泽民讲话精神繁荣人文社会科学"座谈会，在会上做了"加强自然科学与哲学社会科学的联系与合作"的发言。

被授予"北京市优秀共产党员""北京市师德先进个人""北京师范大学师德先进标兵"称号。

2002年

1月，《黄祖洽文存》由北京师范大学出版社出版。

6月，在河北工业大学做"近代物理前沿工作"的学术报告。

8月，科普新著《射线束和材料改性》一书由清华大学出版社、暨南大学出版社出版。

为北京师范大学大三和大四年级的同学开设《粒子物理基础》专业课，介绍近三十年来粒子物理所取得的重大成就，综合解释粒子物理中现有实验事实的"标准模型"；并参与讲授"核物理和人类生存"（"人类生存发展与核科学"）这门课的概论部分，论述核科学在人类可持续发展过程中所起的作用；同时还承担了为研究生开设的"诺贝尔物理奖专题选讲"的部分课程任务。

再次荣获"北京师范大学最受本科生欢迎的十佳优秀教师"的光荣称号。

北京师范大学理论物理学科被评为首批国家级理论物理重点学科。

2003年

"强激光与等离子体相互作用产生高次波机理"的课题，第三次获得教育部博士点基金。

2004年

10月9日，在北师大英东学术会堂演讲厅举办物理学前沿学术研讨会暨黄祖洽院士八十华诞庆祝仪式。彭桓武、朱光亚、杨振宁、李政道、何泽慧、于敏、陈能宽等50多位院士出席了庆祝大会，参加聚会的还有教育部吴启迪副部长、中国工程院杜祥琬副院长、国家自然科学基金委员会王杰副主任、清华大学党委杨振斌副书记、北京师范大学钟秉林校长等人。

《三杂集》一书由北京师范大学出版社出版。

获北京市高等教育教学成果一等奖。

2005 年

1月31日，出席在北京中国核工业集团公司召开由中国科学院数学物理学部牵头组织的"核能科技发展战略研究（裂变能部分）"专题咨询组研讨会。

3月14日，参加在北京师范大学英东学术会堂举行的"2005——世界物理年"首届高校物理文化节开幕式并致辞，对由首都高校大学生发起的这次活动表示充分肯定和鼓励。

5月28日，在中国科学院文献情报中心就"人类生存与可持续发展"这一主题应邀做专题报告。从科技发展给人类社会带来的变化入手，结合一系列数据、图表、图片，详细阐述了坚持可持续发展的重要意义。

6月2日，在《大众科技报》发表《我的老师彭桓武》一文，讲述了彭桓武先生对科学的卓越贡献。

9月4日，参加在北京师范大学东操场举行的新生开学典礼。

9月29日，来到长沙市六中，与来自全国各地的3000余名校友共庆母校百年华诞，并应邀为母校的学弟学妹们做了一堂关于"笃志好学"的专题演讲。

10月18日晚10:39，央视一套《大家》栏目播出专访节目《黄祖洽》。

撰写的《射线束和材料改性》一书，作为科普项目《院士科普书系》（共100本）之一，获得了国家科学技术进步二等奖。

2006 年

4月12日上午，应上饶市委宣传部邀请，在信州会议中心就科学发展观做专题学术报告。

5月8日，和王梓坤院士一起陪同部分中国科学院和工程院院士在北京师范大学考察、参观。

5月11日晚，作为点评嘉宾应邀出席在北京师范大学敬文讲堂举行的"2006年传统文化节"开幕式。

2007年

3月1日，恩师彭桓武逝世，提笔写下悼词："文章道德，体现遗爱；高尚理想，后人承载"，表达既是对故人的哀思，也是对自己和后来者共勉的思想。

3月13日，作为北京师范大学低能核物理研究所学术委员会主任主持召开"低能核物理研究所暨材料科学与工程系学术委员会会议"，探讨低能所暨材料系的学科建设等问题。

9月，《核反应堆动力学基础》第二版由北京大学出版社出版。

2008年

1月25日，中国科学院副院长詹文龙专程来家中看望。

10月18日，参加北京师范大学实验小学建校50周年庆典活动。

2009年

5月20下午，在中国科学院成都分院主办的"科学与中国、天地人大讲堂"院士报告会上，做题为"软物质的物理学"的报告。之后，中科院成都分院院长、成都教育基地管委会主任彭宇行颁发了教育基地客座教授聘书。

6月29日，在北京师范大学英东学术会堂召开的"纪念中国共产党成立88周年暨表彰大会"上，获教工"十佳共产党员"称号。

2010年

7月1日，在北京师范大学英东学术会堂召开的"纪念中国共产党成立89周年表彰先进暨创先争优推进会"上，荣获"北京师范大学优秀共产党员"称号。

10月30日，与众多院士和教授一起参加在北京师范大学英东学术会堂召开的"求答钱学森之问：中国如何培养创新人才"为主题的首届"创新中国论坛"。

2011 年

5月17日下午，在江西省九江市第一中学素质教育中心大厅向全体师生发表演讲。

秋天，因肺炎住院两周，康复后马上又回到讲台，补上了落下的课程。

2012 年

1月17日上午，中共中央政治局委员、国务委员刘延东专程来到北京师范大学向黄先生拜年，并询问了近期的生活和身体情况。

9月8日晚，出席在北京师范大学邱季端体育馆隆重举行的建校110周年校庆晚会。

10月3日，作为主要嘉宾出席了江西省九江市第一中学110周年校庆庆典，受到了全体师生的热烈欢迎。

2013 年

依旧坚持给大一新生上课。

10月16日，出席"钱三强百年诞辰暨钱三强何泽慧科技思想座谈会"。

10月下旬，因病入院，写了"有什么，别有病！没什么，别没"一文，文章以一句俗语为起点，表达生病时的感悟，同时更加强调做人一定要有志气，鼓励年轻人"志存高远，脚踏实地"。

2014 年

9月7日3时11分，黄祖洽先生因病医治无效在北京不幸逝世，享年89岁。

9月11日，中国共产党优秀党员、中国科学院资深院士、理论物理学家、核物理学家、我国氢弹研制的探路先锋和我国核武器物理问题研究的主要负责人之一、教育家，北京师范大学低能核物理研究所原所长、教授黄祖洽先生的遗体告别仪式在八宝山殡仪馆东礼堂举行。

黄祖洽先生逝世后，习近平、李克强、张德江、俞正声、刘云山、张高丽、刘延东、赵乐际、胡锦涛、李鹏、朱镕基、温家宝、张春贤、杨晶等中央领导同志以不同方式表示哀悼，向其家属表示慰问。中共中央委员、教育部党组书记、部长袁贵仁表示沉痛哀悼，并看望了黄祖洽院士夫人张蕴珍女士。中共中央委员、中国科学院院长白春礼，教育部副部长杜占元，北京市委常委、市教工委书记苟仲文等领导对黄祖洽先生的逝世表示沉痛哀悼，并向其家属表示深切慰问。中共中央组织部、教育部、中共北京市委教育工委、北京市教委、国务院学位委员会等单位敬献了花圈。

附录二　黄祖洽主要论著目录

论文

[1] 黄祖洽. 关于氟化氢分子的一个计算. 中国物理学报, 1951 年第 1 期.

[2] 彭桓武, 黄祖洽. 应用忽鲁登变分法决定核子与核子散射的周相. 中国物理学报, 1951 年第 2 期.

[3] 黄祖洽. 无限长黑圆柱情形下密恩（Milne）问题的近似解（球谐函数展开法）. 物理学报, 1957 年第 4 期.

[4] 黄祖洽. 关于中子在两种介质中的慢化问题. 物理学报, 1958 年第 2 期.

[5] 黄祖洽. 研究性重水反应堆的物理计算. 原子能科学技术, 1959 年第 3 期.

[6] 黄祖洽. 铀水系统安全质量的简易估算法. 原子能科学技术, 1965 年第 1 期.

[7] 黄祖洽. 中子在铀水介质中的慢化长度. 原子能科学技术, 1966 年第 1 期.

[8] 黄祖洽. 关于铀水反应堆中的临界条件. 原子能科学技术, 1966 年第 1 期.

[9] 黄祖洽. 中子弹是怎么一回事？物理, 1977 年第 5 期.

[10] 黄祖洽. 多种粒子反应系统的运动论. 北京师范大学学报（自然科

学版），1980 年第 21 期．

[11] 黄祖洽．关于中子在高温轻介质中的输运．北京师范大学学报（自然科学版），1981 年第 1 期．

[12] 黄祖洽．高速运动介质中中子输运的新处理方法．北京师范大学学报（自然科学版），1981 年第 3 期．

[13] 苏宗涤，萨本豪，张贵山，施义晋，黄祖洽．重离子深度非弹性散射的直接模拟．第五次核物理会议资料汇编（中册），成都，1982 年．

[14] 黄祖洽．中子输运对介质流体力学运动的影响．北京师范大学学报（自然科学版），1982 年第 3 期．

[15] 黄祖洽．关于热核反应装置中轻核的能谱和有关的问题．北京师范大学学报（自然科学版），1983 年第 3 期．

[16] 丁鄂江，黄祖洽．具有小 Knudsen 数的 Boltzmann 方程的奇异扰动解法．物理学报，1984 年第 5 期．

[17] 丁鄂江，黄祖洽．Boltzmann 方程的奇异扰动解法（Ⅰ）——正规解．物理学报，1985 年第 1 期．

[18] 丁鄂江，黄祖洽．Boltzmann 方程的奇异扰动解法（Ⅱ）——初始层解．物理学报，1985 年第 1 期．

[19] 丁鄂江，黄祖洽．Boltzmann 方程的奇异扰动解法（Ⅲ）——边界层解．物理学报，1985 年第 2 期．

[20] 丁鄂江，黄祖洽．Boltzmann 方程的奇异扰动解法（Ⅳ）——向非 Maxwell 分子的推广．物理学报，1985 年第 2 期．

[21] 何泽庆，黄祖洽．孤立系统规划的数学分析．北京师范大学学报（自然科学版），1985 年第 1 期．

[22] 丁鄂江，黄祖洽．球对称无限空间中稀薄气体的一种弛豫．物理学报，1985 年第 3 期．

[23] 黄祖洽．多层介质中激波穿透的最佳条件．北京师范大学学报（自然科学版），1985 年第 3 期．

[24] 黄祖洽．少体问题和相变．北京师范大学学报（自然科学版），1986 年第 2 期．

[25] 黄祖洽，丁鄂江. Boltzmann 方程的理论和应用. 物理学进展，1986 年第 3 期.

[26] 黄祖洽. 高温轻介质中辐射流体力学的等温近似. 北京师范大学学报（自然科学版），1987 年第 1 期.

[27] 黄祖洽. 关于非平衡态统计物理. 北京师范大学学报（自然科学版），1987 年第 4 期.

[28] 朱慧珑，黄祖洽. 体心立方金属中空位迁移规律. 物理学报，1987 年第 9 期.

[29] 黄祖洽，黄雪梅. 硅片氧化过程及其对硅中杂质分布影响的分析. 北京师范大学学报（自然科学版），1988 年第 3 期.

[30] 吕燕南，黄祖洽. 基态氢分子之间的相互作用波函数显含电子相关坐标的微扰计算. 原子与分子物理学报，1989 年第 1 期.

[31] 黄祖洽. 室温核聚变的一个可能解释. 北京师范大学学报（自然科学版），1989 年第 2 期.

[32] 吕燕南，黄祖洽. $H_2(X^1\Sigma g+)$—$H_2(E^1\Sigma g+)$ 系统的相互作用. 物理学报，1989 年第 9 期.

[33] 吕燕南，丁鄂江，黄祖洽. Fokker-Planck 方程解的长时间行为. 北京师范大学学报（自然科学版），1990 年第 3 期.

[34] 黄祖洽. 实验工作中的理性思维. 现代物理知识，1990 年第 6 期.

[35] 黄祖洽. 相变动力学中的若干问题. 北京师范大学学报（自然科学版），1991 年第 2 期.

[36] 宋岩，丁鄂江，黄祖洽. 混合流体浸润相变的研究（Ⅰ）——二元系统的两相共存态. 物理学报，1991 年第 9 期.

[37] 宋岩，丁鄂江，黄祖洽. 混合流体浸润相变的研究（Ⅱ）——二元系统的三相共存态. 物理学报，1992 年第 6 期.

[38] 宋岩，丁鄂江，黄祖洽. 混合流体浸润相变的研究（Ⅲ）——二元系统的四相共存态. 物理学报，1992 年第 6 期.

[39] 宋岩，丁鄂江，黄祖洽. 混合流体浸润相变的研究（Ⅳ）——二元系统浸润相变的临界特性. 物理学报，1992 年第 10 期.

[40] 杨国健，黄祖洽，胡岗. 压缩真空态中三能级原子的定态共振荧光. 物理学报，1991年第10期.

[41] 杨国健，黄祖洽，胡岗. 非简并双光子Jaynes-Cummings模型的量子塌陷与复苏. 物理学报，1992年第4期.

[42] 陈金玉，黄祖洽. 切变率与红细胞钱串体大小对血液黏度的影响. 北京师范大学学报（自然科学版），1995年第3期.

[43] 黄祖洽，丁鄂江. 浸润相变及有关问题. 物理，1995年第11期.

[44] 张书东，黄祖洽. 地震和地震预报理论研究中的几个问题. 物理，1997年第7期.

[45] 李静辉，黄祖洽，王存玉. 岩板顺层斜坡和直坡演化过程中的随机共振及混沌. 物理学报，1998年第3期.

[46] 应阳君，黄祖洽. 细胞钙振荡对周期信号的响应和胞间同步. 计算物理，2001年第5期.

[47] 黄祖洽. 加强自然科学与哲学社会科学的联系与合作. 北京师范大学学报（自然科学版），2001年第6期.

[48] 黄祖洽. 核能和物理学. 物理与工程，2002年第2期.

[49] 应阳君，黄祖洽. 描述肝细胞中两类不同特性钙离子浓度振荡的动力学模型. 生物物理学报，2002年第2期.

[50] 陈宝振，黄祖洽. 毛细管中高阶参量过程的理论描述. 北京师范大学学报（自然科学版），2003年第1期.

[51] 陈宝振，黄祖洽. 皮秒激光在充气毛细管中四波混频的理论描述. 北京师范大学学报（自然科学版），2003年第6期.

[52] 陈宝振，黄祖洽. 充气毛细管中飞秒激光四波混频的理论描述. 物理学报，2004年第12期.

[53] 陈宝振，黄祖洽. 飞秒强激光在充气毛细管中产生三次谐波的效率. 物理学报，2005年第1期.

[54] 黄祖洽. 软凝聚态物理研究进展. 北京师范大学学报（自然科学版），2005年第1期.

[55] 黄祖洽. 超光速的中微子（英文）. 北京师范大学学报（自然科学

版），2011年第6期．

[56] Ding E-jiang and Huang Zu-qia, A Kind of Singular Perturbation Methed for Solving the Boltzmann Equation with Small Knudsen Number, Chinese Phys. Lett. 1（1984）31.

[57] Ding E-jiang and Huang Zu-qia, On the Normal Solutions of the Boltzmann E-quation with Small Knudsen Number, J. Stat. Phys. 45（1986）561.

[58] Ding E-jiang and Huang Zu-qia, On the Initial Layer Solution of the Boltzmann Equation with Small Knudsen Number, J. Stat. Phys. 45（1986）589.

[59] Huang Zu-qia, A Possible Explanation of the Room Temperature Nuclear Fusion, Workshop on Cold Fusion Phenomena, Santa Fe, USA（1989）.

[60] Yannan Lu and Zuqia Huang, Molecular Integrals in the Generalized Hylleraas-CI Method, Int. J. Quantum Chem. 37（1990）.

[61] Guo-jian Yang, Zu-qia Huang and Huan-wu Peng, On the Laser Induced Synthesis of Dense Hydrogen, I , Commun. Theor. Phys. 14（1990）397.

[62] Yan-nan Lu, Zu-qia Huang and Huan - Wu Peng, On the Laser Induced Synthesis of Dense Hydrogen, II , Commun. Theor. Phys. 15（1991）103.

[63] Ding E-jiang and Huang Zu-qia and Yan-nan Lu, On the mixing property of the Fokker-Planck Equation, J. Phys. A24（1911）2435.

[64] Yannan Lu and Zuqia Huang, Shorter Expansions of Molecular Integrals in Hylleraas-CI Calculation, Commun. Theor. Phys.16（1991）1.

[65] Song Yan, Ding E-jiang and Huang Zu-qia, The wetting transition in binary Sullivan fluid mixtures, J. Phys.: Condens. Matter4（1992）6189.

[66] Song Yan, Huang Zu-qia and Ding E-jing, Capillary condensation in binary Sullivan fluid mixtures confined between two parallel walls, J. Phys.: Condens. Matter 5（1993）3139.

[67] Z.Q.Huang, E.J.Ding and J.Y.Chen, On a dynamics approach to wetting transitions, Modern Physics Letters B7（1993）421.

[68] E.J.Ding, J.Y.Chen and Z.Q.Huang, The effect of surface fields on the phase transitions of a confined fluid, J.Phys.: Condens. Matter5（1993）4877.

[69] Yang Guo-Jian and Huang Zu-qia, Squeezing in driven two photon optical system, Quantum Optics（UK）5（1993）121.

著作

[70] 伊凡宁柯，索科洛夫. 经典场论——新的问题. 黄祖洽译，北京：科学出版社，1958年.

[71] 黄祖洽. 核反应堆动力学基础. 北京：原子能出版社，1983年.

[72] 黄祖洽，丁鄂江. 表面浸润和浸润相变. 上海：上海科学技术出版社，1994年.

[73] 黄祖洽. 黄祖洽文集. 北京：北京师范大学出版社，1994年.

[74] 黄祖洽. 探索原子核的奥秘. 长沙：湖南教育出版社，1998年.

[75] 黄祖洽. 射线束和材料改性. 北京：清华大学出版社，2002年.

[76] 黄祖洽. 黄祖洽文存. 北京：北京师范大学出版社，2002年.

[77] 黄祖洽. 三杂集. 北京：北京师范大学出版社，2004年.

[78] 黄祖洽，丁鄂江. 输运理论（第二版）. 北京：科学出版社，2008年.

[79] 黄祖洽. 现代物理学前沿选讲. 北京：科学出版社，2013年.

黄祖洽先生曾主持研究项目表

课题执行时间	课题名称	课题类别
1985—1987	非平衡系统的动力学研究	高等学校科学技术基金
1989—1992	室温核聚变新探索	国家自然科学基金
1993—1995	临界现象和动力学系统中的一些非线性问题	教育部博士点基金
1997—2000	非线性物理的一些前沿问题研究	国家自然科学基金
1999—2002	强场中的非线性问题	教育部博士点基金
2003—2005	强激光与等离子体相互作用产生高次波机理	教育部博士点基金

附录三　怀念父亲

时间过得真快啊，父亲已经离开我们近三年了。他老人家的音容笑貌还时常在我脑海中闪现，梦中也常常见到他。在我心目中他总是精神饱满，乐观对待人生，平和地生活。多么想再得到他的教诲、与他一起散步、交流思想啊。

本书作者陈雁想让我写篇有关父母的文章，在短短两天时间里，我阅读了书的初稿，感谢作者将许多历史纪录加以分析、总结和归纳，勾勒出一个真实的黄祖洽，描述了他成长为一名了不起的科学家的过程。在此之前我也收集了大量有关父亲的资料，访问了许多父亲生前的同事和好友，做了许多调查研究。因此在阅读中可以感到书中讲述的故事都是真实的，作者能够将这些真实的故事流畅地串起来，真是花费了一番功夫。在此我代表家人对作者表示感谢。

要说我的父母，还是那件事最值得一提，就是父亲的车祸以及他因祸得福的故事。

2012年4月19日，刘寄星老师来看望父亲，我也在，父亲给我们讲述了他的工作，其中提到他遇到的那次车祸。

1950年7月底，父亲从清华研究生院毕业之后，被分配到位于东皇城根甲42号的中国科学院近代物理研究所，8月底的一个星期日从清华回城的路上，他骑的自行车被一辆清华的校车撞倒，头部受了重伤，昏迷不醒有两个星期，住在人民医院并做了开颅手术。出院后为了让他尽快地恢复健康，院领导安排他住在位于文津街 3 号的科学院院部，一些院里的同事经常关照他，我母亲张蕴珍就是其中之一。母亲经常从家里带些酱牛肉之类的营养食品给父亲，还陪他一起读书、看报。父亲也教母亲学习俄文，他喜欢母亲的单纯、直率和善良。母亲则非常佩服父亲的学识和克服困难的精神，就这样两人的感情越来越好。当时母亲所在部门的领导怕母亲与父亲相恋后，父亲的身体会拖累她，就把她安排在一个父亲找不到她的房间里。父亲找不到人心情很不好，甚至吃不香睡不着。后来院里的领导找到母亲谈父亲的情况，说如果失去这样一个高水平的科学家，对国家将是一个重大的损失。母亲生性善良，况且也喜欢父亲，所以下决心一定要帮助父亲渡过难关，只要能恢复健康，重新进入科研状态，她可以付出一切。

父亲得到母亲在身心上的关怀，身体奇迹般地恢复了健康，1951 年初就回到中国科学院近代物理研究所和彭桓武先生共同写了一篇文章。那是关于质子和质子碰撞的问题，那篇文章题目是彭先生出的，计算是父亲做的。原来彭先生让他用 Whittaker 和 Watson 书上的特殊函数来做，可父亲觉得那样做不太容易走通，所以就改变了方法，用级数展开来做。因为那篇文章低能域的散射长度公式与实验比较符合，所以彭先生对那个结果还是很欣赏的，文章的署名是彭桓武和黄祖洽，后来这篇文章收在彭先生的文集里。

1951 年 8 月，中国科学院派父亲去苏联留学，物理方面有黄祖洽、徐叙瑢，数学方面有冯康，生物的梅镇彤，化学的陶虹和两位搞水利的张有实和张蔚榛，共有 7 个人。从北京坐火车过满洲里后，还要坐十天的火车才到莫斯科。父亲在清华念研究生时，曾经旁听过一些俄文课，有一本 Potapova 等人用英文写的俄文教科书，在火车上父亲就把那本书看完了。因为旁听过俄文，也知道如何发音，所以到莫斯科后，对俄文也不是完全不懂，也会说一点。到莫斯科后，陶虹分到莫斯科大学去了，其他人全分到苏联科学院，住在高尔基大街的"学者之家（Дом Учёный）"，五个男的住一个大房间，梅镇彤与苏联妇女一起住。那时苏联科学院派了一个老太太和一个中年妇女来帮助中国留学生学俄语。那个老太太叫杰姆斯卡娅，正是父亲在火车上看的那本俄文教科书的作者之一。这样学了两、三个月的俄文后，就可以应付口语了，之后他们几个人就分到各个专业所，父亲和徐叙瑢分到列别杰夫物理研究所，跟随不同的导师，父亲的导师起初是福克（В.Фок）院士，福克希望他做和时间有关的场论，但福克经常在列宁格勒工作，不常去莫斯科，见面的机会不多，没过多久就改派了范因伯格（Е.Л.Фейнберг）做导师（范因伯格比父亲大12岁，1997年被选为俄罗斯科学院院士，2005年去世，去世前出了一本书，后来被翻成英文，书中记述了许多科学家的故事），当时范因伯格正直中年，与父亲之间的交流用的是英文，他让父亲做宇宙线起源的问题。每周见一次面，讨论一次。父亲在这方面花了不少时间，看了不少书。到莫斯科后因学习任务重，加之生活不习惯，休息不好，父亲犯了几次癫痫，有一次是在住所的客厅里，两个俄文教师教俄文时父亲忽然晕倒了。醒来发现躺在床上，有人正用阿摩尼亚给他闻，原来是车祸的后遗症癫痫发作了。还有一次是俄文学习结束之后，为了让中国学生更快的适应语言环境，把几个人分开，分别和俄国人住一个房间，俄国人睡得晚，生活不规律，父亲休息得不好，所以就又犯了一次。父亲在苏联科学院的医院里做了一些检查，之后又犯过几次，大使馆就建议父亲回国休养。

　　1952年8月父亲提前返回北京，在近代物理研究所半时工作半时休养。他利用休养的时间翻译了伊凡年科和索科洛夫编写的《经典场论》（这本书曾获斯大林奖，父亲真正对俄文认真学习，就是靠翻译那本书）。在此期间母亲通过亲友买到了治疗癫痫的德国进口特效药（鲁米纳），父亲吃了这种药后效果很好，后来基本上没有再犯。1952年底，他们结成了终生伴侣。

　　父亲从小颠沛流离求学的生活使他营养不良，身躯瘦小。有人说"黄祖洽最多能活到四十岁"，可实际上他去世时年近90岁。车祸对他的伤害是严重的，要恢复脑力和体力需要顽强的毅力。我记得父亲每天打太极拳，用凉水洗脸，早晚刷牙，饭后漱口，经常背诗词，一直锻炼自己的体力和脑力。他的工作是高强度的脑力劳动，这样做也有助于锻炼他的脑子。结果，遭受过车祸的父亲与他的同事邓稼先、周光召、于敏等一起做创造性研究，丝毫显不出有什么影响。在他七十多岁时，一次在天坛医院体检，医生看到他的头部核磁片子很紧张，说这个人一定是个呆傻病人，就找他并让他按医生的指示做加、减法。使医生感到吃惊的是，这个病人对答如流，没有一点儿呆傻的迹象，医生很奇怪，觉得这片子是错了。后来了解到他年轻时出过车祸才明白，片子中的病灶是车祸遗留下来的，这让医生连连称赞。父亲做人一贯保持低调，他是我国核反应堆理论研究的先驱者之一、核潜艇反应堆的最初探索和初步设计者、原子弹的理论设计者之一、氢弹预研领导者和设计者之一、核临界安全的探索者与核数据的积极倡导者，他自己却毫不张扬，很少向人们提起。他从不计较个人名利，虽然后来与两弹功勋的荣誉擦肩而过，但他毫不在意，怡然自得。然而在我和母亲的心里，他是最了不起和最棒的。为了祖国的强大，为了国家的原子弹和氢弹研制，他付出了一生中最宝贵的时光。他能全力以赴地进行原子弹、氢弹的理论研究，并做出突出贡献，是与他从车祸中恢复健康分不开的。而充沛的精力和健康的身体，在我看来，除了他本人坚持不懈锻炼，母亲对他的照顾是至关重要的。

很多人开玩笑说："本来黄祖洽就够聪明的了，结果车祸后脑子就更好使了"。可谁又能知道，母亲张蕴珍为此付出了多少心血啊。

父母赋予我们生命，哺育、抚养我们。更多的是他们身体力行，为我们做出了榜样。我深深地爱我的父亲和母亲，谨以这篇短文献给他们。

黄萌

写于 2017 年 5 月 15 日

参考文献

[1] 黄祖洽. 黄祖洽文集 [M]. 北京：北京：北京师范大学出版社，1994 年.

[2] 黄祖洽. 三杂集 [M]. 北京：北京师范大学出版社，2004 年.

[3] 刘晓. 卷舒开合任天真：何泽慧传 [M]. 北京：中国科学技术出版社，2013 年.

[4]《科学家传记大辞典》编辑组. 中国现代科学家传记（第三集）[M]. 北京：科学出版社，1992 年.

[5] 何梁何利基金评选委员会. 何梁何利奖·1996 [M]. 北京：科学出版社，1997 年.

[6] 中国科学院学部联合办公室. 中国科学院院士自述 [M]. 上海：上海教育出版社，1995 年.

[7] 中国科学家辞典编委会. 中国科学家传略辞典（现代第三辑）[M]. 1982 年.

[8] 张笛梅，柳陵康主编. 中国高等学校中的中国科学院院士传略 [M]. 北京：高等教育出版社，1996 年.

[9] 淡泊明志，宁静致远——贺黄祖洽院士八十寿辰 [J]. 物理，2004 年第 9 期.

[10] 彭桓武. 为黄祖洽祝寿 [J]. 物理，2004 年第 9 期.

[11] 何祚庥. 与祖国"同呼吸、共命运"的理论物理学家——读〈黄祖洽文集〉[J]. 物理，2004 年第 9 期.

[12] 刘寄星. 祝贺黄祖洽先生80华诞 [J]. 物理, 2004年第9期.

[13] 郑绍唐. 殚思求火种——恭贺黄祖洽院士80寿辰 [J]. 物理, 2004年第9期.

[14] 蔡少辉. 我的领路人 [J]. 物理, 2004年第9期.

[15] 杨先庶. 难忘的岁月——"黄祖洽兵团"杂忆 [J]. 物理, 2004年第9期.

[16] 冯世平. 我国科学和教育事业的无私奉献者——祝贺黄祖洽院士80岁生日 [J]. 《物理》, 2004年第9期.

[17] 中学学科网. 黄祖洽：平凡生活, 非凡人生 [EB/OL]. 2011-08-25.

[18] 九江新闻网. 黄祖洽院士在母校九江一中发表演讲 [EB/OL]. 2011-05-20.

[19] 新浪网. 人物特写：黄祖洽院士一生两辉煌 [EB/OL]. 2001-06-07.

[20] 网易新闻. 师大名家传记 [EB/OL]. 2010-07-13.

[21] 中央电视台. CCTV-大家, 2005-04-09.

[22] 九江电视台. 东西南北九江人—黄祖洽, 2011-08-25.

[23] 戚海燕, 宋媛. 黄祖洽：一生两辉煌 [N]. 北京日报, 2001-06-07.

[24] 九江一中校志编委会. 《江西九江一中校志》(1902—1997).

[25] 黄祖洽. 关于氟化氢分子的一个计算 [J]. 中国物理学报, 1951年第1期.

[26] 彭桓武, 黄祖洽. 应用忽鲁登变分法决定核子与核子散射的周相 [J]. 中国物理学报, 1951年第2期.

[27] 黄祖洽. 无限长黑圆柱情形下密恩（Milne）问题的近似解（球谐函数展开法）[J]. 物理学报, 1957年第4期.

[28] 黄祖洽. 关于中子在两种介质中的慢化问题 [J]. 物理学报, 1958年第2期.

[29] 黄祖洽. 研究性重水反应堆的物理计算 [J]. 原子能科学技术, 1959年第3期.

[30] 黄祖洽. 铀水系统安全质量的简易估算法 [J]. 原子能科学技术, 1965年第1期.

[31] 黄祖洽. 中子在铀水介质中的慢化长度 [J]. 原子能科学技术, 1966年第1期.

[32] 黄祖洽. 关于铀水反应堆中的临界条件 [J]. 原子能科学技术, 1966年第1期.

[33] 黄祖洽. 中子弹是怎么一回事？[J]. 物理, 1977年第5期.

［34］郑绍唐. 核弹功勋科学家—黄祖洽院士［J］. 中国科学院院刊, 2005 年第 1 期.

［35］桑海波. 殚思求火种深情寄木铎—黄祖洽院士简介［J］. 北京师范大学学报（自然科学版）, 2005 年第 1 期.

［36］廖伯琴. 对中国科学院院士黄祖洽教授的采访［J］. 物理教学探讨, 2005 年第 23 期.

［37］洪明. 黄祖洽访谈录科学人文本同根［J］. 中国教师, 2005 年第 7 期.

［38］袁孝金、孔庆东、吕贤年. 隐姓埋名的科学研究赤胆忠心的报国情怀——敬贺我国著名理论物理学家、核武器事业的开拓者黄祖洽院士 85 华诞［J］. 物理教师, 2009 年第 12 期.

［39］韩言铭. 勤俭诚信做人之本良好习惯从小养成——访中国科学院黄祖洽院士［J］. 中国科技财富, 2009 年第 3 期.

［40］新竹. 读书·学习·思考——访黄祖洽院士［J］. 科学与无神论, 2006 年第 5 期.

［41］李晨. 黄祖洽"我现在还是个学生"［J］. 创新科技, 2005 年第 11 期.

［42］"两弹"背后的无名英雄——记中国科学院院士、物理学家黄祖洽［J］. 科学中国人, 2005 年第 5 期.

［43］王乃彦. 与时俱进努力创建国际一流学术期刊——纪念《物理学报》创刊 70 周年［J］. 物理, 2003 年第 9 期.

［44］黄祖洽. 软凝聚态物理研究进展［J］. 北京师范大学学报（自然科学版）, 2005 年第 1 期.

［45］黄祖洽. 一本好书［J］. 物理, 1999 年第 3 期.

［46］黄祖洽. 祝贺彭桓武先生 90 华诞［J］. 物理, 2005 年第 5 期.

［47］黄祖洽. 忆王竹溪先生二三事［J］. 物理, 2012 年第 7 期.

［48］黄祖洽. 谈读书［J］. 物理, 2004 年第 9 期.

［49］黄祖洽. 说莲实——仿古长廊楹联引［J］. 物理, 2004 年第 9 期.

［50］黄祖洽. 诗词二首［J］. 物理, 2004 年第 9 期.

［51］黄祖洽. 像华罗庚那样学习和思考［A］. 中学生数理化：初中版·中考版, 2012 年第 10 期.

［52］黄祖洽. 加强自然科学与哲学社会科学的联系与合作［J］. 北京师范大学学报（人文社会科学版）, 2001 年第 6 期.

[53] 黄祖洽. 我的老师彭桓武［J］. 科技文萃, 2005 年第 8 期.

[54] 黄祖洽. 我为什么学了物理？［J］. 物理通报, 2005 年第 1 期.

[55] 黄祖洽. 科学人文本同根［J］. 科技文萃, 2004 年第 9 期.

[56] 黄祖洽. 读书之乐乐无穷［J］. 初中生, 2004 年第 14 期.

[57] 黄祖洽. 核能和物理学［J］. 物理与工程, 2002 年第 2 期.

[58] 黄祖洽. 多种粒子反应系统的运动论［J］. 北京师范大学学报（自然科学版）, 1980 年第 21 期.

[59] 黄祖洽. 关于中子在高温轻介质中的输运［J］. 北京师范大学学报（自然科学版）, 1981 年第 1 期.

[60] 黄祖洽. 高速运动介质中中子输运的新处理方法［J］. 北京师范大学学报（自然科学版）, 1981 年第 3 期.

[61] 黄祖洽. 中子输运对介质流体力学运动的影响［J］. 北京师范大学学报（自然科学版）, 1982 年第 3 期.

[62] 黄祖洽. 关于热核反应装置中轻核的能谱和有关的问题［J］. 北京师范大学学报（自然科学版）, 1983 年第 3 期.

[63] 黄祖洽. 核反应堆动力学基础［M］. 北京：原子能出版社, 1983 年.

[64] 刘川生. 北京师范大学 110 周年校庆系列丛书：讲述·北京师范大学大师名家口述史［M］. 北京：光明日报出版社, 2012 年.

[65] 王力可；祁雪晶. 黄祖洽：核武大家、筑梦杏坛［N］. 光明日报, 2013-08-29.

[66] 周爱国. 黄祖洽：从流浪少年到核物理学家［J］. 湖南党史, 1999 年第 1 期.

[67] 丁鄂江. 祝贺黄祖洽院士 70 华诞［J］. 物理, 1995 年第 3 期.

[68] 付毅飞. 黄祖洽：平凡生活, 非凡人生［N］. 科技日报, 2011-06-20.

[69] 商海波. 献身科学 献身教育——记北京师范大学黄祖洽同志［J］. 北京高等教育, 2001 年第 12 期.

[70] 周宏余. 殚思求火种, 深情寄木铎——祝贺黄祖洽院士 75 岁生日［J］. 现代物理知识, 1999 年第 6 期.

[71] 萨本豪；胡华琛；何汉新；苏宗涤. 科学天空一颗璀璨的星——贺黄祖洽院士八十华诞［J］. 现代物理知识, 2004 年第 5 期.

[72] 刘大乾.《物理学报》创刊 70 周年（1933—2002 年）大事记［J］. 物理,

2003 年第 12 期.

[73] 李保. 黄祖洽、丁鄂江教授荣获 1991 年度国家教委科技进步一等奖 [J]. 北京师范大学学报（自然科学版），1992 年第 2 期.

[74] 梁东元. 原子弹往事 [J]. 当代，2004 年第 6 期.

[75] 宋炳寰. 氢弹原理试验纪事 [J]. 神剑，2009 年第 1 期.

[76] 陶纯；陈怀国. 国家命运——中国两弹一星的秘密历程（三）[J]. 神剑，2012 年第 3 期.

[77] 夏想花. 九江一中举行建校一百一十周年庆典 [N]. 九江日报，2012-10-8.

[78] 张纪夫. 钱三强与中国氢弹（下）[J]. 金秋科苑，1995 年第 2 期.

[79] 何祚庥. 深切悼念彭桓武老师 [J]. 北京师范大学学报（自然科学版），2007 年第 3 期.

[80] 张卫红. 重视基础研究 勇攀科技高峰——记北京市辐射中心（北京师范大学低能核物理所）[J]. 中国科技信息，1996 年第 2 期.

[81] 千载学府 百年名校——江西省九江第一中学 [N]. 理论导报，2013 年第 1 期.

[82] 葛能全，钱三强. 济南：山东友谊出版社，2006 年.

[83] 邢军纪. 最后的大师——叶企孙和他的时代 [M]. 北京：十月文艺出版社，2010 年.

[84] 段治文，钟学敏. 核物理先驱——赵忠尧传 [M]. 杭州：浙江人民出版社，2007 年.

[85] 彭桓武，何泽慧，王大珩. 缅怀周培源老师 [J]. 物理，1994 年第 3 期.

[86] 王甘棠，孙汉城. 核世纪风云录 [M]. 北京：科学出版社，2006 年.

[87] 中国科学院研究性重水反应堆介绍 [J]. 原子能科学技术，1959 年第 1 期.

[88] 李恂生. 有识有笔——黄祖洽中学时代作文赏析 [J]. 九江教育，2005 年第 6 期.

后 记

2011年11月20日上午十点钟，要拜见黄祖洽先生。这是笔者有生以来第一次与老科学家面对面接触，任务是采集黄先生的一些学术和生活资料作为史料进行保存和研究。这次是前期沟通，看能否得到老先生的许可和支持。

之前听张藜老师说，黄先生是一位非常低调的人，可能不会接受拜访，即使是接受拜访，也可能只是先聊聊，采集之事是有困难的。但不管怎么说还是要努力试试的。

黄先生住在北师大校内小区，这么多年，这片居民楼已显得有些拥挤。九点半终于驱车到了黄先生家的楼下，好容易才找到地方停下车来。准备一下相机设备，近十点上楼敲了门，出来迎接的正是黄先生，一副慈祥却又有着孩童一样气息的面孔。黄先生的家不算大，干净且不拘小节，有那种一进来就可以随便在哪坐着或蹲着的感觉，它绝对远离时尚、闪耀或者昂贵、奢华等词。客厅里除了三人沙发、茶机、老式的电视柜和电视外，旁边还放着辆自行车和比茶几还高的黄色旧木凳，因此空间显得很满。把我们迎进来后，黄先生满屋子找眼镜，转了一圈，眼镜没找着，他便说："不找了，它自己会出来！"我们都笑了。之后，黄先生亲切地与我们展开了交流，采集工作就这样开始了。

11月24日，采集小组去听了黄先生的讲课。教室里座无虚席，87岁高寿的黄先生依然奋斗在教学第一线，坚持为学生授业解惑，已经让人感到惊叹，课程快结束的时候，黄先生用一首宋代诗人写的回文诗呼应了一个物理现象，更是让人折服。在浮华世界生长的缺陷、凹槽、斑驳，忽然被学生阵阵掌声吞噬。

2012年6月初，我们来到黄先生位于北京师范大学科技楼的办公室，小小的屋里放着一张旧书架、一张旧书桌，其他便满眼是书，有很多本辞典，英文的、中文还有俄文的，黄先生说他还会常常用到这些工具书，并说自己还是个学生。谈到学习，黄先生在中学就有机会并认真阅读外文原版专业书，年近九十了还能用计算机给学生发邮件写信讨论学术问题，先生接触和学习知识的方式与内容都能保持在时代的前沿。对于这些条件和机会，黄先生说：时代不一样，机会不一样，对于自己学术成长中所处的环境，就是评书里面的三个字——时也，命也，运也。而在回答学术成长中有怎样的成功经验时，黄先生的回答是"认真"二字。

2013年10月底，黄先生因胰腺癌住进医院，他并没有因此而沮丧，反而比别人更镇静，与平日一样，时而思考，时而乐呵一笑。当我问起黄先生为何还这样高兴时，他对却说："我能这样高兴，是因为我这些天回想了一下我这一生，无论是做人、做事，还是做学问，我都问心无愧……"。直到2014年，黄先生平静地离开我们，洗净铅华，辉煌仍旧，我的内心是浩瀚无尽的崇敬。

无论从了解科学知识层面，还是从做人行事方面，采集工作让我们从中受益匪浅。在这里，要感谢黄先生及其夫人张蕴珍老师给予的支持和帮助，还要感谢黄先生的女儿黄萌老师，及儿子黄硕先生的协助和建议。

本书是继老科学家学术成长资料采集之后的研究成果，在有限的时间里汲取了诸多人的关心和帮助，尤其是黄先生的学生刘寄星和冯世平两位物理学家的支持和帮助，他们认真、和蔼，亲自执笔修改部分书稿，并对该书寄予厚望，以期表达对黄先生的敬重之情，亦传黄先生认真求实之师德师风。但笔者水平有限，时间仓促，对专业性史料的分析和驾驭能力不足，敬请物理界前辈及各位读者谅解。该书还凝结了诸多组织采集工程的专家、领导的建议和意见，采集小组成员徐双培、宋莹、郭濮仪等人在资料收集、整理和内容组织上也做出了很多努力，在这一并表示诚挚的感谢。

老科学家学术成长资料采集工程丛书
已出版（76 种）

《卷舒开合任天真：何泽慧传》　　《此生情怀寄树草：张宏达传》
《从红壤到黄土：朱显谟传》　　　《梦里麦田是金黄：庄巧生传》
《山水人生：陈梦熊传》　　　　　《大音希声：应崇福传》
《做一辈子研究生：林为干传》　　《寻找地层深处的光：田在艺传》
《剑指苍穹：陈士橹传》　　　　　《举重若重：徐光宪传》

《情系山河：张光斗传》　　　　　《魂牵心系原子梦：钱三强传》
《金霉素·牛棚·生物固氮：沈善炯传》《往事皆烟：朱尊权传》
《胸怀大气：陶诗言传》　　　　　《智者乐水：林秉南传》
《本然化成：谢毓元传》　　　　　《远望情怀：许学彦传》
《一个共产党员的数学人生：谷超豪传》《没有盲区的天空：王越传》

《含章可贞：秦含章传》　　　　　《行有则　知无涯：罗沛霖传》
《精业济群：彭司勋传》　　　　　《为了孩子的明天：张金哲传》
《肝胆相照：吴孟超传》　　　　　《梦想成真：张树政传》
《新青胜蓝惟所盼：陆婉珍传》　　《情系梁菽：卢良恕传》
《核动力道路上的垦荒牛：彭士禄传》《笺草释木六十年：王文采传》

《探赜索隐　止于至善：蔡启瑞传》《妙手生花：张涤生传》
《碧空丹心：李敏华传》　　　　　《硅芯筑梦：王守武传》
《仁术宏愿：盛志勇传》　　　　　《云卷云舒：黄士松传》
《踏遍青山矿业新：裴荣富传》　　《让核技术接地气：陈子元传》
《求索军事医学之路：程天民传》　《论文写在大地上：徐锦堂传》

《一心向学：陈清如传》　　　　　《钤记：张兴钤传》
《许身为国最难忘：陈能宽》　　　《寻找沃土：赵其国传》
《钢锁苍龙　霸贯九州：方秦汉传》《虚怀若谷：黄维垣传》
《一丝一世界：郁铭芳传》　　　　《乐在图书山水间：常印佛传》
《宏才大略：严东生传》　　　　　《碧水丹心：刘建康传》

《我的气象生涯：陈学溶百岁自述》　　《我的教育人生：申泮文百岁自述》
《赤子丹心 中华之光：王大珩传》　　《阡陌舞者：曾德超传》
《根深方叶茂：唐有祺传》　　　　　《妙手握奇珠：张丽珠传》
《大爱化作田间行：余松烈传》　　　《追求卓越：郭慕孙传》
《格致桃李伴公卿：沈克琦传》　　　《走向奥维耶多：谢学锦传》
《躬行出真知：王守觉传》　　　　　《绚丽多彩的光谱人生：黄本立传》
《草原之子：李博传》

《宏才大略 科学人生：严东生传》　　《探究河口 巡研海岸：陈吉余传》
《航空报国 杏坛追梦：范绪箕传》　　《胰岛素探秘者：张友尚传》
《聚变情怀终不改：李正武传》　　　《一个人与一个系科：于同隐传》
《真善合美：蒋锡夔传》　　　　　　《究脑穷源探细胞：陈宜张传》
《治水殆与禹同功：文伏波传》　　　《星剑光芒射斗牛：赵伊君传》
《用生命谱写蓝色梦想：张炳炎传》　《蓝天事业的垦荒人：屠基达传》
《远古生命的守望者：李星学传》